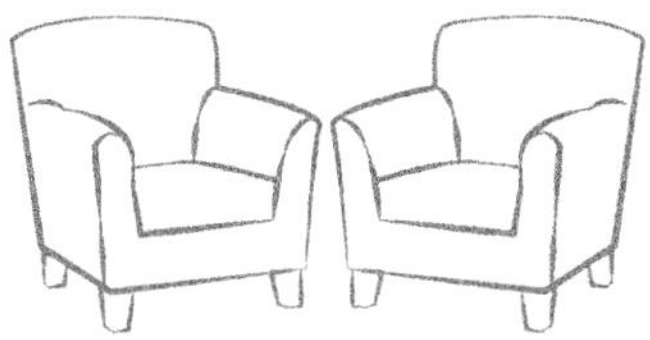

EDICIONES UNIVERSIDAD CATÓLICA DE CHILE
Vicerrectoría de Comunicaciones
Av. Libertador Bernardo O'Higgins 390, Santiago, Chile

editorialedicionesuc@uc.cl
www.ediciones.uc.cl

LA PERSONA DEL TERAPEUTA
Ana María Daskal Minuchin

Diciembre 2016
ISBN N° 978-956-14-2048-9

Diseño: Francisca Galilea

CIP-Pontificia Universidad Católica de Chile
Daskal, Ana María.
La persona del terapeuta / Ana María Daskal Minuchin.
1. Psicoterapeutas.
2. Relaciones psicoterapeuta-paciente.
I. t.
2016 616.8914+DDC23 RCAA2

LA PERSONA DEL TERAPEUTA

Ana María Daskal Minuchin

EDICIONES UC

A mi padre, Natalio Daskal, de quien aprendí muy tempranamente la importancia del compromiso con los pacientes y de la ética profesional.

A mi madre, Julieta Edith Minuchin, quien estimuló siempre mi desarrollo intelectual, prioritario para ella, en la vida de todo ser humano.

AGRADECIMIENTOS

A mis maestros, mis supervisores y mis terapeutas.
A mis pacientes y ex pacientes.
A mis alumnos y supervisados.
A mis colegas, compañeros de derroteros.
A mis amigos de la vida.

...porque aprendí y aprendo de y con todos ellos.

Un particular agradecimiento a Carmen Gloria Hidalgo, por su estímulo constante en mi trabajo docente; a Rosita Aguirre Morey, incondicional de mis expresiones creativas y gran ayuda en la lectura de este libro; a la Pontificia Universidad Católica de Chile por el espacio que me brindó para transmitir mucho de lo acá dicho; a Héctor Fernández Álvarez, generoso compañero en este proceso de hacerse terapeuta, y especialmente por su prólogo para este libro.

A las instituciones de las que formé y formo parte, en Argentina y en Chile, porque en ellas fui creando mi propio estilo de trabajo, en contextos de aprendizaje, respeto, colaboración y creatividad.

A mis hijos Silvana y Ramiro Lauzán, porque me enternecieron cuando intentaron, siendo chicos, escuchar detrás de la puerta del consultorio para entender qué hacía la mamá ahí y por sus inteligentes y, a veces, ácidas críticas.

A mis nietos Román Fernández Lauzán, Gerónimo, Justina, Francisco y Margarita Lauzán Giecco, porque con sus preguntas me vi en la difícil tarea de explicarles en qué consiste mi trabajo.

Y al arte y sus maestros porque al alentarme a desarrollar otra profesión, contribuyeron a volverme cada vez más una terapeuta artista.

Quiero aclarar que para facilitar la lectura eliminando el "os/as" a lo largo del libro uso el sustantivo o adjetivo masculino como forma genérica de referirme a las personas en general. Sin embargo, no comparto la aún extendida masculinización del lenguaje.

Además, corresponderán a énfasis agregados por mí todas aquellas frases en cursiva tanto en mi texto personal como en citas bibliográficas, siempre y cuando no se indique lo contrario en casos específicos.

ÍNDICE

PRÓLOGO

Desde el comienzo, este libro me sumergió en el recuerdo de una época en que fuimos condiscípulos con Ana María en la etapa fundacional de la carrera de psicología en Buenos Aires. Compartimos un clima de trabajo académico efervescente y tuvimos clases con profesores y terapeutas que nos siguen inspirando mucho respeto, quienes nos dieron el atrevimiento para convertirnos en exploradores de una "nueva" disciplina. Ese conocimiento de tantos años me habilita a escribir este prólogo con el corazón, pero no por ello sin recurrir al examen crítico que merece el análisis de un nuevo libro.

Tras una larga carrera de trabajo ayudando a mejorar la calidad de vida, Ana María nos entrega una obra exquisita que recoge su trayectoria (como terapeuta y como docente), en la que ha puesto el foco en la persona de los terapeutas: un tema que convoca un interés creciente en la psicoterapia, tanto en los ámbitos profesionales como en el campo de la investigación, como lo prueban los enjundiosos estudios de Gelso y sus colegas.

El libro comienza con un paneo histórico que sirve para mostrar que el énfasis estará puesto en la intersección dialéctica donde convergen los roles del terapeuta como persona y el terapeuta como profesional. El universo de lectores que busca es amplio y sin reservas, pero prioriza una audiencia: aquellos que se encuentran en un proceso de formación. Partidarios como somos de la formación continua, la obra interpela también a los psicólogos y otros profesionales desde sus estudios de grado hasta aquellos que se encuentran en etapas más avanzadas de su carrera profesional.

A medida que avanzamos en la lectura, se abren varias ventanas para reflexionar. La primera ayuda a pensar cómo se modula el ejercicio de esta profesión (¿imposible o posible?) en cada uno de los momentos de su evolución. Otra ventana, próxima a la anterior, nos permite asomarnos para observar los vectores que jalonan el desarrollo de un terapeuta, contando con los valiosos aportes de referencias teóricas y de programas de investigación cuidadosamente diseñados. Un pequeño paréntesis a este respecto: a medida que avanzamos constatamos que estamos frente a un texto en el que la autora tuvo la sagacidad de encontrar, en una obra de tinte muy personal, el espacio justo para intercalar los datos de la producción científica que le brindan un soporte conceptual sólido. Esta amalgama, que se expresa en otros aspectos de la vida y la actividad de Ana María constituyen una de las características más ricas de su quehacer.

Progresamos en los capítulos y, de manera natural, el foco se va convirtiendo en un espejo en el que nos vamos reflejando. Recibimos una invitación para preguntarnos por qué elegimos esta labor, qué motivos sensibles y profundos son el aguijón que nos llevó a elegir una tarea muy gratificante pero que también nos enfrenta con situaciones dolorosas y dramáticas. Ejercer la psicoterapia es algo que puede ayudarnos a sentirnos realizados pero es, también, un trabajo que presenta una elevada toxicidad. Con frecuencia los terapeutas (especialmente los más jóvenes) están expuestos a un significativo *burnout*. Y la autora acentúa la necesidad de estar atentos a este hecho, de ser sensibles al registro de las situaciones que lo pueden provocar y actuar en consecuencia para obtener la ayuda adecuada.

El texto nos enseña que ese cuidado que debemos tener en nuestras prácticas estará favorecido si a lo largo de la carrera los aspirantes (y luego los profesionales) se ocupan de atender a su propia condición personal, y si cuentan con el apoyo de colegas y supervisores que les brinden orientación. Debiese ser un apoyo que sirva no solamente para recibir información e indicaciones sobre cómo actuar en cada caso, sino para impulsar su crecimiento personal. La terapia personal, la supervisión y los aspectos éticos están situados en el centro del libro y creo que eso no es una mera casualidad.

Esta etapa central del libro culmina con un sincero agradecimiento a los pacientes que ayudaron a la autora a sentirse realizada en su labor, pero que también estuvo acompañada de situaciones que le dejaron un sabor amargo. Leyendo las historias de pacientes del capítulo 10 no pude dejar de recordar el epígrafe de Winnicott en *Realidad y Juego*. La honestidad de Ana María para compartir con todos nosotros tanto los éxitos como las frustraciones es una prueba de coraje y una muestra de la sinceridad que inspiró la creación de este texto.

Pero allí no termina. Queda un final, con tres capítulos fundamentales, en los que tenemos acceso a un material muy valioso para la formación de los jóvenes. El ejercicio de las cartas a los futuros colegas es una creativa manera de ayudar a los nuevos terapeutas a proyectarse en el futuro para facilitar el contacto con sus ansiedades y sus sueños. Las biografías de algunas grandes figuras de la psicoterapia que leemos a continuación son un complemento estupendo, pues acercar a los jóvenes la vida de estos ídolos les permite humanizar las teorías y los modelos.

Un guiño adicional que testimonia la agudeza de la autora: los terapeutas están presentados siguiendo un orden aleatorio: no es alfabético, ni tampoco cronológico.

El último capítulo presenta una extensa y detallada cantidad de herramientas que pueden servir a quienes entrenan terapeutas como un medio para ayudar a que sus entrenados puedan tallar su estilo personal, cumpliendo así con su rol del modo más íntegro posible. Todo el libro resalta, sin duda, la importancia de que cada terapeuta debe tratar de ser, ante todo, lo más fiel posible a sí mismo; debe procurar cumplir su labor del modo más auténtico posible, y ello implica conocer y adecuar su estilo personal para poder cuidar de los demás y de sí mismo.

Cuando llegamos a esta parte final nos damos cuenta que el libro ha recorrido una parábola perfecta. Se abrió con los primeros momentos en la carrera de la autora y culmina brindando instrumentos que pueden ser útiles para los nuevos candidatos, quienes hoy encontrarán desafíos y exigencias muy distintas que las que encontramos nosotros varias décadas atrás, pero que tendrán frente a sí la obligación de ser lo más genuinos posibles en su trayectoria.

La entrega de Ana María a lo largo del libro ha sido muy generosa. La vimos exponerse en muchos momentos y eso nos permitió tomar contacto con ella no solo como terapeuta, sino también como madre, como hija, como artista plástica. Y esta transparencia, que refleja la que comunica a sus pacientes es, seguramente, la fuente principal de que cerremos el libro con la sensación de haber recorrido un camino inspirador.

Héctor Fernández Álvarez
Buenos Aires
agosto 2016

1. INTRODUCCIÓN

1968. Fin de etapa. Acabo de rendir mi último examen de la carrera de Psicología, en la Facultad de Filosofía y Letras de la Universidad de Buenos Aires. Una especie de mareo de sensaciones me acompaña: ¿y ahora qué? Mi mamá vino a acompañarme; mi papá médico no, porque todavía no me perdona el haber abandonado la carrera de Física en la Facultad de Ciencias Exactas para cambiarme a una carrera 'poco seria'. Mis compañeros y amigos, confundidos como yo.

Comenzar un libro así implica correr el riesgo de que los lectores no se interesen por seguirlo leyendo. ¡Uff! ¡Más de 40 años han pasado desde ese momento! Pero como no hay riesgo sin desafío, ni desafío sin riesgo, me parece que puede ser un aporte a las actuales generaciones de psicoterapeutas en práctica (o en vías de serlo) conocer cómo nos fuimos construyendo los psicoterapeutas de los años 60 y 70 del siglo pasado, junto con nuestras personas. Soy de las que cree en la importancia del pasado como moldeador, en su actualización permanente en el presente y en los modelos que nos dejan las personas y los profesionales.

Me formé en la Universidad Nacional de Buenos Aires con los que fueron los primeros grandes psicoanalistas de la Asociación Psicoanalítica Argentina: Arminda Aberastury, David Bleger, David Liberman, Fernando Ulloa, Marie Langer y Horacio Etchegoyen, entre otros; y algunos que además eran grandes personas: cultas y sabias, profundas y comprometidas con el movimiento que implicaba estudiar la mente humana, como José Itzigsohn, uno de los creadores de la carrera de Psicología. En un homenaje que se le rindió en el año 2005, al referirse a la creación de la carrera de Psicología por los años 60, dijo:

> Tuvimos también grandes errores, y uno de los primeros y más graves fue encerrarnos de manera dogmática, como quien tiene en sus manos la totalidad de la verdad y de esa manera no tiene la apertura suficiente

para aprender del otro.Y tal vez esa es una de las lecciones principales que quiero retransmitirles hoy: no encerrarse, porque nadie tiene la verdad agarrada de la cola.

Ya en el final el rector Jaime Etcheverry, recordando un diálogo con Itzigsohn en el que este resaltó el clima "bullente de creatividad" de la Universidad de entonces, le dijo:

> Sus enseñanzas persisten en el tiempo y estos, sus discípulos que hoy están aquí, son sus herederos, llevan algo suyo dentro, así que me parece que independientemente de los avatares vividos por usted, por nuestro país y por nuestra universidad, su tarea se ha concretado y hoy tiene usted esa satisfacción.Y quiero agregar que hay algo profundo que subsiste pese al pasar de los años y eso profundo lo estamos personalizando en el profesor Itzigsohn: la convicción de que lo que hacemos hoy será recordado en el futuro, y esa me parece que es la lección más trascendente.

Efectivamente de allí vengo. Él no solo fue el Director de la carrera de Psicología cuando empecé a estudiarla, sino el Profesor de Introducción a la Psicología y ¡mi primer terapeuta! Y hasta el día de hoy recuerdo su sonrisa, su voz, y algunas frases que le escuché. Lo considero un privilegio, especialmente cuando me encuentro hoy con psicólogos que no recuerdan ni a un solo autor que los haya influenciado en su quehacer profesional.

Formo parte de una generación de psicoterapeutas que *recorrió caminos que parecían seguros, estables, ineludibles e incuestionables*; una generación que además tuvo que desaprender lo aprendido, cuestionar lo incuestionable, volver a aprender, incorporar otros lenguajes y conocer otros Maestros.

Cuando descubrí que en un rincón de mi consulta tenía cajas guardadas con clases mimeografiadas de Enrique Pichon Rivière del año 1963, no pude menos que sonreír con piedad de mí misma. Pero esta pequeña anécdota ilustra no solamente cómo el mimeógrafo era un aparato de nuestros tiempos para reproducir clases desgrabadas, sino que el amor, el respeto y la veneración a quien yo consideré un Maestro llegó hasta el punto de guardar más de 40 años esos papeles amarillentos.

No solo admirábamos a estas figuras: mi generación también aprendió de libros de papel, y tenerlos en una biblioteca personal, subrayados, ajados y gastados, era parte de un tesoro que hacía que, cuando se perdía uno, entráramos en crisis.

Era una etapa de entusiasmo, en un contexto histórico y social lleno de revoluciones, desafíos y proezas. No usábamos computadores, porque los que habían comenzado a aparecer los tenían en grandes salas de las universidades, y tampoco imaginábamos siquiera que el mundo iba a estar interconectado en una red, ni que se iba a poder leer un artículo casi en simultáneo con su publicación a diez mil kilómetros de distancia.

Estas no son simples anécdotas: constituyen cambios paradigmáticos revolucionarios a los que nuestra generación se adaptó. *¿Cómo, entonces, no se iban a producir cambios gigantescos en las formas de hacer psicoterapia? ¿Cómo no se iban a poner en cuestionamiento afirmaciones que surgían de la existencia de un mundo que, en ciertos aspectos, se estaba acabando? ¿Y cómo, entonces, no vamos a tener que repensar la figura de los terapeutas en contextos tan distintos a 1890 o 1968?*

¿Cómo la noción de encuadre, por ejemplo, uno de los bastiones de la psicoterapia, no va a ser distinta hoy, cuando existen las terapias por *e-mail*, los *chats*, las entrevistas telefónicas, las videoconferencias?

No deja de admirarme que hayamos podido hacer tantos tránsitos. Tampoco dudo de que otros seguirán en aquel camino, y que dejarán a los actuales formatos psicoterapéuticos nuevamente en la antigüedad. Sin embargo, hasta aquí, todos los cambios ocurridos en los espacios psicoterapéuticos no han dejado de tener lugar sino en y entre personas, seres humanos vivos, cada uno poseedor de una subjetividad. Y prefiero seguir imaginándolo así hacia adelante.

Mientras tanto, dejar testimonios de procesos que atravesaron a tantas personas me parece una tarea tan importante como la de las abuelas cuando cuentan cuentos a sus nietos, aun cuando los puedan leer en la *web*.

Muchas de las prescripciones que acá relato acerca del ser terapeutas siguen vigentes dentro de ciertos contextos, y por supuesto que muchas han cambiado, afortunadamente, como cambió y cambia todo el tiempo nuestro universo.

Sin embargo, y habiendo corrido tanta agua bajo el puente, todavía dentro de las universidades *se sigue moldeando a los estudiantes tanto de Psicología como de Medicina, dentro del paradigma antiguo de la primera cibernética: neutralidad, distancia, ausencia de emocionalidad, el foco en los pacientes, y unidireccionalidad en el vínculo, como parámetros fundamentales del ejercicio profesional.*

Fui una de las tantas víctimas de esta mirada, cuando parecía que era la única. Y fruto de eso disfruté poco de mi profesión en todos los primeros años de ejercerla. Eran tantos "deberes seres" que me exigían básicamente no ser yo misma, que el malestar en los cursos, en las supervisiones y en mi propio análisis, me acompañó prácticamente una década.

Como en todo sistema normativo, cualquier idea, sugerencia o vivencia fuera de libreto me hacían sentir culpable, rara, no sabiendo bien cómo hacerlo; no fue hasta que empecé a descubrir que no era la única que sentía esa incomodidad que esos sentimientos se fueron disipando. Las teorías y prácticas en las que me formé en ese entonces *no incluían la visión del terapeuta como una persona que, en tanto tal, tenía una vida, emociones, valores, experiencias y sentires en relación a su quehacer.*

Si bien se veía la psicoterapia como una relación entre dos, *todo lo que tuviera que ver con la persona del terapeuta era conceptualizado como un dato que debía ser reservado al espacio de la supervisión, del propio análisis, pero nunca como una herramienta que pudiera ser incorporada y que enriqueciera el vínculo terapéutico.*

Obviamente no todo fueron dogmas en la formación, y algunos de aquellos que los sostenían también alentaban y estimulaban el crecimiento y la creatividad de sus alumnos; así como mi propio padre médico me "perdonó" el cambio de carrera y me ayudó a buscar dónde insertarme en un hospital unos meses después de egresada.

El hoy me encuentra en la "abuelitud" del ser psicoterapeuta, con una perspectiva acerca del camino recorrido que considero útil transmitir a quienes están partiendo en su desarrollo profesional. Me siento frente a mis alumnos y/o supervisados como me siento frente a mis nietos cuando les cuento historias personales o históricas, y veo en ellos caras de asombro, de diversión y de incredulidad.

Y me identifico con Carl Whitaker cuando, refiriéndose a la etapa de su retiro académico, menciona a la vejez como "un período tan maravilloso que es una lástima haberla tenido que esperar tanto tiempo" (1992: 62).

Me decidí a escribir este libro con la convicción de contribuir a que otros puedan nutrirse de la experiencia pasada por generaciones de psicoterapeutas y puedan avanzar en el disfrutar de esta maravillosa profesión *cuidándose al mismo tiempo a sí mismos*, sintiéndose integrados, no disociados; y también como un testimonio de agradecimiento a quienes fueron aquellos Maestros que, dentro de su propia perspectiva y orientación, dieron permiso para la discrepancia, la creatividad y el propio crecimiento.

Ojalá también sirva para inspirar nuevos formatos académicos en la formación y capacitación de los psicólogos clínicos.

El libro intenta sintetizar (obviamente nunca abarcar completamente) un recorrido propio y ajeno, tanto teórico como práctico. Un trayecto que ilustre los procesos de cambio en el ejercicio de las psicoterapias de acuerdo a diferentes contextos histórico-sociales, con sus distintas visiones, y enfatizando en aquellos terapeutas que fueron las figuras centrales de estas escuelas de pensamiento.

También incorporé temas relevantes del ejercicio profesional, como por ejemplo: ¿Qué espacio ocupan nuestros pacientes en nuestras vidas? o ¿por qué elegimos ser psicólogos clínicos?, pasando por otros temas que no son frecuentemente abordados en las formaciones clínicas, como el abuso sexual entre terapeutas y pacientes. Finalmente, he adjuntado un set de propuestas para trabajar la persona del terapeuta, ya sea individual o grupalmente.

Los invito a acompañarme en este recorrido.

2. DE PERSONAS Y PERSONAJES

Reflexionar sobre la persona del terapeuta nos enfrenta a ciertos sobreentendidos: ¿Acaso los terapeutas no son personas? ¿Cómo y hasta qué punto se puede trazar una línea divisoria nítida entre la persona del profesional y el ejercicio de su profesión, al tratarse de profesiones que tratan a personas en su salud mental? ¿Es posible que la salud mental del terapeuta no intervenga en su quehacer?

Los antiguos debates psicosociológicos sobre las personas y el rol parecen presentes en esta manera de nombrar. ¿Acaso se podrá buscar otra manera?

En Psicología se usó el término "persona" para referirse a un individuo humano, tanto en sus aspectos psíquicos como físicos, que lo hacen un ser único y singular. Siguiendo esta definición, el desempeño de las funciones terapéuticas ¿no formaría parte de los aspectos psíquicos y físicos del ser humano que eligió esta profesión? ¿No lo hace acaso de una manera singular y única? Si así fuera, sería redundante hablar de la "persona" del terapeuta, porque una tendría implicada a la otra.

Pero el tema se torna más interesante si buscamos las raíces latinas de la palabra y nos encontramos con que su etimología se refiere a "personaje o máscara". Efectivamente pareciera que cuando se habla de la "persona del terapeuta" nos estamos refiriendo a alguien que está "detrás de" una máscara o más allá de un personaje.

Cuando vamos en búsqueda de qué es un personaje, por otro lado, más que encontrarnos con representaciones de seres humanos, nos vemos enfrentados a construcciones mentales en las que intervienen las imágenes y el lenguaje. Cualquier cuento tradicional infantil, por ejemplo, nos deja en claro la variedad de personajes que han sido creados, a lo largo de los siglos, con ciertas características generalmente estáticas, y que cumplen *funciones* dentro de una determinada trama. Para ilustrar: "la bella durmiente del bosque" es un personaje que simboliza la pasividad femenina, mientras que su dependencia a un hombre (quien es el único que la puede sacar de su letargo) es la idealización del amor.

Considerando esta definición de personaje *me atrevería a afirmar que, en nuestro espacio de trabajo, a los psicoterapeutas se nos enseñó y se nos enseña a ser más personajes que personas.*

Desde hace más de 130 años hasta nuestros días, distintos profesionales de la salud mental –así como instituciones docentes y entidades creadas para la investigación y el tratamiento de las enfermedades mentales– *fueron escribiendo nuestros libretos*: nos fueron otorgando funciones, nos fueron dirigiendo para que sepamos qué decir, qué hacer, cómo y dentro de qué escenario tiempo-espacial podemos hacerlo. También, según las épocas, nos fueron dictando cómo debíamos presentarnos vestidos, qué reglas y normas debíamos cumplir, y a quiénes debíamos admirar, reverenciar y/o desestimar.

Dentro de estos dictados siempre hubo personajes "ganadores" y "perdedores", y también aquellos que participan de los bailes en palacio y los que no tienen derecho a entrar. Hubo y hay "Cenicientas" a las que se les otorga un derecho de participación por un ratito, pero que saben que se les acaba rápido la pertenencia.

En los libretos aparecen también los personajes que hacen las tareas difíciles, tediosas, las que a nadie le gusta hacer; los que están entre bambalinas, subiendo y bajando telones, poniendo las luces, corriendo muebles, pasando frío en los inhóspitos pasillos o salas mal equipadas; los que, finalmente, tras mucho esfuerzo diario personal, logran que la escena luzca bonita y salga una buena crítica de los actores en el periódico.

Hay personajes complejos, difíciles de encasillar, intensos y con mucha personalidad, así como hay otros a quienes llamamos "anodinos", porque sujetan la escena con su simpleza pero difícilmente van a ser recordados.

En esta dualidad entre personas y personajes hay quienes ven en la persona lo que se esconde más allá del personaje.

Tal vez quienes primero hablaron de la "persona del terapeuta" se apoyaron en esta última idea: *lo que está más allá del personaje* del terapeuta.

¿Qué características se le fueron prescribiendo a este personaje dentro del libreto para su desempeño en las consultas psicológicas?

Es alguien...

- Imparcial
- Autocontrolado
- Paciente
- Empático 24 horas al día
- Respetuoso
- Contenedor

- Responsable
- Sensato
- Desinteresado económicamente
- Sincero
- Genuino
- Que sabe de la vida
- A quien no le pasan las cosas que le ocurren a sus consultantes
- Que tiene respuesta a todas las preguntas
- Éticamente irreprochable
- ...casi inmortal.

Observando que en los currículos de las Escuelas de Psicología tanto actuales como del pasado hay una ausencia de trabajo sobre la persona de los terapeutas, se hace evidente que el entrenamiento se dirige a capacitar personajes que encarnen gran parte de dichas características. Aunque es obvio, a simple vista, que es una tarea imposible e insalubre.

El problema radica en que los actores de cine o teatro siguen un entrenamiento específico para saber cómo adoptar un rol, cómo salir de él, cómo contactarse con las emociones que le producen su rol, cómo manejar su expresividad y cómo encarnar a alguien distinto a sí mismo. Pero *en las universidades* para psicoterapeutas, así como en la mayoría de las instituciones de postgrado, *se enseña a mirar al público*: si se lo ve cansado, triste, contento, satisfecho, dispuesto a volver a ver la función, si entró o no en contacto, si se retira antes de que termine la obra. Pero, mientras tanto, lo que les ocurre a los actores no es parte de la formación.

2.1 LO PERSONAL VS. LO PROFESIONAL

Se suele presentar el mismo tema bajo otra nomenclatura: es la que disocia entre lo "personal" y lo "profesional". Esta división/disociación, proveniente predominantemente del modelo de formación médico, considera lo profesional como el rol y lo personal como "lo que está más allá". Y desde esta mirada, se presentó como dicotómico lo subjetivo y lo objetivo. Citando a Cavagnis (2000: s/n):

> El patriarcado, la cultura occidental y la modernidad han privilegiado la objetividad y la confrontaron con la subjetividad, constituyéndolas como pares antitéticos. El objetivismo fue el amo en el dominio de la ciencia, la racionalidad, la verdad y la imparcialidad y el subjetivismo dominó el ámbito de las emociones, la intuición y la imaginación.

¿Cómo se estimula esta disociación en el caso de los futuros psicoterapeutas? En general (y de manera abarcadora) enseñando a no incluir los propios sentimientos, las autopercepciones y las intuiciones dentro del espacio terapéutico: o sea, *estimulando el estar pendiente del público-paciente, desconectándose de las propias vivencias de los actores.*

Incluso la expresión "es alguien muy profesional" es usada muchas veces para referirse a alguien que actúa "como se debe": que pone distancia afectiva, que solo se remite a la enfermedad y sus posibles abordajes, que no deja ver nada de sí mismo y que ejerce un prudente autocontrol.

Entre quienes se han dedicado a la formación de psicoterapeutas, ya Carl Rogers mostraba su preocupación por estos temas. Él veía a la psicoterapia como un espacio donde las personas, más allá de los temas que manifestasen traer a la consulta, estaban interesados en saber cómo son realmente, cómo pueden contactarse consigo mismos o cómo pueden convertirse en sí mismos:

> Cuando una persona llega a mí, es sumamente útil crear una relación en la que se sienta segura y libre. Mi propósito es comprender cómo se siente en su propio mundo interno, aceptarlo tal como es y crear una atmósfera de libertad que le permita expresar sin traba alguna sus pensamientos, sus sentimientos y su manera de ser [...]. En mi experiencia he observado que el cliente utiliza esta libertad para acercarse a sí mismo. Comienza a abandonar las falsas fachadas, máscaras o roles con que ha encarado la vida hasta ese momento. (1961: 104)

Y siguiendo esta propuesta de Rogers, podemos preguntarnos: ¿Y los terapeutas no necesitan sentirse libres para poder ayudar a otros a serlo? Los terapeutas ¿no necesitan convertirse en sí mismos, sin falsas fachadas ni roles que los alejan de su genuinidad? Los terapeutas ¿no usan mecanismos defensivos que los protegen de sentimientos temidos? Acaso en muchas ocasiones ¿la soledad del consultorio no sirve de *trinchera-escondite* para mirar solo lo que le ocurre a quien está con él/ella?

Considero que esta contradicción que muchas veces tenemos respecto a nuestra profesión (el ayudar a que otros se sientan cada vez más genuinos, cuando para hacerlo pareciera que nosotros necesitamos usar máscaras) *es una de las razones que explica no solo muchos fracasos terapéuticos, sino también, muchas enfermedades de los terapeutas.*

Creerse siempre al servicio de los demás; empoderarse falsamente con el mito de que por ser terapeutas no nos vamos a enfermar ni de depresión ni de cáncer ni nos vamos a querer suicidar; asumir que no nos vamos a divorciar; creer que no tendremos dificultades con nuestros hijos, *conduce a que la sobreadaptación al rol crezca* todos los días un poquito, hasta llegar finalmente a muchas ocasiones en que *nos sintamos perdidos o sin saber quiénes somos.*

2.2 UN POCO DE HISTORIA

Siempre, desde que fui estudiante, me interesaron mis profesores, tutores, supervisores y mis propios terapeutas tanto como muchos de los libros que estudiaba. Desde ese voyerismo tan descrito, siempre estaba pendiente de los datos que ellos emitían como personas, e incluso de detalles casi inconscientes, como los zapatos que llevaban puestos. Buscaba entender cómo se habían convertido en quienes eran, por qué tenían el poder que evidenciaban, cómo lo usaban y, también, cuál era *la coherencia o incoherencia* entre lo que enseñaban y lo que eran ellos en sus vidas personales.

Pero siempre me entretuvo ir en busca de las incoherencias.Y así fue como ellas me llevaron a admitir dolores profundos, como todos los provenientes de las desilusiones: muertes tempranas de psicoanalistas famosos, alcoholismo de un genio, cáncer o infarto en quienes tenían libros escritos sobre enfermedad psicosomática y suicidios de terapeutas que hablaban de la importancia del autocuidado fueron los primeros detonantes de preguntas que fui almacenando.

¿No era que nosotros éramos los sanos? ¿No era que por psicoanalizarnos tanto tiempo estábamos inmunizados contra enfermedades graves? Este cuento de hadas infantil, más allá de las variables personales que nos hacían creerlas, formaba parte de un metadiscurso que se emitió (y tal vez aún se emita) desde las cátedras de las universidades, los grupos de estudio, las supervisiones y las terapias personales del Buenos Aires de los años 60, 70, y 80. Aún hoy, y no solo en Buenos Aires, estas estructuras de poder se replican.

Los efectos sobre los estudiantes de Psicología y/o terapeutas jóvenes del "deber ser" (inoculado directa o indirectamente por la cultura predominantemente psicoanalítica de esos tiempos y considerada un sinónimo de psicoterapia) no fueron estudiados ni cuestionados. En nombre de las teorías y técnicas se deformaba a las personas que pretendíamos ser terapeutas. *Muchas racionalizaciones y disociaciones se fueron instalando en nuestras personas* bajo el convencimiento de que "esa" era la manera de ser buenos terapeutas. Siempre la mirada enseñada fue sobre "los otros": su enfermedad, sus mecanismos de defensa, sus biografías, sus series complementarias, o sus lazos familiares.

Por esto es que los suicidios, las enfermedades, los divorcios, los abusos sexuales, o las orientaciones sexuales de los terapeutas quedaban como incongruencias inexplicables para quienes estábamos en formación. Formaban, además, parte del más estricto secreto, característico de aquellas instituciones sociales y políticas que detentan un poder dogmático.

Así fueron mis comienzos: como los de tantos y tantos psicoterapeutas que aprendimos a idealizar, a disociarnos, y a venerar figuras de autoridad; algunas de las cuales, lógicamente, abusaron de dicho poder durante mucho tiempo.

El siguiente trozo de un texto clásico de esos tiempos, de José Bleger (1971: 19), es un ejemplo claro de conceptualización de estos temas:

> El entrevistador debe operar disociado: en parte actuando con una identificación proyectiva con el entrevistado y en parte permaneciendo fuera de esta identificación, *observando y controlando* lo que ocurre, de manera de *graduar así el impacto emocional* y la desorganización ansiosa[1][...]. Esta disociación con la que tiene que operar el entrevistador es, a su vez, funcional o dinámica, en el sentido que tiene que actuar permanentemente la proyección e introyección y tiene que ser lo suficientemente plástica o porosa para que pueda permanecer en los límites de una actitud profesional.

Quiero remarcar aquí *lo difícil que es para alguien que está empezando su carrera como psicoterapeuta entender esta definición de disociación y, más aún, aplicarla.* "Observar" y "controlar" aluden a un lenguaje policial más que psicoterapéutico, y el tema aplicado al impacto emocional parece contradecir los objetivos de la psicoterapia. Cabe mencionar, además, que Bleger era médico psiquiatra y, como tal, fue moldeado en el modelo de la asepsia del campo de investigación y tratamiento característicos de esa formación.

Desde esta concepción teórica y técnica, los sucesos personales del terapeuta (desde su biografía hasta aquellos hechos que podían atravesarlo en simultáneo con el tratamiento de un paciente, pero absolutamente independientes de este último) *solo pueden tener un espacio dentro del propio análisis personal.*

Se instala así la noción de "neutralidad" como cualidad necesaria en todos los terapeutas. Con ella, llega la concepción de que el espacio terapéutico es del paciente y, por tanto, todo lo que pase allí debe ser entendido como producto de su neurosis. *La metáfora del terapeuta como una tabla rasa sobre la que los pacientes proyectan su mundo psíquico se vuelve paradigma del rol.*

Es entonces que, a partir de las sugerencias freudianas y de su interpretación, la neutralidad del analista-terapeuta se convirtió en una prescripción que se fue arraigando en la "cultura psi": todo lo que tuviera que ver con la persona del analista/terapeuta debía quedar reservado para su intimidad; su análisis, a lo sumo, a la supervisión.

La prescripción de la *"neutralidad terapéutica"* atravesó durante casi 100 años a la teoría y la práctica de la psicoterapia con algunas consecuencias imaginables. Nos enfrentamos a *terapeutas amarrados, limitados, poco creativos o autoperseguidos, con la necesidad de ser una página en blanco, confinados a no tener un espacio donde esconderse de sus propios fantasmas.* Por otro lado, encontramos pacientes que se vieron ubicados en este mundo carente de emocionalidad, y trataron de entenderse de

1 ¿De quién? (Nota de la autora).

una manera simplemente racional, sin considerar su interioridad y su cuerpo. En casos con esta antipersonalidad, y a pesar de poder haberse tratado por años, no es poco común que ni paciente ni analista recuerden el nombre del otro.

El poder de las instituciones no fue menor en este control riguroso que se ejerció sobre los psicoanalistas-psicoterapeutas. Daba la impresión de que solo muy pocos habían visitado los museo-consultorios de Freud (en Viena y Londres), viendo allí los distintos objetos personales que se exhibían; que eran escasos también quienes hubiesen leído la biografía o casos clínicos de este, al interesarse más en sus postulados teóricos que en su persona; o que no hubiese muchos que supieran de la Clínica Tavistock de Londres, donde famosos maestros atendían a sus pacientes vestidos a la manera de los *hippies* y no con traje y corbata.

En el Buenos Aires de aquel entonces, de las décadas del sesenta y setenta, el poder de la institución psicoanalítica también se expresó en el hecho de que solo los médicos podían ingresar a ella a formarse. Los psicólogos, si bien no podían tomar clases en psicoanálisis, sí podían ser pacientes cuatro veces por semana, supervisados por tales psicoanalistas o alumnos en los así llamados "grupos de estudio" (coordinados por quienes enseñaban privadamente, con honorarios mucho más altos), y aplicando los conocimientos que ellos mismos enseñaban en la Asociación Psicoanalítica Argentina.

La reciente carrera de Psicología además estaba formada por una mayoría de alumnas mujeres, con lo cual se reprodujo el circuito de poder socialmente circulante: menos derechos, costos más altos, mayor esfuerzo en el área laboral y sumisión a modelos masculinos de ejercicio profesional.

Afortunadamente, los debates y crisis propios de esos años llegaron también a estas instituciones, generándose divisiones y subdivisiones que representaban diferentes posiciones más o menos democráticas. Y por supuesto que, dentro de estas entidades y de sus representantes, también existían quienes "daban permiso" para ser quien uno quisiera ser; para poder crear, cuestionar, preguntarse, e incorporar otras miradas.

Pero el debate raramente llegó a cuestionar la noción de neutralidad de los terapeutas, pues nunca se cuestionó que el hecho de que cada terapeuta elija cierta teoría y técnica para trabajar ya lo convierte en alguien que no es una tabla rasa. Que es un ser pensante, con valores, opiniones y experiencia en la tarea de ayudar a otro, y que ese ser está presente con todo su bagaje, se lo proponga o no en la escena terapéutica; de la misma manera que los padres influyen en sus hijos sin proponérselo.

La literatura de los años setenta da cuenta de una preocupación por el vínculo terapéutico y de contradicciones para encajar dentro de un modelo que ya muchos psicoanalistas percibían como imposible. La lógica desde la cual se miraba el vínculo no admitía preguntarse "¿qué pasa con el terapeuta?".

Un ejemplo de *las contradicciones* se encuentra en los siguientes textos de José Bleger (1971: 2-10):

> Debemos ya subrayar que la libertad del entrevistador, en el caso de la entrevista abierta, reside en una flexibilidad suficiente como para permitir en todo lo posible que el entrevistado configure el campo de la entrevista según su estructura psicológica particular, o dicho de otra manera, que el campo de la entrevista se configure *al máximo posible* por las variables que dependen de la personalidad del entrevistado. [...] De otra manera se podría decir que el entrevistador *controla* la entrevista, pero que quien la *dirige* es el entrevistado. La relación entre ambos delimita y determina el campo de la entrevista y todo lo que en ella acontece, pero el entrevistador debe permitir que el campo de la relación interpersonal sea *predominantemente* establecido y configurado por el entrevistado. [...] Me interesa en cambio, observar que en la entrevista el entrevistador forma parte del campo, es decir, que *en cierta medida* condiciona los fenómenos que él mismo va a registrar. Se plantea entonces el interrogante de la validez que pueden tener datos recogidos en esas condiciones.

Y continúa: "La máxima objetividad que podemos lograr, solo se alcanza *cuando se incorpora al sujeto observador como una de las variables del campo*".

Observemos que expresiones como "al máximo posible", "predominantemente" y "en cierta medida" dejan un *espacio de ambigüedad característico* de una falta de claridad respecto de lo que se está afirmando. Y que, si bien en el autor está presente la idea de que el terapeuta participa y crea un campo junto con el paciente, *todavía está confuso y contradictorio cómo piensa ese lugar y esa interacción.*

"Monitorear" y "dirigir" fueron términos que acompañaron el quehacer de las instituciones formativas y de las prácticas psicoanalíticas. Una de las herramientas para poder ejercer este tipo de poder fue la noción de *encuadre*, explicado por Bleger en la misma obra:

> Debemos contar con un encuadre fijo, que consiste en una transformación de cierto conjunto de variables en constantes. Esto incluye no solo la actitud técnica y el rol del entrevistador, sino también los objetivos, el lugar y el tiempo de la entrevista. (7)

La disociación instrumental[2] fue utilizada para referirse a una actitud clínica que los psicoterapeutas tenían que tener permanentemente: por un lado identificándose

2 Término acuñado por Bleger en los años 60 (*cf.* Bleger, 1967).

con el paciente, y al mismo tiempo manteniendo una distancia que le permitiera no implicarse personalmente.

Aún en el hoy, reconozco los resabios que para muchos tuvo esa carrera de Psicología del Buenos Aires de los 70: sometimiento, uniformidad, mucho dinero gastado en tres a cuatro sesiones semanales durante años, miedos a pensar de otra manera, a tener otras miradas, y baja autoestima si se elegía un camino distinto al psicoanalítico.

2.3 EVOLUCIÓN DEL TEMA

Concomitante a la evolución de las teorías sobre terapia se va produciendo una transformación de la mirada sobre los terapeutas hasta el hoy; y en el trayecto nos encontramos con una gran mezcla y confusión de conceptos que, en un sentido amplio, *significan las expresiones emocionales, corporales, estéticas, personales* y *valóricas de los terapeutas*: contratransferencia, confesiones contratransferenciales y autorrevelación.

Con el afán de contribuir a diferenciar tales conceptos, quisiera ahora hacer una breve síntesis de la historia de su aparición, pues considero que este tema es central para entender desde qué concepción epistemológica cada enfoque está ubicando al terapeuta. Y dentro de esta historia, poner la lupa en que las personas de los terapeutas corresponden a un período evolutivo de esta profesión.

Ya Freud (*cf.* 1910, 1912), al introducir el concepto de contratransferencia, *estaba advirtiendo sobre la importancia de la figura del terapeuta y su propia "neurosis" en el proceso del psicoanálisis*. Se debe tener en cuenta, eso sí, que él lo conceptualizó como un factor perturbador dentro de este proceso, y consideró la necesidad del propio análisis del terapeuta como una manera de contrarrestar posibles *actings* psicoterapéuticos que fuesen producto de la reacción contratransferencial a la transferencia del paciente.

Numerosas interpretaciones del concepto freudiano (a veces motivadas por la ignorancia de los textos y en otras por la vulgarización del término) condujeron a que muchos psicoterapeutas consideraran a la contratransferencia como un fantasma temido, como un defecto que a veces ocurre dentro del espacio clínico. Y si bien el concepto dentro de la teoría psicoanalítica fue cambiando y fue siendo enriquecido por diversos autores (*cf.* Ferenczi, 1981; Heimann, 1950; y Racker, 1986), el foco en el paciente se mantuvo.

No hay que olvidar que Freud, como señala Jürgen Kriz (2001: 25), desarrolla su teoría en el contexto de una época "que se situaba en el extremo de una oscilación intelectual: de una fe (eclesiástica), ya superada, a una imagen del mundo en extremo determinista, mecanicista, materialista y somatogenética". Freud (*cf.* 1914) consideró a la contratransferencia como el conjunto de reacciones inconscientes del analista respecto de su analizado y, más específicamente, a la transferencia de este, y no es sino en algunos pasajes de su obra que se refiere a ella.

Después de él hubo muchos debates y puntos de vista sobre la noción de contratransferencia: algunos la entienden como toda manifestación de la personalidad del analista (que puede servir a la cura), mientras que otros continúan viéndola como la serie de procesos inconscientes que la transferencia de los analizados induce en su analista.

Laplanche y Pontalis (1968) distinguen tres orientaciones. La primera sostiene una necesidad de reducir lo mayor posible la manifestación de la contratransferencia a través del análisis personal del terapeuta, lo que permitiría que "la situación analítica quede estructurada como una pantalla proyectiva de la transferencia del paciente" (103). Una segunda orientación busca "utilizar, controlándolas, las manifestaciones contratransferenciales" (103), siguiendo la indicación de Freud sobre la atención flotante. La última, por su parte, plantea la interpretación de las emociones producidas en base a las reacciones contratransferenciales: "Esta actitud postula que la resonancia de inconsciente a inconsciente constituye la única comunicación psicoanalítica auténtica" (104).

Tanto en la visión de Freud como en la de algunos de sus continuadores, no se planteaba cómo podía afectar al quehacer del analista alguna circunstancia vital intensa enteramente *suya*, que dificultara su lugar de neutralidad y abstinencia. Pero fundamentalmente, la mirada de Freud sobre el tema no incluye una perspectiva en la que *vea al analista como alguien que tiene su propia organización psíquica, su historia biográfica, sus valores, su adhesión a marcos conceptuales y sus creencias, y que todos esos cimientos le llevan a organizar los datos clínicos de una manera particular.*

De ahí que las interpretaciones (como muchos críticos de la epistemología psicoanalítica sostienen) debieran ser vistas, en realidad, como sugestiones.

Orange, Stolorow y Atwood (*cf.* 1997) reseñaron cuatro concepciones de la neutralidad: la de Freud, como abstinencia del analista, en el sentido de no ofrecer al paciente ninguna satisfacción instintiva; sin embargo, desde la perspectiva del paciente, tal conjunto de conductas está lejos de ser vivida como "neutral". Desde ahí que los autores sostienen que "la abstinencia consistente de parte del analista decididamente sesga el diálogo terapéutico provocando hostilidad y conflictos tempestuosos que son más un artefacto de la postura del analista que una genuina manifestación de la psicopatología primaria del paciente" (35). Y concluyen: *"una actitud de abstinencia no solo puede fallar en facilitar el proceso analítico; puede ser un enemigo de ello".*

La segunda concepción, también recomendación de Freud (1912: 330), postula que el analista debe permanecer como un espejo para el paciente, devolviéndole solo lo que le es mostrado a él; significa desconocer la naturaleza interactiva del proceso analítico. Desde una mirada crítica de esta concepción:

> Todo lo que el analista hace o dice –incluyendo especialmente las interpretaciones que ofrece– es producto de su organización psicológica y revela al paciente aspectos centrales de la personalidad del analista. [...] *La creencia errónea de que pueden mantener sus propias personalidades fuera del diálogo analítico, por sí misma produce artefactos transferenciales que pueden ser contraterapéuticos.* (Orange, Stolorow y Atwood, 1997: 36)

Una tercera concepción de la neutralidad (vinculada a postulados de Anna Freud) establece que el analista se ubica en un punto equidistante del ello, del yo y del superyó, lo cual le permitiría una clara objetividad y una ausencia de sesgo. Los autores mencionados (*cf.* Orange et al., 1997) sostienen que *este concepto de la neutralidad, así como el principio de abstinencia, se originan en un sistema de creencias teóricamente cargado de valor* (el modelo tripartito de la mente) y, por tanto, *no está a salvo del sesgo ni es neutral.* Por el contrario: proponen que estimula a los pacientes a adoptar las creencias del analista acerca del funcionamiento mental y, por lo tanto, deben ser consideradas sugerencias.

Por último, la concepción de la Psicología del Yo, pese a proponer otra mirada sobre la neutralidad freudiana, define la neutralidad como lo hace Kohut (Orange et al., 1997: 36): "como la responsabilidad que se espera, en promedio, de personas que han dedicado sus vidas a ayudar a otros, con la ayuda de *insights* obtenidos a través de la inmersión empática en su propio mundo interno". El mismo Kohut, sin embargo, plantea que tal persona, seguramente, no es percibida por el paciente como teniendo una postura neutral.

Orange y su equipo plantean su propia visión al decir que:

> Esperar que un analista sea neutral u objetivo en relación a la subjetividad del paciente, y por lo tanto entender y mirar la experiencia del paciente con ojos puros e inocentes, es equivalente a requerir al analista que proscriba su propia organización psicológica del sistema analítico. (1997: 36)

Lo cierto es que, al decir de Kottler "hay pocas profesiones en las que los límites entre el trabajo y el juego, entre la vida profesional y la personal, sean tan permeables" (Orange et al., 1997: 36).

Los supuestos epistemológicos que dan origen a estas creencias son variados. Por un lado, *la cultura occidental* de los siglos XIX y XX privilegió la racionalidad y la objetividad por sobre la subjetividad, viéndolas no solo como pares antitéticos, sino que otorgándoles la implícita cualidad valorativa de mejor-peor. La objetividad, racionalidad e imparcialidad dominan el desarrollo de la ciencia y eso es "mejor", y la subjetividad que domina el campo de las emociones, la intuición y los sentimientos, es "peor". Aún hoy, asistimos a esta manera de oponer, por ejemplo, las intervenciones alopáticas a otras concepciones de la salud como son la homeopatía o la antroposofía.

Hay además una *concepción objetivista,* la cual concibe a la mente como aislada, separada de la "realidad externa". Externo-interno son conceptos que se usan para dar sustento a concepciones de psicoterapeutas supuestamente "objetivos", cuya organización psicológica propia no se implica en lo que observan y buscan tratar. Tal concepción del conocimiento como "objetivo" *requiere dar por sentado que entre el observador y lo observado hay una separación radical.* De esta manera, solo si el observador se desconecta de sus emociones, sensaciones, impresiones, o de cualquier otro estado subjetivo, puede alcanzar la "pureza" de lo observado. No es posible desde esta concepción considerar que el observador y lo observado son indivisibles.

Al concebir al psicoanalista como "neutral", se da por supuesto que la transferencia tiene que ver solamente con lo que el paciente deposita en el analista, de su historia biográfica y de su neurosis. Por lo tanto, lo que ocurre entre ambos no es co-determinado por paciente y analista, sino solo por el paciente y su subjetividad.

Un contemporáneo y colaborador estrecho de Freud, Sándor Ferenczi (2008: 41), fue uno de los primeros en discrepar con esta visión del Maestro al sostener que:

> Un saludo con maneras, una exhortación formal a "decirlo todo", una atención que se dice bien temperada pero que en definitiva no es tal [...] hacen que 1) el paciente se lastime por la falta o insuficiencia de interés; 2) como no quiere pensar nada malo ni deprecatorio de nosotros busque la causa de la no-reacción en sí mismo [...] y 3) al fin, dude de la realidad del contenido que su sensibilidad tocó momentos antes. [...] La reacción a esta inculpación (que el paciente nunca produce de manera espontánea y el médico tiene que adivinar) solo puede consistir en mirar críticamente nuestro propio comportamiento y nuestra postura afectiva; en admitir la posibilidad y aún la realidad de nuestra fatiga, monotonía y aún aburrimiento.

Fue Ferenczi uno de los primeros en impulsar la idea de que la contratransferencia es una herramienta importante en la relación analista-paciente, y dio lugar a nuevos desarrollos cuestionadores de la supuesta neutralidad terapéutica.

La teoría intersubjetiva, que recupera y enriquece esta mirada inicial de Ferenczi, plantea la consideración por parte del Psicoanálisis de un campo psicológico específico constituido por la intersección de dos subjetividades: la del paciente y la del analista.

El proceso psicoanalítico entonces se propone, a través de un diálogo entre dos personas, comprender las vivencias emocionales de una de ellas, dentro del marco de una experiencia que se configura intersubjetivamente. Ya en esta concepción se consideran dos subjetividades que se interrelacionan, y la biografía del analista es participante del proceso tanto para conocer sus capacidades como sus limitaciones para empatizar, acompañar, sostener, no juzgar, etc.

Así, y si bien el psicoanálisis intersubjetivo considera que no solo es la neurosis del paciente la presente en la relación transferencial, se sigue considerando la relación analítica como asimétrica y el foco de la mirada es el paciente.

Es *después de la Segunda Guerra Mundial* que comienza a consolidarse un pensamiento más totalizador y menos fragmentado en distintos campos científicos. La teoría de los juegos, la de los conjuntos, la de la gestalt, la de los sistemas, la de la comunicación, la cibernética, y junto con los desarrollos científicos de Albert Einstein, Max Planck, Niels Bohr e Ilya Prigogine junto a Gregory Bateson y Ludwig von Bertalanffy van generando la pregunta que da lugar a una *nueva epistemología: cómo se conoce lo que se conoce, en lugar del énfasis depositado en las propiedades del objeto de conocimiento.*

La afirmación del científico polaco Alfred Korzybski (1958: 58) de que "un mapa no es el territorio que representa, pero, de ser correcto, tiene una estructura similar al territorio, lo que explica su utilidad" ilumina la idea de que los intentos que se han hecho por explicar la realidad son construcciones o representaciones, dado que surgen de observaciones condicionadas por nuestra propia estructura: es a partir de tomar conciencia de una observación que hicimos que generamos ideas, palabras y acciones. Entonces, lo percibido es una construcción humana, un mapa de la realidad: no la realidad misma.

Bertalanffy (1976: 32-35) define a los sistemas como "complejos de elementos en interacción". Introduce la noción de sistemas abiertos y cerrados, incorpora la noción de homeostasis, de entropía, de retroalimentación y sus mecanismos de control. Y postula que "los sistemas vivientes, en tanto abiertos, no pueden ser explicados en términos de causalidad". Para él, "la relación entre lenguaje y visión del mundo no es unidireccional sino recíproca".

Bateson (1985), antropólogo y marido de Margaret Mead (llamado por algunos como "el profeta de una ciencia posmoderna"), propone como un concepto fundamental el de la pauta que conecta a todas las criaturas vivientes. Es quien introduce la noción de *contexto* al considerar que todo fenómeno humano tiene sentido y significado dentro del contexto en el que se produce: noción fundamental también en el terreno de la antropología. Dice:

> En algún lugar entre una objetividad pasiva [...] y una subjetividad creativa [...] hay una región donde uno es en parte llevado por los vientos de la realidad y en parte un artista creando un compuesto de los acontecimientos internos y externos. (429-431)

La teoría de la comunicación viene a sumarse a estas nuevas propuestas. El foco en el "quién le dice qué a quién y con qué efecto" surge y se instala en matemáticos, ingenieros electrónicos, físicos, sociólogos y psicólogos interesados en los modos y procesos de la comunicación.

En 1950, Bateson se propone introducir la cibernética en las ciencias sociales. A él se unen Don Jackson, Paul Watslawick, John Weakland, Jay Haley, Virginia Satir, Jules Riskin y William Fry, interesados en la integración de conceptos como homestasis, familia y comunicación. Su visión se basa en que los seres vivos no pueden ser explicados desde la física newtoniana, desde una causalidad lineal que implica fuerzas que actúan unidireccionalmente. Hacía falta la creación de otro lenguaje que permitiera describir la recursividad de los elementos que se mueven conjuntamente en un proceso.

Se organiza *el grupo de Palo Alto*, formado por Weakland, Haley, Satir, Riskin, Fry, Watzlawick y Jackson, quienes fundan el Mental Research Institute en 1959, convirtiéndose este en un referente fundamental de la formación, investigación y asistencia en el campo de la terapia familiar. En artículos que siguen siendo clásicos en la terapia sistémica, los autores (*cf.* Watzlawick et al., 1971) plantean que la comunicación es un comportamiento o conducta que afecta a todas las personas en su interacción. Algunos conceptos fundamentales y fundantes de su postura son:

a) Es imposible no comunicarse.
b) Información e instrucción son conceptos diferentes.
c) Hay dos niveles componentes de la comunicación: el contenido del mensaje y la definición de la relación.
d) La organización de los hechos se hace de acuerdo a la secuencia que organiza cada participante.
e) Existe una diferenciación entre comunicación digital y analógica, verbal y no verbal.
f) La relación debe ser simétrica y complementaria entre los participantes.
g) Hay distintas lecturas de una situación de acuerdo a las distinciones que traza cada participante.
h) La comunicación es un ballet bailado según papeles complementarios o paralelos en función de una partitura invisible.

Estos conceptos, en la bullente creatividad de este grupo, les permiten desarrollar la noción de comunicación patológica que incluye también la lectura de la corporalidad dentro de la comunicación.

Los desarrollos teóricos en este período se intensifican. Es la etapa de la cibernética de primer orden. En 1932, el biólogo Bernard desarrolla la idea de que es imposible pensar un organismo vivo con partes separadas unas de las otras, ya que todas son interdependientes en una dinámica que no es causa-efecto. Se suma a esta idea la noción de homeostasis (introducido por Walter Cannon), descrita como "una red de interacciones recíprocas en las que los distintos componentes del medio interior están en equilibrio dinámico" (Jutoran, 1994: 10).

Durante el período de la primera cibernética, el concepto de neutralidad fue privilegiado. Y tal neutralidad traía implícita, para los psicoterapeutas, una cierta noción de la distancia que debía existir entre terapeuta y paciente. Los estudios sobre la proxemia existían solo entre animales, pero poco a poco fueron incorporados por la antropología y otras disciplinas como una manera de entender las formas de delimitación y de uso de un espacio propio. Así, resulta claro que no es lo mismo nacer, por ejemplo, en Japón que en un país latino, ya que en cada región las prácticas interaccionales en términos de tocar, sostener, abrazar o besar son muy distintas. ¿Cómo podríamos entonces generalizar una distancia "adecuada" entre pacientes y terapeutas?

¿No habría que pensar más bien que, en función de los contextos, de las subjetividades involucradas y de las emocionalidades presentes, se establecen distancias que facilitan la interacción?

Wiener utiliza el concepto de retroalimentación o *feedback* para referirse al mecanismo que reintroduce en el sistema los resultados de su desempeño: "la información sobre los efectos retroactúa sobre las causas convirtiendo el proceso de lineal en circular" (Jutoran, 1994: 10). Y la homeostasis fue vista como un proceso autocorrectivo que impedía el caos, la desorganización y destrucción del sistema.

Más adelante, *los aportes de la física cuántica, de Prigogine, de Foerster, Maturana y Varela, entre otros, sientan las bases de la cibernética de segundo orden.* Mientras que la epistemología que reinaba hasta ese entonces consideraba a la realidad independiente de quien la observa y que las propiedades del observador no deben estar incluidas en la descripción de lo observado, Foerster plantea que *"la reintroducción del observador, la pérdida de la neutralidad y de la objetividad, son requisitos fundamentales para una epistemología de los sistemas vivientes"* (Jutoran, 1994: 11).

La cibernética de segundo orden postula la observación del observador: el objeto de estudio pasa a constituirse en el observador observando su propia observación: "la reintroducción del observador, la pérdida de la neutralidad y de la objetividad, son requisitos fundamentales para una epistemología de los sistemas vivientes" (Jutoran, 1994: 12).

> Hay un continuo proceso circular y repetitivo en el que la epistemología determina lo que vemos; esto establece lo que hacemos; a la vez nuestras acciones organizan lo que sucede en nuestro mundo, que luego determina nuestra epistemología. [...] La cibernética de segundo orden abre un espacio para la reflexión sobre el propio comportamiento y entra directamente en el territorio de la responsabilidad y la ética. Dado que se fundamenta en la premisa de que no somos descubridores de un mundo

> exterior a nosotros, sino inventores o constructores de la propia realidad, todos y cada uno de nosotros, somos fundamentalmente responsables de nuestras propias invenciones. (Jutoran, 1994: 12-13)

Fue este nuevo paradigma el que abrió un espacio inmenso de cuestionamiento, reflexión y producción de nuevas conceptualizaciones, y gracias a eso los terapeutas pudieron empezar a sentirse *menos presionados a ser distantes y neutrales sabelotodos para transformarse en seres que van descubriendo junto a sus pacientes en qué consiste su malestar y cómo poder abordarlo.*

En 1993, se realizó en Buenos Aires un encuentro que se llamó "Nuevos Paradigmas en Cultura y Subjetividad" durante dos días. Organizado por la Fundación Interfaz, nucleó a invitados sobresalientes: Ilya Prigogine, Edgar Morin, Ernst von Glasersfeld, Evelyn Fox Keller, Mario Castagnino, Felix Guattari y otros. Era increíble verlos a todos juntos. No solamente hicieron exposiciones individuales de sus posturas personales, sino que además cada uno tuvo un interlocutor con el cual después dialogó. El libro que reproduce estos intercambios (*cf.* Fried Schnitman, 1994) es una síntesis imperdible del pensamiento de grandes creadores de esos tiempos, en una etapa en la que nadie se proponía ser categórico.

Recuerdo el impacto que sentí al escuchar a Evelyn Fox Keller, científica "dura", pedir perdón en nombre de la ciencia por la cantidad de errores cometidos al excluir una visión "femenina" en lo científico, por haber creído durante tanto tiempo que solo la racionalidad aportaba conocimiento.

Este momento de cambios conceptuales tan potente sentó las bases de lo que vendría después. El terapeuta y el paciente comenzaron a ser vistos como protagonistas de un proceso que co-construyen. Al decir de Duncan y Miller (Norcross, Levant y Beutler, 2005: 14), muchos años después:

> La psicoterapia no es un terreno deshabitado de procedimientos técnicos. No es el esterilizado proceso gradual de la cirugía, ni la trayectoria previsible de diagnóstico, prescripción y cura. No se puede describir sin el cliente y el terapeuta, compañeros aventureros en un viaje a través de un territorio en gran parte desconocido. El paisaje de la psicoterapia es intensamente interpersonal y en última instancia, ideográfico.

La terapia humanista también marcó un rumbo distinto al del psicoanálisis en lo que a la relación terapeuta-paciente se refiere. Ya a principios de los 60, Rogers (1961: 40) plantea que había "descubierto que cuanto más auténtico puedo ser en la relación, tanto más útil resultará esta última". Concibe la terapia como un espacio para ser lo que uno es, libre de máscaras, y formula que el logro del cambio personal del paciente se ve facilitado cuando el terapeuta es lo que es: "solo mostrándome tal cual soy, puedo lograr que la otra persona busque exitosamente su propia autenticidad" (42).

Rogers llama a esto *congruencia*, lo cual significa que los sentimientos que el terapeuta experimenta son accesibles a él, que los puede asumir, integrar y comunicar. En otras palabras, cuando el terapeuta logra SER sin temores, transmite una coherencia que generalmente lleva a lograr una psicoterapia exitosa.

> Ningún enfoque basado en el conocimiento, el entrenamiento o la aceptación incondicional de algo que se enseña tiene utilidad alguna [ya que] el cambio solo puede surgir de la experiencia adquirida en una relación [...]. Esto significa que debo tener en cuenta mis propios sentimientos y no ofrecer una fachada externa. [...]. Si puedo crear un cierto tipo de relación, la otra persona descubrirá en sí mismo su capacidad de utilizarla para su propia maduración y de esa manera se producirán el cambio y el desarrollo individual. (40-42)

En los 90, el terapeuta belga Elkaïm (*cf.* 1998) introdujo el concepto de *resonancia* como una serie de voces internas, vivencias y sentimientos del terapeuta detonados isomórficamente en relación con su historia. Y estas implicaciones, consideró, debían ser corregidas en los espacios de supervisión y de terapia personal.

El feminismo de los años 70 y su impulso para revisar cómo la variable género está incluida y sesga mucha de la teoría y de la práctica psicológica, significó un aporte ineludible a la revisión de una mirada que, lejos de ser neutral, representaba mucho de la mirada masculina sobre la salud, la enfermedad, los vínculos y la sexualidad. Puso luz al hecho de comprender que los opuestos racionalidad-emocionalidad reproducía la dicotomía masculino-femenino: la concepción de ciencia circulante desde una mirada que pretendió ignorar la importancia del observador en lo observado fue coherente con el papel invisibilizado de las mujeres y su trascendente importancia en la vida cotidiana de las personas. Concebir lo racional "por sobre" lo emocional no solo significó años de una dicotomía falsa, sino que además dio fruto a una complicidad teórica y técnica con el prejuicio que sostiene que las mujeres son emocionales y, por lo tanto, menos creíbles, y los hombres son los racionales y confiables:

> La variable género no es un detalle más a ser tenido en cuenta por los terapeutas, sino que su inclusión o exclusión va a producir efectos diferentes en los procesos terapéuticos. [...] Desde esta perspectiva no hay terapia que no incluya la variable género: la diferencia radica en el grado de conciencia que como terapeutas tengamos acerca de cómo ella está interviniendo en la problemática por la que nos consultan y en la relación que se crea entre terapeuta y paciente. (Daskal, 1993: 18)

Las investigaciones que pusieron el foco en este tema (*cf.* Broverman et al., 1972; Hamerman y Josefowitz., 1985; Bernstein, A. y Marmar, G., 1984; Rieker y Carmen, 1984; Reale y Sardelli., 1986; Walters et al., 1991) pudieron encontrar entre los terapeutas hombres y las terapeutas mujeres diferencias de interacción entre cada uno de ellos con sus pacientes hombres y sus pacientes mujeres. Además, estos estudios revelaron:

- diferentes formas de manejo de la hostilidad por parte de terapeutas varones o mujeres;
- diferentes formas de preguntar a las mujeres y a los varones por su trabajo;
- diferentes maneras de manejar las emociones con pacientes mujeres u hombres;
- diferentes concepciones de salud y enfermedad presentes en los terapeutas, según los pacientes fueran varones o mujeres;
- el entender que la propia historia genérica del terapeuta va a estar presente en su manera de entender la problemática de sus pacientes;
- el descubrimiento de sintomatologías más características de las mujeres o de los varones y su interrelación con la socialización de género;
- que los psiquiatras medican más a las mujeres que a los varones;
- mayor proporción de abuso sexual por parte de terapeutas varones que de terapeutas mujeres;
- evidencia de que las terapeutas mujeres tienen más dificultades de cobranza que los terapeutas hombres...

...y muchos otros temas que invitaron a la reflexión sobre viejos paradigmas en salud mental, teorías y abordajes.

Jean Baker Miller y un grupo de terapeutas del Stone Center (*cf.* 2000) enfatizaron la importancia de la autenticidad terapéutica en el ejercicio de la psicoterapia, entendiéndola como una calidad de la presencia emocional de los terapeutas. Esto permite que el paciente cuente con una fuente de información acerca de quién es su terapeuta, además de ser relevante para el progreso y los logros de la psicoterapia. Desarrollan en profundidad una concepción de la autenticidad vinculada al respeto, la sensibilidad, el establecimiento (no imposición) de límites, la conexión en lugar de la desconexión como manera de fortalecer la propia identidad y también la idea de los terapeutas como personas que se puedan expresar plenos en sus relaciones. Otros temas abordados proponen que los terapeutas deberían sentirse cómodos (no a la defensiva) y que tampoco debiesen sentir que lo tienen que entregar todo, o que la profesión es un constante sacrificio.

Y dentro de los terapeutas familiares, algunas terapeutas mujeres empezaron a incluir la mirada sobre las emociones de los terapeutas, produciendo aportes muy significativos a las terapias de pareja y de familia (*cf.* Walters et al., 1991 y Goodrich et al., 1989).

Si bien este es un terreno en el que todavía resta mucho por hacer, la presencia de terapeutas mujeres cuestionando el paradigma racional de la terapia en Congresos, Seminarios, cursos, supervisiones, etc., *y dándole valor a la emocionalidad del terapeuta como forma de trabajar también la emocionalidad de los pacientes, constituye un hito en el camino hacia el logro de un espacio terapéutico, en el que pacientes y terapeutas se sientan verdaderos compañeros de viaje,* al decir de Yalom (*cf.* 2002).

Algunos terapeutas sistémicos, imbuidos de la segunda cibernética, comenzaron a instalar *el concepto de la persona del terapeuta*. Entre ellos está Harry Aponte (1985: 9), quien acentúa además la importancia del *sistema de valores del terapeuta* en sus intervenciones, el cual define como:

> El complejo internalizado de normas que derivan de las estructuras culturales, raciales, étnicas, políticas, filosóficas, religiosas, etc., de la sociedad. Esta estructura internalizada determina los patrones que definen bueno-malo, útil o inútil, deseable o indeseable, hermoso o feo y las otras perspectivas de valor a través de las cuales nosotros visualizamos y juzgamos a nosotros mismos y a los demás.

Dado que este sistema valórico es constituyente de nuestras personas, es necesario que los terapeutas sean conscientes de estos aspectos de sí mismos y no traten de evitarlos, ocultarlos o controlarlos, sino de incluirlos como parte de la relativización de su mirada y del rechazo a la idea de una única concepción del problema: "mucho de lo que el terapeuta llega a conocer debe ser deducido de aquello que experimenta a medida que interactúa con sus pacientes" (Aponte, 1985: 8).

Esta manera de plantear el tema se deriva, sin duda, de la mirada de Rogers, de las terapeutas feministas, de Yalom, y de los constructivistas, pues son todos sostenedores de la importancia de que los terapeutas sean congruentes, auténticos y coherentes consigo mismos en su accionar.

Los cambios que introdujo la segunda cibernética permitieron que, al decir de Cavagnis (2000: s/n): "El terapeuta se [preguntara] sobre su quehacer, [abandonara] el lugar de experto, [dejara] de pensarse neutral, [empezara] a tomar en cuenta sus resonancias, apareciendo los modelos conversacionales, las terapias narrativas, las colaborativas y otras".

Sin embargo, las exigencias, prescripciones y demás deberes seres para los terapeutas (en términos del silenciamiento de su emocionalidad en el contexto de las psicoterapias) perduran. Sigue existiendo el pensar las emociones como algo del mundo privado de cada persona y no como sucediendo dentro del espacio de la relación., y que aquellas que sientan los terapeutas son obstáculos que deben ser trabajados en los espacios de supervisión, terapia personal, y en el equipo.

De esta forma, y pese a estar usando otro paradigma, *se continuó proponiendo la disociación afectiva y emocional como la única forma de interacción deseable por parte de los terapeutas con sus pacientes*:

> La posición que asuma el terapeuta en el campo determina qué acciones están permitidas o prohibidas, cuál es el ámbito de conversaciones posibles, cómo se estructuran las relaciones de poder en las que se darán esos intercambios; en suma, generan distintas configuraciones del emocionar que caracterizan modos de convivencialidad diferentes. (Cavagnis, 2000: s/n)

Los cambios en teorías y técnicas en los últimos 50 años son muchos. Los referidos al cambio de lugar del terapeuta, especialmente, han sufrido los movimientos de una montaña rusa: son oscilaciones a veces bruscas, que a veces nos permiten tener una visión de conjunto más amplia, y otras nos hacen sentir que descendemos sin retorno... Pero es uno de los temas de discusión actuales y creo que lo seguirá siendo, mientras los contextos sigan cambiando de la manera en que lo hacen.

2.4 COMPARTIENDO REFLEXIONES

En las páginas anteriores he intentado hacer algo imposible: resumir la evolución que, a mi juicio, ha ido teniendo la figura del terapeuta desde finales del siglo XIX hasta la actualidad, enfatizando el hecho de que cada enfoque psicoterapéutico propone una visión –no siempre explícita– en relación a la persona de los terapeutas, sintónica con sus concepciones de cambio, de salud y enfermedad, y a los objetivos y métodos psicoterapéuticos que derivan a su vez en formaciones, capacitaciones y currículos académicos completamente diferentes unos de los otros.

En la mayoría de las universidades actuales, la formación académica de los psicoterapeutas se centra en el conocimiento de teorías y técnicas que explican etiologías de las enfermedades mentales y sus posibles abordajes para ayudar a las personas a curarlas, y/o al menos, sentirse mejor. A ello se agrega, en algunos casos, la formación en técnicas de investigación cualitativa y cuantitativa para la capacitación de los estudiantes en la investigación empírica, tan requerida en nuestros días.

Llama la atención, sin embargo, la ausencia total en el currículo de programas que proporcionen a los estudiantes con fuentes de información acerca de la importancia de sus personas en el quehacer terapéutico, a pesar de la existencia de distintas investigaciones y propuestas que apuntan a este tema.

Uno de los primeros en rescatar la importancia de la persona del terapeuta fue Freud (*cf.* 1910), quien ya decía que ninguno de sus colegas se atrevía a ir más allá de sus propias limitaciones, complejos y resistencias internas. Así, consideraba de suma importancia que al inicio de sus actividades como terapeutas se analizasen, y profundizasen en su propia terapia personal mientras observaban a sus pacientes.

También Lambert y otros colegas (*cf.* Lambert et al., 2001) han planteado la importancia del terapeuta en los procesos y resultados de la terapia, y sostienen que aún en las investigaciones donde se había puesto especial atención en homogeneizar la muestra lo máximo posible (en términos de elegir terapeutas entrenados para hacer mínimas sus diferencias), el terapeuta siguió encontrándose como un factor central en los resultados terapéuticos.

Las investigaciones de Beutler et al. (*cf.* 1997), por su parte, fueron capaces de determinar que la magnitud del beneficio en psicoterapia está asociada más estrechamente con la identidad del terapeuta que con el tipo de psicoterapia que este emplea. Así, en todos los enfoques, algunos terapeutas producen más efectos positivos que otros, mientras que algunos de ellos producen consistentemente efectos negativos.

Minuchin, y Fishman (*cf.* 1984), por su parte, plantearon (en el caso de los terapeutas de familias) que no es posible que los analistas observen "desde afuera", ya que parte de su trabajo es el integrarse en un sistema de personas interdependientes.

A estos postulados se les deben agregar todos los aportes de la segunda cibernética, del construccionismo y de los nuevos paradigmas en las ciencias, donde se fue pasando de una mirada unidireccional, determinista y biologicista a una mirada circular, puesta en los vínculos entre personas y en los contextos en los que se encuentran.

Sin embargo, y a pesar de todo ello, la formación de los psicoterapeutas continúa sin prestar atención o incluir espacios centrados en las personas de los terapeutas. Ignora las necesidades individuales, las posibilidades económicas de los estudiantes, los momentos de urgencia que tengan y los espacios de supervisión y/o terapia personal: es decir, omite el enfrentar los temas que complican el quehacer psicoterapéutico.

Aún quienes le hacen un espacio al tema de la persona del terapeuta, como las escuelas de formación en terapia sistémica, siguen haciéndolo desde un sesgo invisibilizado, al poner el foco en la familia y los *patterns* de interacción asociados a la historia del terapeuta más que a la figura de este como persona. Si bien rescatables en su trabajo, estos intentos dejan sin trabajar muchísimos temas que van a participar del vínculo con los pacientes.

En cierto sentido, las prescripciones acerca de la distancia, la abstinencia y la neutralidad (usuales de las teorías psicodinámicas) se deslizan invisiblemente en la formación de terapeutas que no tienen esas características.

Ahora bien: ¿por qué es importante tener en cuenta a la persona en el caso de los terapeutas y no, por ejemplo, en el caso de contadores, ingenieros comerciales, arquitectos, odontólogos, abogados o economistas? ¿No está también en ellos presente la persona? *¿Qué es lo que diferencia el quehacer en la psicoterapia?*

Mi opinión es que en todas las profesiones se haría necesaria una capacitación que incluyera la intervención de las emociones y la importancia del vínculo con los clientes, ya que son factores intervinientes fundamentales se trate del área que se trate.

Pero en el caso de los psicoterapeutas, *su trabajo implica un contacto permanente con las emociones de sus pacientes; es parte de los objetivos psicoterapéuticos,* desde distintos enfoques, contribuir a que las personas se conecten con lo que sienten, sepan cómo nombrarlo, aprendan a expresarlo, no transformen sus emociones en síntomas, y aprendan a significar sus emociones, a ubicarlas donde realmente están. Y *¿cómo se puede ayudar a alguien a hacer eso, si uno mismo no lo hace? ¿Cómo psicólogos recién egresados* van a poder sostener un trabajo en una organización donde tienen que atender varias horas seguidas a pacientes drogadictos, casos de violencia intrafamiliar, abusos sexuales, o intentos de suicidio, si no es desarrollando exitosas maniobras sobreadaptativas? ¿Y cuáles son los efectos de dichos procesos sobre sus personas y sus pacientes?

No deja de sorprenderme cada vez que, en grupos de supervisión o en cursos de formación, frente a *role playings* en torno a casos clínicos, los terapeutas no saben contestar a la pregunta "¿qué sientes cuando...?". Recibo excelentes hipótesis acerca del diagnóstico de los pacientes y muy buenas estrategias terapéuticas, pero cuando se trata de identificar en ellos mismos qué les pasa con esa situación familiar, con ese paciente asustado o rabioso, con alguien que les está manifestando su falta de deseo de vivir, no pueden contestar salvo con un "no sé".

Este es uno de los efectos del entrenamiento en la disociación mal entendida: desempeñan roles sin que la persona esté incluida en estos. Y con eso se pierde un recurso insustituible, porque lo que *sienten* los terapeutas en su trabajo no es algo desconectado de lo que está sucediendo en esa relación, en ese momento.

Recuerdo, por ejemplo, haber visto en una supervisión clínica a un terapeuta que en una sesión con un paciente le comenzó un fuerte dolor de cabeza y que eso hizo que estuviera un poco "ausente", esperando el momento en que terminase la sesión para tomarse una aspirina. Luego, relatando el material del paciente, se pone en evidencia lo que hace esta persona con sus dolores; cuán contenida y autocontrolada está; cómo queda dominado por el portarse adecuadamente y cómo esa conducta lo hace sentir "distante", ausente de sus relaciones. Para el terapeuta se hizo evidente que él estaba en una postura parecida a la de su paciente y que eso había tenido que ver con el dolor de cabeza que le apareció.

Pudimos trabajar, entonces, cómo hubiera sido incluir su dolor de cabeza en la sesión sin hacer el esfuerzo por que llegue el final para tomarse una aspirina. Fue interesante comprobar qué emociones contenidas se expresaban a través del dolor de cabeza y enriquecer de esta manera el abanico de recursos del terapeuta para que pudiese trabajar no disociadamente.

Desde la óptica que me acompaña hoy, la persona del terapeuta es un recipiente donde confluyen:

- la propia biografía;
- las similitudes con las vicisitudes de la vida de sus pacientes;
- los sentimientos y vivencias en el trabajo;
- los valores, ideas, y creencias que pueden colisionar con las de sus pacientes;
- los mandatos recibidos en su formación;
- las contradicciones entre su capacitación específica y las posibilidades de aplicación del conocimiento;
- las características de su personalidad y de su estilo de trabajo;
- los conocimientos teórico-técnicos;
- la ética personal;
- las presiones de las instituciones a las que pertenece;
- sus necesidades versus las de sus pacientes;
- el ritmo de trabajo y/o la carga laboral;
- la espiritualidad.

Tomando en cuenta estas y otras variables, considero de suma importancia el formar a las nuevas generaciones de terapeutas dejándoles en claro, y en palabras de Michael Mahoney (2005: 285), que:

> La psicoterapia es un reto difícil y complejo tanto para el terapeuta como para el cliente. El terapeuta cambia, al menos en la misma medida que el cliente, durante el proceso psicoterapéutico.
>
> Muchos terapeutas soportan el peso de unas expectativas que dicen que deben/debemos ser extraordinariamente felices, iluminados o sabios para ser profesionales legítimos.
>
> El cuidado propio, la compasión por uno mismo, [son esenciales] para el bienestar personal y para las responsabilidades profesionales de los psicoterapeutas. La terapia personal y la práctica espiritual pueden ser recursos inestimables para nuestra evolución.

A lo que yo agregaría: que los psicólogos probablemente van a tener que enfrentar la directa o indirecta desvalorización de su profesión, por considerársela por debajo de la Medicina, no solamente en las instituciones, sino en el imaginario social circulante que afecta su autoestima. Que van a tener que pasar por exclusiones o discriminaciones en instituciones o pagos de derechos de piso mayores que las de los profesionales médicos. Que, con frecuencia, van a tener que aprender a aclarar que su trabajo se diferencia de "conversaciones de amigos". Que en reuniones sociales van a tener que aprender a decir con humor "solo trabajo en mi consultorio" frente a pedidos de consejos inadecuados. *Que sus personas son la herramienta por excelencia de su trabajo y que, por lo tanto, escucharse, saber interpretar señales que sienten durante las sesiones y poder incluir datos de su propia experiencia de vida o del momento de la sesión, lejos de ser una peligrosa "confesión contratransferencial", son recursos altamente útiles para el proceso psicoterapéutico, cuando se aprende a usarlos.* Que pueden aprender con qué tipo de pacientes van a estar más cómodos, o más expuestos, o más asustados, y con qué manera o estilo de intervención se sienten más a gusto, menos disfrazados. Que ojalá puedan tener una organización horaria que respete los momentos del día en que se sienten más lúcidos o más cansados, o que sepan distribuir de una manera equilibrada en su horario a aquellos pacientes más demandantes con otros que lo sean menos. Y, finalmente, que el lugar en el que trabajen (en la medida en que puedan elegirlo) se acerque lo más posible a lo que cada uno considere de su gusto y confort, ya que pasarán allí muchas horas de su vida.

Prepararse teniendo en cuenta estas proposiciones los va a encontrar *mejor capacitados para la zambullida en este mundo fascinante, estimulante, creativo, misterioso y al mismo tiempo amenazante, frustrante y exigente como lo es la relación entre seres humanos en funciones distintas, circunstancialmente hablando.*

2.5 DIFICULTADES ADICIONALES DE LOS TIEMPOS PRESENTES

La misma óptica que hace prevalecer la racionalidad y la palabra por sobre la emocionalidad y los afectos es la que comenzó a enfatizar la importancia de las técnicas en psicoterapia. Manuales y más manuales, escritos y difundidos durante la formación de muchísimos terapeutas jóvenes, fueron presentando a la psicoterapia como si fuese un servicio de "reparaciones de vehículos": chapa y pintura.

El contexto en que se empezó a desarrollar la atención médica y psicológica, a través de las instituciones de salud previsional, significa un golpe de timón fundamental para el retroceso tanto en la atención de las personas como para el autocuidado de los profesionales. La humanidad presente en toda relación terapéutica se fue invisibilizando y dejó de ser priorizada en medio de atenciones de 25 minutos para "resolver" problemas específicos y breves, que hicieran rentable, además, el negocio de las instituciones de salud. Así, los resultados actuales sobre los factores intervinientes en los buenos resultados de una psicoterapia, paradójicamente, son ignorados por aquellos que subvencionan muchas de estas investigaciones.

El micro contexto del terapeuta, como plantea Whitaker (*cf.* 1992), se caracterizó y se caracteriza por:

- el aislamiento durante gran parte de su jornada laboral,
- no ser el destinatario principal del afecto de sus pacientes,
- un trabajo en que su participación afectiva y emocional exigen un alto grado de control,
- acompañar a sus pacientes en situaciones extremas como orfandad, intentos de suicidio, desesperación, divorcios, pérdidas significativas, dolores intensos, enfermedades graves, muerte...

A esto podemos agregar que el nuevo siglo encuentra a muchos terapeutas de América Latina con *un macro contexto* caracterizado por Galfré y Frascino (*cf.* 2007) de la siguiente manera:

- consultantes que se presentan con problemáticas cada vez más graves, con posibilidades de pago decrecientes;
- lugares de trabajo institucional que atienden patologías graves y pagan honorarios bajos o inexistentes;
- falta de medios personales e institucionales para obtener contención, supervisión y entrenamiento;
- competencia/competitividad con distintas terapias alternativas;
- un Estado que no satisface plenamente la provisión de medios y políticas para el desarrollo de la salud mental y la atención psicológica, tanto en el aspecto de las prestaciones como en el académico y de investigación;
- sus propias problemáticas personales, familiares y sociales;
- los problemas de sus instituciones de pertenencia que, a menudo, no aciertan a adaptar sus paradigmas y sus prácticas a un mundo cambiante e impiadoso.

Así, podemos comprender lo difícil que se hace hoy en día la tarea del terapeuta.

Temáticas complejas como el divorcio, la infidelidad, las adicciones, el aborto, los abusos sexuales en distintos ámbitos, la violencia doméstica, la adopción de hijos por parte de parejas homosexuales, las familias ensambladas, la inseminación artificial o *in vitro*, la donación de óvulos y/o esperma, matrimonios interraciales o interreligiosos, etc., *requieren de terapeutas con conciencia de sus concepciones valóricas, con capacidades para saber cómo incluirlas en su quehacer y no abusar así del poder que la sociedad les otorga como "conocedores" acerca del bien y el mal.*

Dentro de esta nueva diversidad, los terapeutas están *desafiados a pensar y concientizar qué sienten acerca de estos temas, qué creen que es mejor o peor y por qué, qué puede funcionar más saludablemente que qué y qué es apropiado y qué no desde su propia cosmovisión, ojalá sin escudarse en una supuesta neutralidad que solo pone en evidencia el tamaño de su coraza defensiva*. Solo así los vínculos terapéuticos serán genuinos, aportando no solo al crecimiento y salud de los consultantes sino también al de los terapeutas.

La formación y capacitación de los psicoterapeutas debe necesariamente incluir estos desafíos para contribuir a que los futuros (y actuales) profesionales cuenten con las herramientas necesarias para trabajar en estos contextos, proveyéndoles además de la información necesaria en herramientas de autocuidado como la supervisión, la terapia personal, los trabajos corporales o la meditación.

En esta época de cambios paradigmáticos que nos atraviesan no es sencillo ir encontrando la coherencia entre aquello que pensamos y lo que hacemos. Sobre todo, lo que tiene que cambiar en relación a la ética y la emocionalidad del terapeuta requiere de un trabajo con la propia persona que no todos los terapeutas están dispuestos a hacer y/o tienen los recursos para hacerlo. Implica aceptar pérdidas, ilusiones, cambiar marcos referenciales, ceder espacios de poder, reparar heridas narcisistas…

Pero creo que quien elige el camino de la práctica clínica no puede soslayar este trabajo si pretende que sus pacientes lo hagan.

3. ETAPAS EN LA VIDA DE LOS TERAPEUTAS

> ...el terapeuta novato primero aprende cosas sobre la psicoterapia, después *cómo hacer* psicoterapia, y, a continuación, si todo va bien, da el paso de *convertirse* en psicoterapeuta.
>
> Carl Whitaker (1992)

Parto de la base que nos vamos haciendo terapeutas poco a poco, atravesando ríos, pantanos, llanuras, quebradas, mesetas, cordilleras; es un proceso que quienes elegimos esta especialidad vamos recorriendo solos y acompañados, con entusiasmo y decepción, con esperanzas y frustraciones.

No he conocido a nadie que sea psicólogo clínico que no haya experimentado la mezcla de miedo a equivocarse, desorientación, confusión, culpa e inseguridad, al iniciarse en esta profesión. Y muchas veces, en grupos de supervisión nos hemos preguntado si hubiera sido posible que no nos sucediera eso... Algunos creemos que sí, que hay maneras diferentes de formar que permitirían llegar a los comienzos del ejercicio profesional "mejor plantados", más seguros.

Esta diferenciación por etapas de desarrollo profesional no es rígida: dado que siempre existen nuevas propuestas, técnicas diferentes y aportes de las investigaciones, tenemos que imaginar un *continuum* donde siempre vamos a poder estar aprendiendo algo nuevo, y, en ese sentido, respecto a ciertos aspectos seremos siempre principiantes. Como lo dice Haley (1996: 70), "el novicio más fácil de formar es el terapeuta experimentado que admite su inexperiencia en el enfoque terapéutico".

A la *etapa de iniciación*, que suele abarcar aproximadamente los primeros cinco años de ejercicio, le sigue una etapa de *formación avanzada*, que según los contextos puede desarrollarse en los siguientes cinco años. A los diez años del egreso, podríamos hablar de *terapeutas con experiencia*, etapa donde se desarrolla la mayor parte de nuestra vida profesional, hasta llegar a la *etapa del retiro*, que también puede abarcar varios años.

3.1 INICIACIÓN

Esta etapa puede comenzar (según los contextos y universidades) dentro del pre-grado o una vez finalizado este. En algunos países, los alumnos de Psicología Clínica son guiados por supervisores para tratar a uno o dos pacientes, muchas veces usando la cámara de Gesell; mientras que en otros lugares esto no está permitido salvo cuando llegan a los postítulos. En este caso, se trata de psicólogos clínicos que solo han leído sobre psicoterapia y que conocen las teorías y técnicas, pero que nunca han pasado por la experiencia de hacer una. Parafraseando a Haley (*cf.* 1996), es como si un violinista hubiera estudiado solo textos sobre cómo es tocar el violín, pero nunca hubiera tenido uno en sus manos.

En esta etapa, los terapeutas se caracterizan por estar muy asustados, inseguros, sin mucha claridad respecto a cuál enfoque le sintoniza más con su persona. Muchas veces (dependiendo de la universidad a la que asistieron) han tenido capacitación solo en un enfoque psicoterapéutico y, por lo tanto, es a él al que se ajustan para comenzar, aunque no necesariamente sea el mejor para la persona a la que van a tratar ni para sí mismos. Así, en esta primera etapa del viaje que los llevará a convertirse en terapeutas es muy importante que *puedan ampliar la información con la que cuentan* a través de cursos, seminarios, asistencia a congresos, postgrados y supervisiones.

Pero en esa búsqueda, y para no malgastar recursos, los terapeutas principiantes *ojalá tuvieran un grado de autoconocimiento* que, aunque fragmentario e incompleto, les permitiera tener una visión acerca de qué manera les resultaría más cómodo y atractivo trabajar, cuáles son sus habilidades, cuáles son sus maneras más habituales de relacionarse con personas y cuáles son sus carencias o déficits.

Me inclino a pensar que en esta etapa (y desde la formación de pregrado), más que espacios individuales prolongados, *pueden ser muy útiles los grupos de pares que capaciten a los futuros profesionales en el registro de su propia emocionalidad y en el cómo incluirla en el trabajo terapéutico.*

Al decir de Aponte (1985: 10):

> El entrenamiento de un terapeuta debe capacitarlo para volverse sensible a la percepción de sus propias señales emocionales y conductuales, que lo alertan acerca de si está manejando o no satisfactoriamente los aspectos personales de su relación con una familia. [...] Él puede aprender a utilizar sus reacciones al servicio de sus objetivos terapéuticos.

Por ejemplo: hay personas que son muy concretas, a quienes les gusta resolver los problemas en un corto período de tiempo y que se instalan rápidamente en encontrar soluciones a los problemas. Si esas personas inician una formación en psicoanálisis probablemente no van a sentir satisfacción en su quehacer, van a perder tiempo y dinero, y van a sentirse "a contramano" de sí mismos; mientras que si se formasen en técnicas de terapia breve en sus diversas versiones o en terapia cognitivo-conductual, probablemente se llegasen a sentir coherentes y satisfechos.

Cada teoría y técnica requiere de habilidades y herramientas diferentes por parte del terapeuta, y más allá de que la experiencia les permita desarrollarlas y profundizarlas, lo ideal es partir con motivación y placer, porque si no se topará innecesariamente con sus dificultades o malestares en el aprendizaje desde el inicio.

En esta etapa, las personas en formación necesitan de supervisores muy claros que les puedan enseñar habilidades de una manera bien estructurada y circunscrita. Pero también hace falta que sean supervisores humildes, que empaticen con el que se está iniciando, que no necesiten ser "estrellas" o seguidos al pie de la letra o admirados, porque lo que se fomenta así es la idealización y dependencia extrema de la supervisión, lo cual no ayuda al crecimiento.

Otra característica de esta etapa es el manejo rígido de los diagnósticos y de las teorías. Frente a la angustia que produce el encuentro con personas a quienes se escucha contar sus dificultades y problemas, los terapeutas principiantes suelen aferrarse al psicodiagnóstico como verdad absoluta, y es frecuente que traten que la persona se ajuste a él para sentirse seguros en su quehacer.

Están totalmente pendientes de los pacientes durante la entrevista y, por lo tanto, funcionan muy desconectados de sí mismos y de sus vivencias en la sesión. Están pensando todo el tiempo, por lo que *el contacto con los pacientes es muy racional, poco libre* y sin inclusión de la propia emocionalidad.

Asimismo, tratan de aplicar tal cual las pautas de una entrevista y se desorientan si los pacientes les empiezan a hablar de otra cosa. Por eso *la flexibilidad es una habilidad importantísima a desarrollar,* aunque los haga sentir más inseguros no estar con un libreto muy estricto. En esta etapa los supervisores también pueden ayudarlos a que no generalicen, sino que puedan ver que cada persona es distinta aunque padezca de algo similar.

La empatía pueden tenerla en términos generales, pero en este período se imponen las propias experiencias personales y, por lo tanto, *los terapeutas recién iniciados se suelen comparar todo el tiempo con sus pacientes*: "Esto es lo que me pasa a mí cuando..." o "Eso a mí no me pasó nunca...". Y a veces suelen no reconocer un problema grave.

En el caso de *terapeutas muy jóvenes*, les resulta difícil sentirse con autoridad frente a pacientes mayores que ellos: es importante aprender a incluir el tema de forma tal que no sea un obstáculo en la relación. Por ejemplo, se puede decir: "Yo sé que usted tiene mucha más experiencia de vida que yo, pero recibí formación para ser alguien que escucha y que tiene herramientas para ayudarlo"; o bien: "¿Le parece que podrá confiar en que yo lo ayude pese a que soy más joven que usted?".

Intervenciones de este tipo ayudan a que los terapeutas no tengan que estar *evitando* el tema de la diferencia de edad (lo cual es obviamente imposible de hacer), sino que lo aborden de entrada para que deje de ser un fantasma en la comunicación: muchos pacientes no se atreven a expresar sus dudas y simplemente no asisten a la segunda entrevista.

Otra característica de esta etapa es *la dificultad para visualizar un proceso terapéutico más allá de una sesión en particular*. Los terapeutas se suelen quedar muy adheridos a lo que pasó en la sesión anterior o a los resultados de una sesión específica, pero la posibilidad de incluir la perspectiva no está todavía dada.

El grado de sufrimiento que tienen con los padecimientos de los pacientes es muy alto y generalmente los terapeutas en formación "se los llevan a la casa", se disocian mucho y no sienten nada, o tratan de compensar su inseguridad con arrogancia. *No están acostumbrados ni entrenados a registrar sus propias emociones en la interacción y aún menos a verlas como recursos enriquecedores para entender lo que ocurre.*

Todas estas características reiteradas en terapeutas noveles tienen que ser muy tenidas en cuenta por sus supervisores; de ahí que, así como no cualquier maestra o profesor son los adecuados para el primer grado de la escuela primaria, no cualquier terapeuta experimentado puede ser supervisor adecuado para esta etapa.

Los "novatos" suelen estar muy interesados en aprender: es una etapa en la que funcionan como esponjas, llenos de preguntas y de dudas, y como no están aún sesgados por un modelo en particular, pueden cambiar más rápido de perspectivas y enfoques.

3.2 ETAPA DE FORMACIÓN AVANZADA

En esta etapa los terapeutas ya *cuentan con varios años de ejercicio profesional*. Esto los hace tener *mayor seguridad, ser más independientes de los "deberes seres" teóricos o técnicos, con mayor desarrollo de sus propios recursos y más flexibles respecto de categorías diagnósticas.*

Pueden haber experimentado con más de una técnica o haber hecho postítulos y/o cursos que enriquecieron su formación inicial. Esto muchas veces les permite perfilar con mayor claridad un estilo propio de hacer terapia, junto al hecho de ir eligiendo orientaciones más afines a sí mismos.

Durante este momento del proceso todavía hay mucho foco puesto en los pacientes, y les resulta difícil el registro de su propia emocionalidad por miedo a confundirse. En las supervisiones es importante ayudarlos a ir conectando y diferenciando con la propia historia personal.

Es todavía una etapa de estereotipias y rigideces, donde hay preocupación por conectar siempre lo teórico con la implementación técnica. Resulta difícil aceptar la frustración del no cambio de los pacientes. También les puede resultar difícil fijar objetivos para la psicoterapia como una manera de conducir el proceso, y pueden simplemente "dejarse llevar" por el oleaje que presenta el paciente.

También suele ser un momento vital indicado para comenzar a desarrollar una carrera docente y de supervisión.

Los grupos de supervisión entre pares suelen ser de mucha utilidad en esta etapa.

3.3 ETAPA CON EXPERIENCIA

Es un período donde ya hay una larga historia de procesos terapéuticos realizados: concluidos, fracasados, interrumpidos, en curso. Por lo tanto, *los terapeutas ya se relacionan bien con la noción de procesos de adaptación a cada paciente y de flexibilidad.*

Se vuelven más creativos en sus interacciones, menos exigidos y menos omnipotentes. Pueden seguir incorporando conocimientos de nuevas técnicas y abandonar sin temor viejas miradas. En general *hay muchas menos estereotipias, más definición personal de un estilo, y una adherencia a posiciones teóricas*, aceptando que no son las únicas posibles sino las que le hacen sentido a ellos.

Han desarrollado una ética personal que les da seguridad. Tienen claro con qué tipo de pacientes o de problemáticas no pueden trabajar y, por lo tanto, la mayoría de las derivaciones que hacen resultan exitosas. *Saben de la importancia del autocuidado, de la terapia personal (suelen haber hecho ya varias experiencias), así como de las supervisiones.*

Tienen noción de sus propios límites y del de los pacientes y suelen ser más escépticos respecto de las posibilidades de cambio. Muchas veces en esta etapa se hace evidente el *burnout*. Para aquellos que les gusta la docencia, puede ser una muy buena manera de disminuir la carga clínica y comenzar a entregar conocimiento y experiencia.

3.4 ETAPA DEL RETIRO

Como las anteriores, depende mucho de los contextos en los que se hayan ubicado los terapeutas.

Un tipo de retiro es el que proviene de una jubilación/retiro programado dentro de las instituciones: hay normas que establecen hasta cuándo se le permite a un profesional desempeñar su profesión. Dentro de esta normativa hay organizaciones más estrictas que otras y, considerando la extensión del promedio de vida, esto permite que se habiliten instancias en las que psicólogos que ya llegaron a su edad jubilatoria continúen aportando como supervisores, docentes, o jefes de equipos, aprovechando su experiencia.

El otro tipo de retiro es el que involucra a los profesionales que trabajan en forma independiente. En este caso son ellos los que tienen en sus manos la decisión de cómo y cuándo quieren dejar de atender pacientes. Es un momento vital complejo, ya que en los obliga a aceptar profundamente la finitud, los límites y la propia muerte. Muchas emociones no son agradables y es por eso que hay quienes retardan una decisión consciente hasta que el vacío progresivo de la consulta o los síntomas de declinación se les hacen evidentes. Por el otro lado, y para la gran mayoría, implica el enfrentar nuevas circunstancias económicas. Algunos pueden haber previsto este momento y contar con ahorros o bienes personales que les den tranquilidad, pero para quienes no están en esta situación dejar de atender pacientes o de supervisar representa una amenaza de empobrecimiento y de dependencia de otros. Y, muchas veces, esta realidad los lleva a extender por más tiempo del que quisieran su actividad profesional.

La etapa del retiro, en la gran mayoría de los casos, comienza a anunciarse con sentimientos de agotamiento en la consulta, de hastío, de aburrimiento. Estos son síntomas muy característicos del *burnout*, pero que en esta etapa tienen más que ver con una *pérdida del entusiasmo inicial por la profesión, de la curiosidad y de la esperanza de ayudar a otros.* A veces empiezan a aparecer *olvidos significativos* (como el nombre de pacientes, confusiones de horarios u olvidos de datos importantes de la historia de los pacientes) y comienza a generarse el terror a estar afectado por una enfermedad neurológica.

Los pares confiables se convierten en esta etapa en apoyos indudables, ya que el poder compartir las vivencias da claridad y quita el peso de la culpa y de la sensación de soledad.

Si el retiro es vivido como algo que "llegó", sin que uno lo haya previsto ni organizado, es más probable que desencadene depresiones o enfermedades psicosomáticas. No olvidemos que la tarea clínica permite sentirse importante, útil y trascendente para otros, y si eso deja de estar, la crisis de sentido existencial llega de una forma parecida a cuando los hijos ya crecieron y partieron a recorrer sus caminos propios.

Por todo esto considero que *hay que prepararse para esta etapa:*

- anticipando el momento de su llegada;
- tomando decisiones que disminuyan temores;
- programando actividades, deseos postergados e intereses por fuera de la órbita profesional;
- contando con grupos de pares y/o amigos con los cuales compartir las vivencias;

- desarrollando actividades físicas;
- cultivando la espiritualidad, los intereses artísticos, musicales, etc.;
- enfrentando los miedos al tiempo libre;
- pudiendo diferenciar el dejar de trabajar profesionalmente del dejar de existir como persona.

3.5 FORMACIÓN Y DESARROLLO DE CARRERA

Un tema difícil y poco debatido en estas latitudes es el que vincula el comienzo del ejercicio terapéutico con la edad. Hay quienes consideran que difícilmente una persona menor a 30 años pueda ejercer una profesión como esta, y el argumento principal para tal afirmación es la poca experiencia de vida del psicoterapeuta.

Pero si en vez de focalizar en los pacientes lo hacemos en los terapeutas y nos preguntamos "¿qué puede ser lo mejor para alguien que recién egresó de la carrera de Psicología?" posiblemente lleguemos a respuestas parecidas pero sostenidas desde otro lugar. Postergar el zambullirse en ser psicoterapeuta puede tener como ventajas el darse más tiempo para conocerse y conocer otras opciones de ejercicio profesional para ese momento de la vida o destinar más tiempo a seguir aprendiendo.

Por ejemplo, los trabajos en prevención, en colegios, con padres, o en centros comunitarios suelen exigir otro tipo de habilidades que las terapéuticas y, por lo tanto, pueden hacer sentir a los novicios menos exigidos y presionados.

No se trata de que lo vayan a hacer mal con los pacientes, sino que se pueden hacer mal a sí mismos al lanzarse a un ruedo complicado sin estar preparados.

A modo de ejemplo, y en el contexto norteamericano, Orlinsky y Rønnestad (2005: 103) definieron niveles de carrera teniendo en cuenta promedios de años en práctica y edades promedio:

Estudio de cohortes de carrera		
	Años de práctica	Edad del terapeuta
Novicio	0,7	32,9
Aprendiz	2,4	34,7
Graduado	5	37,2
Establecido	10,4	42,6
Maduro	18,7	49,1
Senior	31,3	60,8

No deja de sorprender el observar la diferencia de edades en el ejercicio profesional. En esta tabla, que recoge una muestra en EE.UU., el promedio de edad de inicio de la práctica como terapeuta es a los 32 años. Este dato nos refleja las diferencias de períodos de formación, las exigencias que deben atravesarse para tener autorización para el ejercicio psicoterapéutico y también la etapa de la vida personal en que se considera deben estar los terapeutas para ejercitar exitosamente sus funciones.

Se puede estar o no de acuerdo, pero indudablemente nos invita a pensar en las razones que llevan a semejante contraste con nuestro países latinos, ya que nos encontramos con psicólogos trabajando en clínica a los 22 años. Y 10 años en la vida hacen mucha diferencia.

Dichos autores, dentro de la investigación empírica actual, estudiaron en diversas publicaciones *cómo es el proceso de desarrollo de los terapeutas*. Eso implicó desde definir qué quiere decir para cada psicoterapeuta el término "desarrollo", pasando por el qué medir y cómo, definir categorías, etc.

Haciendo una brevísima síntesis de lo que ellos describen (*cf.* Orlinsky y Rønnestad, 2005), hay cuatro metodologías que han intentado estudiar el desarrollo de carrera en psicoterapeutas, cada una con sus pros y contras. El *approach más generalizado* es el de un análisis longitudinal, el cual consiste en que los terapeutas reflexionen sobre cómo, cuánto y en qué direcciones han desarrollado sus carreras desde el comienzo hasta la actualidad. Esto implica medir secuencialmente a una persona o grupo de personas; pero al necesitar los datos de una carrera de tres o cuatro décadas, este enfoque no es apropiado para cuando se tiene un propósito de abarcar el lapso completo de una carrera terapéutica.

Otra forma de aproximación usada en la investigación es la comparación entrecruzada de grupos de individuos que están en diferentes etapas de sus vidas o carreras. Los autores consideran que si bien este método soluciona el problema de tomar medidas sobre una extensión grande de tiempo, hace además difícil de distinguir entre diferencias que reflejen un verdadero cambio en el desarrollo de una persona o grupo, o que sean un reflejo de cambios históricos/sociales dentro de estos mismos, ya que la psicoterapia es una disciplina en permanente transformación.

Cualquiera de estos dos enfoques enfrenta la pregunta sobre *qué* es lo que se mide.

Los otros dos enfoques, que implican una aproximación fenomenológica, van preguntando a los terapeutas sobre los temas o tópicos de sus propias experiencias de desarrollo, lo que demuestra ser de gran utilidad cuando lo que se quiere estudiar no está claramente teorizado o conocido.

Estas aproximaciones enfatizan o bien en *el desarrollo acumulativo de carrera* o bien *la experiencia de cambio* comúnmente experimentada por los terapeutas. Los autores consideran que la mayor limitación de estos enfoques fenomenológicos es el sesgo de la subjetividad. Por ejemplo: puede ser que un terapeuta tenga la sensación de que él fue cambiando a lo largo de su carrera, pero que no sienta que lo hizo en algún momento en particular, o bien que sienta que cambió continuamente, como una manera de no creerse estancado o inerte.

Dentro de estos enfoques e investigaciones se fueron definiendo algunas categorías que pueden ser útiles de observar para entender todo lo que se puede tener en cuenta al respecto (Orlinsky et al., 2005: 114)[3].

Dimensiones de desarrollo acumulativo de carrera

I. **Desarrollo retrospectivo de la carrera**
Cambios globales como progreso/adelanto.
Cambio global como terapeuta.
Vencer las limitaciones pasadas como terapeuta.

II. **Sentir destrezas terapéuticas**
Uso constructivo de las reacciones personales hacia los pacientes.
Detectar y lidiar con las reacciones de los pacientes hacia uno.
Comprender el proceso momento a momento.
Destreza de técnicas y estrategias.
Precisión, sutileza y tacto en el trabajo terapéutico.

III. **Cambio de herramientas**
Usar las propias reacciones hacia los pacientes constructivamente.
Detectar/lidiar con las reacciones de los pacientes hacia uno.
Confianza en el rol como terapeuta.
Entender el proceso momento por momento.
Llevar a los pacientes a jugar su rol en la terapia.
Tomar la esencia de los problemas de los pacientes.
Efectividad en comunicar preocupación a los pacientes.
Sentirse natural/auténtico con los pacientes.
Destrezas en técnicas terapéuticas.
Involucrar a los pacientes en la alianza terapéutica.

En el caso del *foco puesto en las vivencias de cambio en la carrera*, fueron estas las categorizaciones que se concluyeron (Orlinsky y Rønnestad, 2005: 110)[4]:

Dimensiones del desarrollo habitualmente experimentado

I. **Crecimiento comúnmente experimentado**
Volverse más hábil.

3 En inglés en el original, traducción realizada por la autora. Se omiten los resultados.

4 Ídem anterior.

Entender profundamente la psicoterapia.
Sobreponerse a las limitaciones como terapeuta.
Cambios comunes como progresos/adelantos.
Experimentar sentido del entusiasmo.

II. **Agotamiento experimentado comúnmente**
El ejercicio profesional se vuelve rutinario.
Se pierde capacidad de responder empáticamente.
Desilusión de la terapia.
Sensación de declinación/deterioro.

Como podemos ver, estos ejemplos de categorización sirven para poner en evidencia el interés actual en hacer visible lo que habitualmente es considerado casi un producto de las circunstancias que nos llevan a ciertas elecciones.

Tanto para quienes se inician en esta carrera profesional como para quienes vienen desarrollándola en el tiempo es muy útil detenerse a visualizar nuestros proyectos y recorridos en términos profesionales. Lo importante son los conceptos implicados en ello: proceso, cambios (evolución o involución), autoconciencia, experticia, adquisición de habilidades, sensaciones de evolución o de declinación, deseos, etapas, etc.

Es un muy buen recurso para planear y autoevaluar el propio camino y cambiar rumbos si así uno lo desea: es un ejercicio similar a cuando uno empieza a imaginar la casa que uno querría hacerse, si pudiera; o si la tiene a medio construir, qué cambios es necesario introducirle. Todo esto exige un plan organizado en base a necesidades, deseos y etapa de la vida. Y es muy diferente a dejarse llevar por lo que las oportunidades nos van proponiendo.

4. POR QUÉ ELEGÍ SER TERAPEUTA

Había una vez....

...una joven desorientada y confundida, disociada entre su mundo intelectual brillante y su pobre afectividad y su falta de inteligencia emocional;

...un joven hijo mayor de un médico exitoso, que no sabía cómo hacer para diferenciarse de su papá;

...una hija de madre soltera que vivió siempre sola con ella y con la cual construyó una relación de sostén y compañía mutua;

...una señora que fue siempre muy eficiente en ayudar a los demás, en asistir a amigos y familiares en momentos difíciles, con palabras acertadas y afectividad;

...un joven interesado en el sufrimiento de ciertos grupos humanos, carenciados y afectados emocionalmente por tales faltas;

...un grupo de gente curiosa que se reunía a debatir sobre filosofía, el sentido de la vida y el sujeto;

...gente que quería investigar qué había en el cerebro;

...otros que querían encontrar explicaciones a las conductas humanas;

...algunos que querían ayudar a otros a dejar de sufrir;

...personas que quisieron contribuir al cambio individual, de las parejas, de las familias, de las instituciones, de las comunidades;

...gente que se sintió *Superman* o *Superwoman;*

...personas que se sintieron artistas o artesanos del alma humana;

...quienes tuvieron pérdidas tempranas;

...y otros que tuvieron padre o madre terapeutas.

4.1 MOTIVACIONES

Un mosaico de respuestas de este tipo surge cuando se empieza a indagar sobre las motivaciones que cada uno tuvo para elegir estudiar Psicología y después especializarse en clínica.

Trabajar sobre este aspecto de la biografía personal no es frecuente; sin embargo no solo resulta muy entretenido, sino que también conduce inevitablemente a concientizar aspectos de la propia historia que no surgen de otra forma. Este es, al menos, el *feedback* que fui teniendo a lo largo de muchos años de trabajo con generaciones de jóvenes psicólogos clínicos[5], que encontraron que nunca antes se habían detenido a reflexionar sobre el tema pese a ser tan significativo en su vida actual.

¿Cómo y cuándo surge por primera vez la aspiración a estudiar Psicología en la vida de cada terapeuta? ¿Cuántos psicólogos se autodefinen así desde que eran muy chicos, en función de su rol familiar, de su capacidad para escuchar y contener? ¿Qué depositaciones sociales (no solo familiares) en este rol hacen eco en cada uno para tal elección? ¿Puede ser, por ejemplo, el ser intuitivos, equilibrados, serenos, saludables, involucrados, al mismo tiempo que con grados de sensibilidad y de desinterés económico?

Ya en los años setenta, y sobre todo en EE.UU., surgieron investigaciones que comenzaron a buscar *elementos comunes a la elección de carrera* independientes de su enfoque teórico, su etnia, género, religión, y medio cultural, así como otras pusieron el foco en *los factores específicos de la elección*, teniendo como hipótesis que la elección de tal carrera estaba muy vinculada al género, a estilos de personalidad y a experiencias familiares tempranas, así como a la cultura de cada época.

En la primera de las investigaciones mencionadas, realizada en las tres más grandes ciudades de EE.UU., Henry, Sims y Spray (*cf.* Farber et al., 2005) encontraron como datos comunes relevantes de la población estudiada el hecho de *que una alta proporción de clínicos eran de origen judío, inmigrantes de Europa Oriental.* Correlacionaron este hallazgo con el conocido valor que los judíos le dan a la comprensión intelectual, al intelecto y a la responsabilidad personal. También encontraron una *alta proporción de terapeutas nacidos en el extranjero o con uno o ambos padres extranjeros, y donde el ejercicio profesional había sido una vía de ascenso social.*

5 Dentro de mi trabajo formando a futuros terapeutas, me he desempeñado como profesora y/o supervisora en el Centro Médico Psicológico de Buenos Aires; el Doctorado en Psicología Clínica de la Universidad de Belgrano de Buenos Aires; el Magister en Psicología Clínica de la Universidad Católica de Santiago de Chile; en supervisiones clínicas de psicólogos de Colmena Golden Cross, Santiago de Chile; en supervisiones clínicas de psicólogos del Instituto Neuropsiquiátrico de Chile; talleres del Instituto Chileno de Terapia Familiar; grupos privados de supervisión clínica, entre otros.

Sin duda que estos datos están muy correlacionados con la época, ya que muy probablemente los terapeutas de la muestra eran hijos de inmigrantes escapados de la guerra o de las persecuciones políticas y religiosas. De ahí que también se encontrara que los terapeutas habían hecho un proceso importante de diferenciación en materia religiosa y política de sus propios padres.

Henry y colaboradores sugirieron que otro elemento en común era *la vivencia de exclusión o de marginalidad* que había llevado a que las personas estudiadas fueran más orientadas a su mundo interno y a la necesidad de sanarse a sí mismos o a otros.

Más adelante, Roe y Lunneborg, en 1990 (*cf.* Farber et al., 2005) postularon *una relación entre la elección de la carrera y las cualidades de las relaciones parentales tempranas*. Así, dividieron en dos grupos a sus investigados: aquellos *con* orientación hacia las personas y aquellos *sin* orientación hacia las personas, y definieron tres tipos de cualidades de las relaciones parentales tempranas:

- Sobreprotectoras, demandantes.
- Amorosas, libres.
- Negligentes, rechazantes.

Si bien no estudiaron en particular a los terapeutas, afirmaron que las carreras de servicio, centradas en el cuidado y atención de otros, se relacionaban con experiencias amorosas y, a veces, de sobreprotección temprana.

Sin embargo *son muchos los terapeutas que encuentran en sus propias carencias infantiles las motivaciones para la elección de la carrera*:

> Muchos de quienes elegimos ser terapeutas, lo hacemos con la expectativa esperanzada de que podremos experimentar y ser un agente predominante en relaciones de intimidad sin algunos de los riesgos de dolor y decepción que hemos experimentado… particularmente con nuestras propias familias. (Goldberg, 1986: 785)

También Alice Miller hipotetizó que los terapeutas crecen generalmente en familias disfuncionales en las que sus necesidades emocionales no han sido satisfechas. Esta idea es sostenida también por otros autores, en la que se considera que *los terapeutas buscan llenar con esta profesión su propio vacío emocional:*

> Esta intención consciente unida con una necesidad algo menos consciente de ayudarnos y comprendernos a nosotros mismos, a través de los apuros y sufrimientos de otros, puede crear una tenaz gravitación hacia las profesiones de curación, en formas de las que podemos tener poca comprensión cuando ingresamos en el campo. (Goldberg, 1986: 785)

Maeder (*cf.* Farber et al., 2005) también sostuvo que *las personas que eligen ser psicoterapeutas buscan muchas veces autovalidarse personalmente, ya que su concepto de validación positiva va ligado al de ayudar a los demás.* Así, encuentran una ilusión de satisfacción de sus propias necesidades de intimidad, de prestigio, de admiración y agradecimiento, tanto como de ayudarse vicariamente a sí mismos a través de ayudar a los demás.

Sussman (*cf.* Farber et al., 2005) enfocó en su trabajo las motivaciones inconscientes de la elección de esta carrera a través de material proyectivo, encontrando diversas necesidades psicológicas tales como sentirse afirmados por otros, el sexo, la agresividad, la necesidad de conexión emocional con otros, necesidades de dependencia y necesidades narcisistas (como la de sentirse elevado a una posición idealizada, todopoderosa). El *ambiente sostenedor*, como lo define Winnicott (*cf.* Farber et al., 2005) para los pacientes, *también pasa a serlo para los terapeutas a través de esa regularidad estructurada, contenedora e íntima del espacio terapéutico.* Él consideró también que personas que hubieran atravesado experiencias de dolor emocional significativo estaban en mejores condiciones de empatizar con el sufrimiento de los demás.

Por otro lado, el interés voyerista, aspectos sádicos que se canalizan a través de hacer sentir a los pacientes débiles o discapacitados, y una autoimagen omnipotente de sanador altruista son ejemplos de aspectos inconscientes que se pueden manifestar en la práctica profesional y coexistir con los aspectos saludables, generosos y confiables de los terapeutas.

En la literatura clínica (como en la investigación de Orlinsky y Rønnestad (*cf.* 2005)) son muchos los trabajos que convergen en la dirección de que una gran mayoría de las personas que eligen ser terapeutas han tenido alto sufrimiento emocional en su infancia, que han crecido en medio de familias disfuncionales, donde se han sentido solos, heridos, descuidados y tristes, teniendo que ejercer roles parentales o mediar en conflictos conyugales, con ausencias parentales significativas, o con alguna enfermedad mental presente en la familia (alcoholismo, violencia, depresión).

> Aunque la razón más frecuente y consciente para llegar a ser psicoterapeutas sea el deseo de ayudar a otros, la decisión es bastante más compleja y multideterminada. Los motivos múltiples y entrelazados son en parte inconscientes, impactados a veces por encuentros fortuitos y probablemente no son bien entendidos en el contexto de la carrera de uno. (Norcross y Farber, 2005: 939)

Se podría considerar que, a través del ser psicoterapeuta, *las propias experiencias traumáticas, de dolor y de sanación pueden ser útiles para ayudar a otros con problemas similares*, como lo demuestran los abordajes dirigidos a personas con adicciones en manos de ex adictos. La noción de *"sanador herido"* acerca la figura de los terapeutas a la de los chamanes, cuya capacidad de sanar está precisamente vinculada a la conciencia desarrollada en su sufrimiento personal.

Los hallazgos de la investigación mencionada sugieren que el sufrimiento temprano de los terapeutas se puede graficar en un continuo que va desde aquellos con experiencias verdaderamente traumáticas hasta los que, sin tenerlas, tuvieron infancias difíciles.

Sin embargo, no son los únicos factores que explican la elección de esta profesión.

Michael Hoyt (2005: 983-985), por ejemplo, cuestiona miradas que pueden resultar reduccionistas. Él considera que llegó a ser terapeuta porque "le parece fascinante y divertido": siempre le pareció que los autos o la electricidad no le interesaban y sí el cómo y por qué la gente hace lo que hace. Para él la terapia "es una especie de práctica espiritual, relacionada esencialmente con el amor":

> Estoy interesado en ser un expansor, no un contractor. Mi meta es causar algunas consecuencias positivas en la vida de los clientes a través de ayudarlos a construir y a vivir mejores historias, unas que les den más de lo que ellos prefieran. (985)

En los relatos de otros terapeutas (*cf.* Mc Cullough, 2005), el sistema de valores familiar daba una importancia central al ayudar a quienes lo necesitan. Dentro de esa mirada estaba implícito el "hacer algo", no simplemente observar o saber racionalmente hablando. Y el placer unido a hacer el bien y el poder *sentirse fuerte y capaz* son emociones positivas que la profesión le permitió desarrollar. En palabras de Ellis (2005: 948):

> En realidad llegué a ser psicoterapeuta principalmente porque era muy ansioso en varios aspectos y deseaba resolver mis propios problemas. [...] Y antes de usar los métodos con otras personas, los probé en mí mismo activa, directiva, filosófica y emocionalmente. ¡Funcionaron! Y han seguido funcionando con muchos de mis clientes, lectores y asistentes a talleres. A medida que pasan los años, continúo estos experimentos personales y con pautas que descubro en ellos para ayudar a otros. Pero principalmente me ayudo a mí mismo y trato de beneficiar a otros. ¡¡Ambas (y) no una u otra!!

La curiosidad intelectual, un interés temprano por las humanidades (muchas veces estimulado por las madres), la atracción curiosa por las conductas humanas, personas que fueron modelos muy importantes, el preguntarse a menudo "por qué" hace o pasa esto también se encuentran entre las motivaciones reconocidas por quienes son terapeutas: "La inclinación a lo psicológico tiene en su centro la disposición a reflexionar sobre el significado y motivación de la conducta, los pensamientos y sentimientos en uno mismo y en otros" (Farber et al., 2005: 1029).

> Pienso que la mayoría de mis clientes dirán que soy práctico y personal, que hablo desde el corazón y al corazón. Estoy interesado en los pensamientos, los sentimientos y la conducta; intento prestar atención a lo intrapsíquico tanto como a los aspectos interpersonales. Algunas veces enseño habilidades, como comunicación y relajación; ocasionalmente soy confrontacional e incluso totalmente directivo. Nada funciona todo el tiempo. (Hoyt, 2005: 989)

El tener una profesión que, al menos idealmente, permite ser libre en los horarios, ajustarlos a las necesidades familiares y poder cambiar de orientación o de especialidad son otras motivaciones que están presentes, sobre todo para las mujeres (*cf.* Daskal, 1993).

Múltiples motivaciones (conscientes algunas, inconscientes otras) se entrecruzan con el momento del ciclo vital de cada terapeuta: lo que en cierto momento nos motiva, en otro nos desalienta o nos aburre. Y también la variable experiencia profesional y de vida hace que cada terapeuta vaya transitando distintos enfoques y prácticas y, con ello, también las motivaciones iniciales se vayan transformando. La paciencia, por ejemplo, es de las habilidades terapéuticas que más se modifican a lo largo de la vida y, por lo tanto, "el deseo de ayudar" inicial va a cambiar con la transformación de la paciencia.

> Rara vez oigo a mis colegas quejarse de que sus vidas carecen de sentido. [...] Gozamos no solo con el crecimiento de nuestros pacientes sino con su efecto de onda: la influencia saludable que tienen ellos sobre aquellos con quienes están en contacto. Hay un privilegio extraordinario en esto. [...] Nos volvemos exploradores... mano a mano con los pacientes, saboreamos el placer de los grandes descubrimientos: la experiencia del "¡ajá!" cuando fragmentos mentales dispares de repente se juntan y cobran coherencia. En otros momentos somos las parteras que asistimos al nacimiento de algo nuevo, liberador y edificante. Es una alegría ver a los otros abrir las llaves de las propias fuentes de sabiduría. (Yalom, 2002: 272-274)

Para quienes elegimos el quehacer clínico (y no el laboral, educacional, forense, etc.), el complejo abanico de experiencias que ofrece el ser terapeuta puede ayudar a reparar culpas, vergüenzas, dolores, inseguridades, temores y pérdidas igual que a nuestros pacientes; pero desde nuestra función, nos permite también crear y co-crear salidas y soluciones, reír, conocer diferentes experiencias de vida, formas de pensar y de actuar, escuchar sueños, comprender razones de ciertos padecimientos, adentrarse en los misterios de los seres humanos, desconcertarse, no entender, saber cómo empezar una relación de cercanía y cómo darla por finalizada, tratar con diferentes edades, distintas etapas de la vida, conocer los delirios y sus verdades, acercarse a distintos lenguajes, de a ratos hacer de taxista, a ratos de detective, a ratos de despertador, por momentos de bombero o de obstetra.

Como lo manifestamos quienes recorrimos muchos kilómetros de este camino (y como lo intuyen quienes hace poco ingresaron a él), ser terapeuta es una actividad fascinante, ardua, exigente, gratificante y frustrante al mismo tiempo; llena de desafíos y riesgos, pero que sin duda nos amplía nuestro propio mundo interno al obligarnos a ponernos en el lugar de quienes son muy distintos a nosotros, o vivieron experiencias que nosotros no vivimos, o hablan lenguajes que no entendemos, o se expresan con símbolos que no captamos, o sufren por razones que desconocemos.

Si, además, nos sanamos de heridas abiertas haciendo lo que hacemos, ¿qué más se le puede pedir a una profesión que uno eligió?

4.2 MANDATOS Y MANDAMIENTOS

Me interesa también señalar que no solamente elegimos una profesión sino también una manera de ejercerla. Y en ello, la propia biografía y nuestra estructura de personalidad influyen mucho.

Una encuesta aplicada entre alumnos y ex alumnos del Magister en Psicología Clínica[6] que llamé "La mochila" resulta una herramienta muy aportadora en el contexto actual[7]. Los profesionales se ven estimulados a ubicarse muchos años atrás (a veces en su adolescencia) a rastrear las fantasías de aquel momento con la profesión, a explorar quiénes eran en ese momento, cuáles eran sus necesidades y sus conflictos personales, para finalmente poder comparar cuánto de todo aquello está o no en el hoy, qué expectativas se realizaron y cuáles no, qué cambió en ellos y en qué contexto se insertan. Recuperan de esta manera expectativas que se convirtieron a veces en una pesada *mochila*, y, continuando con la metáfora, explorar qué cómo ha cambiado desde la elección de la carrera hasta ese momento es una muy interesante manera de mirar el proceso que recorrieron hasta aquí. Algunas de las observaciones y reflexiones que he recopilado a lo largo de mi trabajo con estos alumnos siguen estas líneas:

6 Cursos de "La persona del terapeuta I y II" dictado a alumnos del primero y segundo año del Magister en Psicología Clínica en la Pontificia Universidad Católica de Chile, desde 2003 en adelante.

7 Ver capítulo La formación y sus herramientas.

- es flexible, va cambiando,
- se va adaptando a mi cuerpo,
- no me deja sentir libre,
- tiene divisiones útiles,
- me ayuda a ordenarme,
- la necesito para poner mis herramientas,
- es algo desordenado y en movimiento,
- de repente crece, de repente se achica,
- es algo que incomoda,
- siempre estuvo conmigo,
- es grande pero no pesa.

Cuando se observan las características comunes entre quienes elegimos esta carrera surgen datos relevantes vinculados a la mochila: hasta qué punto la elección de la carrera es funcional a nuestra neurosis personal es parte de un descubrimiento que muchos terapeutas hacemos o hicimos.

Pareciera que el peso mayor en la mochila reside en la cantidad de *mandatos o mandamientos* acerca del rol. Dichos mandatos se convierten en un superyó inhabilitante, cuestionador permanente de lo que los profesionales hacen, sintiéndose muy frecuentemente juzgados, sin saber muchas veces por qué. Deviene en un quehacer rígido, obediente a reglas y protocolos y es poco creativo.

Sin embargo, muchos de dichos deberes *son implícitos, pocas veces desarrollados.* La transmisión es indirecta, sutil y a veces simplemente hecha a través del moldeamiento de docentes y supervisores o del propio terapeuta. Pesan mucho y se naturalizan, es decir, no se debaten ni cuestionan, sino que se considera que "así se debe hacer", o "así se debe ser". Entre los mandatos explícitos e implícitos, a veces se produce una brecha contradictoria y confusa para quienes ejercen esta profesión.

Con la intención de explorar cuáles de dichos mensajes acerca del rol del psicoterapeuta circulan entre los estudiantes de Magister en Clínica en Chile, realizamos una pequeña encuesta/entrevista abierta, preguntándoles *cuáles creían ellos que eran los mandamientos o mandatos principales que habían recibido en su formación, de una manera explícita o implícita.* La participación fue voluntaria, entre alumnos, amigos y conocidos. Se recogieron 100 encuestas.[8]

8 Esta actividad se llevó a cabo gracias a la colaboración de las psicólogas Naldi Martínez y Daniela Reinhardt. La encuesta se aplicó a estudiantes voluntarios de los Magísteres de Psicología Clínica de la Pontificia Universidad Católica, de la Universidad de Chile y de la Universidad Diego Portales, en 2010.

Los resultados fueron luego organizados y codificados de la forma que se presenta a continuación. Si bien fueron agrupados y sintetizados por temas, la lista confeccionada refleja el tipo de mandatos que la mayoría de los terapeutas tiene:

Categorización de los mandamientos

1) **Del encuadre (relación)**
    a) Límites
    b) Distancia óptima
    c) Económico
2) **Del *setting* (del espacio)**
    a) Puntualidad
    b) Espacio definido
    c) Otros
3) **Del terapeuta**
    a) Características (de la relación con pacientes)
        i. Creatividad
        ii. Empatía
        iii. Tolerancia
        iv. Habilidad social
        v. Uso de lenguaje acorde al paciente
        vi. Manejo emocional
    b) Formación y herramientas
        i. Manejo teórico
        ii. Vivencia de su propia terapia
        iii. Supervisión
        iv. Formación continua
        v. Autocrítica
        vi. Colegas/redes
        vii. Estilo terapéutico
        viii. Planificar sesión
        ix. Desarrollo personal
    c) Límites
        i. Autocuidado
        ii. Entrega de información personal (privacidad)
        iii. Derivación
    d) Ética
        i. Confidencialidad
        ii. Respeto
        iii. Honestidad
        iv. Número de pacientes
        v. Denuncias

En lo referente al *encuadre*, las respuestas mayoritariamente recalcaron:

- La necesidad de establecer y mantener límites claros en la relación paciente-terapeuta.
- El nunca recibir regalos de los pacientes.
- El no involucrarse emocionalmente y tener siempre presente la prohibición de tener relaciones afectivas/amorosas con ellos.
- El no mezclar lo personal con lo profesional.
- En las entrevistas de pareja, no comenzarlas hasta que lleguen ambos.
- El mantener siempre una distancia óptima al definir el *setting* terapéutico (horarios, tiempos, cobros, derechos y deberes).
- El no fiar sesiones.
- El no atender gratuitamente.
- El no delegar el cobro de la consulta a otra persona.

Fue notable la reiteración de los mandatos de "no involucramiento emocional o afectivo" en el trabajo con pacientes. Al no ser el objetivo de la encuesta, no preguntamos acerca de qué significaba para ellos "involucrarse" o cómo pensaban que se podía trabajar las emociones de otros sin tener en cuenta las propias.

También resultaron evidentes las diferentes formaciones y prácticas en sus afirmaciones: por ejemplo "el no atender gratuitamente" no fue un mandato compartido, pero aún aquellos que trabajaban en centros asistenciales *ad honorem* se sentían faltando a una norma. Lo mismo ocurría para quienes compartían consulta con otros colegas y tenían una secretaria en común que cobraba, en vez de cada uno solicitar por el pago de la consulta.

En general, los que recién comenzaban su camino como terapeutas no se planteaban la necesidad de tener una consulta neutral, ya que generalmente no tenían consulta propia.

Respecto del *setting*, las respuestas pusieron el foco en:

- La necesidad de ser puntual.
- El no hacer esperar a los pacientes.
- Nunca llegar tarde a una hora, y menos aún no llegar.
- El no interrumpir una sesión antes del horario previsto.
- El no atender pacientes a domicilio.
- El no hacer atención telefónica.
- El usar ropa adecuada, que no llame la atención.
- La necesidad de estar preparado para todo: como tener pañuelos, lápices o videocámaras en la consulta.

En este aspecto es donde más evidentes se hicieron algunos deberes seres que incluyeron hasta la ropa de los terapeutas: si tenían que ir más formales que sus pacientes, cuánto crédito les podían dar sus pacientes mayores si ellos se vestían con jeans y zapatillas, temores a usar barba o pelo largo en los varones o minifalda y escote en las terapeutas mujeres.

Respecto del tema de la asistencia domiciliaria o telefónica, sin duda las diferencias surgían entre aquellos que tenían una mirada psicodinámica, desde la cual la sesión debía ser en una consulta, presencial, a veces en el diván, con el menor número de interferencias externas posibles, y aquellos que ejercían en hospitales o centros de salud, acostumbrados a hacer sesiones en diferentes contextos y de diversas maneras.

En relación a *los terapeutas*, los mandatos abarcaron un amplio espectro:

- Tener el máximo de tolerancia hacia las creencias y valores del paciente.
- Rescatar sus recursos personales.
- No discriminar atención por género, raza, edad, nivel socio-económico y nivel cultural, entre otros factores.
- Ser humilde.
- Ser honesto: conocer las propias fortalezas y debilidades, no aparentar ser lo que uno no es.
- Ser empático.
- Evitar los juicios.
- Tener habilidades sociales.
- Ser neutral.
- Tener en cuenta el contexto.
- Ser asertivo.
- No ser muy maternal y sobreprotector.
- Tener siempre un plan B.
- No hablar como "robot" o como "de libro" de psicología.
- No mirar el reloj constantemente.
- Siempre recibir amablemente al paciente, con una sonrisa.
- Saber soltar a los pacientes, no intentar retenerlos.
- Escuchar, desculpabilizar, normalizar y reforzar positivamente al paciente.
- Asistir a terapia personal para trabajar sus propios conflictos.
- En los casos que lo requieran, trabajar con un equipo multidisciplinario.
- Siempre supervisarse y pedir ayuda.
- Tener una buena formación y continua actualización teórica.
- Considerar otras perspectivas (sea desde el trabajo interdisciplinario o en la solución específica de un problema).
- Leer publicaciones científicas para estar al día en los últimos avances.

- Tener un *partner*: algún colega con quién compartir las experiencias.
- No confrontar al paciente a menos que tenga un objetivo terapéutico.
- Intentar poco a poco dejar de lado todos los mandatos.
- Ser lúdico, disfrutar de lo que se hace.
- Seguir estructuradamente cada paso de una terapia.
- Anotar inmediatamente en la ficha lo que pasó en la sesión o mantener un cuaderno con un resumen de cada sesión.
- Tratar de no quedarse pegado a una sesión.
- Establecer siempre objetivos a trabajar en conjunto con el paciente o con los padres, sin desviarse en el camino.
- Planificar las sesiones.
- Crecer como persona global.
- Tener autocrítica constante para poder mejorar.
- No hablar de la propia vida personal con los pacientes.
- No alargar la terapia más allá de lo necesario.
- Evitar dar de alta a un paciente por adelantado.
- No generar con los pacientes una cercanía que pueda malinterpretarse.
- No atender a amigos ni parientes ni amigos de amigos.
- No atender a familiares de pacientes.
- No continuar un proceso estancado.
- No tomar un caso para el cual uno no se siente capacitado.
- No dar la dirección propia.
- No dar información sobre la familia propia.
- Solo revelar información que sea de utilidad para el paciente.
- La consulta en sí misma también debe ser neutral, que no revele aspectos de la vida personal del terapeuta.
- Jamás dar el celular, y si se lo hace, no contestarlo a horas inadecuadas, a menos que se trate de pacientes limítrofes con intentos de suicidio.
- Saber reconocer límites y derivar cuando la situación exceda los recursos.
- Nunca romper la confidencialidad salvo en los casos en que haya riesgo serio, como intentos suicidas.
- No hablar de pacientes fuera de un contexto clínico (supervisiones).
- No quebrar el secreto profesional.
- No tomar decisiones por tus pacientes; no decirle qué "debe" hacer.
- Respetar a las personas, su biografía y sus emociones.
- No hacer burla o reírse de pacientes en cualquier contexto o situación.
- No aprovecharse de la vulnerabilidad de un paciente para fines de beneficio personal.
- No abusar del poder por parte del terapeuta para dirigir la conducta del paciente.

- En caso de abuso, negligencia y/o maltrato, dar aviso a las entidades correspondientes.
- No atender un número excesivo de pacientes.
- Nunca menospreciar las problemáticas que nos planteen nuestros pacientes.
- No ser omnipotente.
- Intentar lograr coherencia entre el discurso profesional y la propia vida.
- Medir siempre las palabras ("se es dueño de lo que se calla y esclavo de lo que se dice").
- Tratar de trabajar siempre con consentimiento informado.

Si nos detenemos a observar esta larga lista probablemente tengamos una sensación de agobio, de incredulidad, de sorpresa. Pero lamentablemente quienes egresan de esta carrera se ven enfrentados a casi todos estos mandatos, muchos de ellos contradictorios.

Por ejemplo: el dar o no el número del celular propio no era un problema cuando no existían los celulares; pero ahora muchos terapeutas se sienten presionados a dar su número personal, y eso los enoja e incomoda porque sienten que es una interferencia en cualquier momento de su vida. Lo mismo ocurre con otras herramientas actuales en la comunicación, como *e-mails*, Whatsapp, mensajes de texto, Skype, etc. Otros, por el contrario, no dudan que su responsabilidad es dar su celular o estar disponibles las 24 horas, incluidos sábados y domingos.

Otras contradicciones surgen del ejercicio de modelos de terapia en contextos en los cuales es imposible aplicarlos: por ejemplo, alguien que recibió una formación psicoanalítica y tiene que trabajar en un *setting* hospitalario con una sala de espera compartida, con teléfonos que suenan o una enfermera que interrumpe la sesión.

También resulta confuso el hecho de que los jóvenes profesionales sepan, por ejemplo, que para un modelo es fundamental que los terapeutas no den datos personales, cuando por otro lado saben que existen otras posturas que no comparten esta visión.

Llama la atención en estas listas el foco puesto en los límites, en las restricciones, en las exigencias, en los deberes seres incorporados. Es una lista que hace pensar a los terapeutas como caricaturas: *contenidos, siempre pensantes, siempre eficaces en la disociación de su propia vida, muy autocontrolados, estudiosos y al día con los conocimientos, empáticos, respetuosos, no competitivos con los pacientes, no envidiosos, dispuestos, incondicionales, afectuosos pero "hasta ahí", etc.*, y con niveles de exigencia tales que incluyen hasta cómo deben vestirse.

Recuerdo una anécdota que me relató una paciente: había ido a una primera entrevista de pareja con una terapeuta que, por razones de seguridad, en un edificio de departamentos, debía bajar de su consulta a abrir la puerta para cada cliente.

Al subir en el ascensor junto a la terapeuta y su marido, mi paciente le hizo un comentario coloquial, para quebrar el silencio, del tipo "qué complicado tener que estar bajando y subiendo a cada rato ¿no es cierto?". La terapeuta la miró y no le contestó nada. Esa actitud fue clave para que la paciente no quisiera ir a la segunda entrevista, ya que sintió que esa terapeuta tenía puesta una armadura que no le permitía acoger un comentario común y corriente, sin interpretaciones de ningún tipo.

El debate, entonces, nos lleva a preguntarnos: ¿es poco empático un terapeuta que se niega a responder preguntas directas? ¿O a comunicarse por mensaje de texto? ¿Está mal no querer dar el celular?

El listado de mandatos o mandamientos precedente tiene *implícitos los juicios de valor acerca de lo que está bien o mal hacer como terapeuta*. Pero si intentamos salirnos de esa lógica, pueden surgirnos preguntas tales como: ¿hasta dónde deben ser satisfechas las necesidades de los pacientes, de la manera en que ellos lo esperan, si afectan la vida de los propios terapeutas? ¿Hasta dónde un terapeuta lleno de deberes seres puede ser empático? ¿Puede escuchar bien? ¿Puede intervenir auténticamente? ¿Puede ser vivido por los pacientes como un ser humano?

Así se forma a los terapeutas en nuestras universidades: no creo que haya una lista similar en el caso de otras profesiones, y *los recién iniciados tienen que tener en cuenta que al principio van a circular muy temerosos y sintiendo que están transgrediendo algún mandato*: o que hablaron de más, o que se aliaron con alguien, o que en lugar de dar la mano, dieron un beso en la mejilla... no importa qué, pero seguramente se van a sentir infractores.

4.3 SUGERENCIAS EN LA FORMACIÓN

¿Cómo no va a ser pesada la mochila de nuestros jóvenes egresados? ¿Podría alivianarse? Pienso que sí, pero para ello deben tener una formación en la que:

- puedan descubrir sus propias herramientas y recursos;
- puedan tener prácticas profesionales supervisadas continuamente;
- puedan estudiar diferentes enfoques psicoterapéuticos;
- puedan observar muchos videos de profesores o maestros de quienes aprender;
- puedan trabajar previamente, en espacios colectivos, las sensaciones de inseguridad, miedos, o exigencias frente a la tarea clínica;
- puedan tener una capacitación donde aprendan que lo importante de la psicoterapia es el vínculo que se pueda crear con los pacientes, más allá del enfoque;
- puedan tener docentes que sean próximos, empáticos y claros para transmitir;

- que los propios docentes tengan integradas sus personas a su quehacer, siendo un modelo opuesto al de la disociación;
- se les insista en la importancia de la terapia personal para ser terapeuta;
- se les ofrezcan espacios de supervisión no persecutorios;
- se les ayude a tomar conciencia de los riesgos que asumen como terapeutas y la necesidad del autocuidado;
- se les informe adecuadamente de los códigos de ética del lugar donde van a ejercer.

Se debe tener en cuenta que la biografía propia también nos ayuda a comprender muchos aspectos de nuestra elección profesional, además de ejercer su influencia en el cómo vamos a ejercer nuestra profesión. Y la elección de modelos de intervención (cada uno con sus propios mandatos) será un nuevo momento para descubrir cómo sentirse más cómodo en su ejercicio.

Allí, de nuevo, *nuestra propia etapa en relación a aceptar o a cuestionar mandatos, a desarrollar juicio crítico y a permitirnos crear pautas relacionales distintas* será lo que nos conduzca por los senderos de la experimentación.

5. ESTILOS TERAPÉUTICOS

5.1 LA CONSTRUCCIÓN DE UN ESTILO

Quienes empiezan a transitar el camino de hacerse terapeutas generalmente desconocen que, más allá de la aplicación de teorías y técnicas, hay una manera personal y única de irlas aplicando.

Para comprender de qué hablamos cuando nos referimos a *"estilos"* terapéuticos, tenemos que remontarnos al hecho de que cada persona (lo tenga consciente o no) tiene una forma, una manera de conocer: o sea, es poseedor de una *epistemología.* Y ella sirve de respaldo amplio para ir incorporando *modelos* de conocimientos que son más específicos: "Los modelos son entidades conceptuales [...] con una organización definida por premisas que van desde planteamientos teóricos que los sustentan hasta elementos en su composición netamente pragmáticos" (Ceberio y Linares, 2005: 50).

Un modelo se implementa con *estrategias, tácticas y técnicas*. Las *estrategias* (como en cualquier otro terreno) implican tener un objetivo predeterminado y un diseño de los pasos que se darán para alcanzarlo; las tácticas son las maneras concretas en que se dan esos pasos, que a su vez necesitan apoyarse en *técnicas* para lograr el objetivo.

Los modelos psicoterapéuticos son los que sirven al terapeuta para darle un marco referencial teórico, para guiar su mirada y también para proponerle una serie de herramientas que pueda implementar en su relación con los pacientes. Pero la forma particular en que cada terapeuta incorpora y aplica el modelo es lo que se llama su *"estilo"*.

A lo largo de la formación profesional, cada terapeuta incorpora conocimientos sesgadamente, dada la influencia de la emocionalidad y de los contextos en la cognición. Es así que la forma de implementar un modelo por parte de cada terapeuta es diferente, haciendo que cada relación terapéutica también lo sea, aún entre terapeutas que se adscriben a una escuela común.

Cuando los terapeutas novatos se enfrentan a la elección de un modelo de terapia al cual adherir, inician un proceso que no tiene nada de simple:

> Se posicionará ante las diferentes opciones pertrechado con un importante bagaje histórico, como portavoz de un código familiar y social y como portador de *patterns*, normas y estereotipos que conforman sus estructuras conceptuales y narrativas. Y solamente desde allí elige, ingresando en un modelo terapéutico que, a su vez y de forma simultánea, lo elige a él. (Ceberio y Linares, 2005: 54)

Yo añadiría que la forma en que implementará ese modelo, *su estilo,* dependerán de una serie de características personales: su manera de hablar, su sentido del humor, su capacidad expresiva, gestual, su comodidad o incomodidad con lo concreto, con lo simbólico, con las metáforas, con los tiempos más breves o más largos, con la necesidad de incluir el cuerpo, o de incluir cuentos e historias en su trabajo.

Para quienes eligen o eligieron ser psicoanalistas, por ejemplo, el hecho de no tener que mirar cara a cara a un paciente ni ser mirado por él/ella les resulta no solo cómodo, sino necesario, mientras que a otros terapeutas les resulta imposible imaginarse en un *setting* con un diván y una persona recostada en él, sin poder hacer contacto visual.

Dado que en las últimas décadas se le fue dando cada vez mayor importancia a la figura del terapeuta y sus estilos de intervención para evaluar los resultados de las psicoterapias, las miradas constructivistas y construccionistas y las investigaciones fueron confirmando la importancia que tiene el estilo personal del terapeuta para la construcción de la alianza terapéutica y de buenos resultados en las psicoterapias.

Los aportes de autores como Fernández Álvarez (*cf.* 1998) y Corbella et al. (*cf.* 2003, 2004, 2006), entre otros, han puesto cimientos muy valiosos para seguir explorando y enriqueciendo esta variable.

Desde sus perspectivas, el EPT (estilo personal del terapeuta) se ha definido como "el conjunto de condiciones singulares que conducen a un terapeuta a operar de un modo particular en su tarea" (Fernández Álvarez, 1998: 125).

El autor considera que hay tres variables que contribuyen a la formación del EPT:

- la posición socio-profesional;
- la situación vital, la personalidad, la actitud y los posicionamientos;
- los modos dominantes de comunicación que utiliza.

También otros autores (*cf.* Ceberio y Linares, 2005) consideran a estos perfiles personales yendo más allá de los enfoques teórico/técnicos que les sean requeridos.

Fernández Álvarez (*cf.* 1998) propuso una serie de funciones que considera significativas en el quehacer terapéutico, desarrolladas siempre de una manera no exclusiva ni excluyente, sino en una gradiente que permite identificar el EPT:

- *Instruccional*: se refiere a la instalación y ajuste del dispositivo terapéutico y su oscilación *va desde la rigidez a la flexibilidad.*
- *Atencional*: tiene que ver con la selección que hacen los terapeutas de los elementos necesarios para avanzar en el trabajo y, en este caso, la fluctuación es entre *activos y receptivos.*
- *Expresiva*: es la manera en que los terapeutas se conectan afectivamente con los pacientes y su fluctuación va desde los *próximos* a los *distantes.*
- *Operacional*: tiene que ver con cómo los terapeutas trabajan el cumplimiento de tareas terapéuticas (si las dan). El péndulo, en este caso, va desde los *pautados directivos* a los *espontáneos, no directivos e intuitivos.*
- *Evaluativas*: se refiere a los juicios sobre la manera en que se logran los objetivos. La gama fluctúa entre *los estimuladores,* dirigidos al *resultado, y los críticos,* dirigidos a la *comprensión.*
- *Involucramiento, compromiso*: tiene que ver con la manera en que los terapeutas se involucran en su quehacer. En este caso, la fluctuación se da entre los *muy comprometidos* a los *poco comprometidos.*
- *Fomentativa*: se eligen intervenciones tendientes a fomentar o bien la acción o el *insight* de los pacientes. Así, la oscilación se produce *entre los que estimulan,* o bien *la acción, o el insight.*

Tenemos así una manera de organizar estilos terapéuticos, lo que a su vez da origen a investigaciones para estudiar estilos de pacientes y la compatibilidad entre unos y otros (*cf.* Corbella y Botella, 2003, 2004).

El estilo terapéutico se va construyendo a lo largo de muchos años de trabajo. Es muy improbable que cuando uno recién se inicia tenga claras sus preferencias de modelo y lo que ello implica. Es además más factible que la primera elección responda más a mandatos recibidos en su familia de origen y a estructuras defensivas instaladas tempranamente que a preferencias gestadas en el proceso de formación.

Los contextos sociales e históricos también son muy determinantes del tipo de elección de modelo de cada terapeuta: por ejemplo, en la Argentina de los años 65 al 70 hubiera sido imposible pensar como ejercicio profesional en otra alternativa que no fuera ser psicoanalista. Y en Chile, hasta hoy en día, trabajar con Psicodrama o con técnicas de *role playing* no resulta fácil, porque existe una resistencia profunda a la exposición y a la pérdida de control que implican los trabajos que incluyen el cuerpo.

Ceberio y Linares (*cf.* 2005), desde una concepción sistémica, hacen un análisis de los estilos terapéuticos en función de los mandatos e identificaciones familiares que crean la base para el desarrollo de estilos de intervención. Para ello, realizan una clasificación de estilos que, a simple vista, tienen que ver con características de personalidad de cada terapeuta, por ejemplo:

- los positivos,
- los cuestionadores,
- los mediadores,
- los ávidos preguntones,
- los chistosos,
- los teatrales,
- los narradores de historias,
- los prácticos y directivos,
- los ayudadores y contenedores,
- los observadores de otras perspectivas,
- los actores y mimos,
- los no convencionales y los originales,
- los emotivos inteligentes.

Y sin duda que cuando uno lee la lista se ve reflejado en cada estilo un poquito, o nada en algunos otros. Lo interesante es poder encontrar recurrencias que son independientes del paciente con el que uno esté, porque irse reconociendo en un estilo nos va a permitir prestar atención a cuándo no lo usamos... y eso nos va a decir algo importante de lo que está sucediendo con nuestro paciente y nuestro vínculo.

En la medida que el estilo personal se va constituyendo (como un entrecruzamiento de experiencias infantiles, *patterns* de interacción con las figuras parentales y familiares, experiencias con figuras de autoridad, personas tomadas como modelos, conocimientos ingresados a través de libros, películas, experiencias de vida con pares) *es interesante que cada terapeuta pueda hacer una historia que le permita reconocer y tomar conciencia del recorrido que vino haciendo como para poder tener hoy el estilo que tiene en su rol de terapeuta.*

Recuerdo, por ejemplo, a una supervisada que tenía un estilo "docente" como terapeuta: era muy explicativa y paciente, daba información, invitaba a que sus pacientes leyeran algo que les sugería y después lo conversaban; tenía una manera de comprender a sus pacientes muy lógica y reflexiva. Una vez, hablando con ella sobre esto, me contó que en su familia todos eran profesores y muy amantes del enseñar. Así, se dio cuenta que las conversaciones que recordaba dentro de su familia de origen se parecían a la manera de conversar que tenía con sus pacientes.

Sin duda que lo ideal es que cada terapeuta pueda tener y/o desarrollar y adquirir una combinación de características, pero probablemente unas se impongan por sobre otras. Concientizar estas maneras de vincularse permite desarrollar mejor ciertas habilidades, cambiar otras, integrar estilos diversos y adecuar el estilo al paciente con el que se esté trabajando.

Por ejemplo, hay personas que son mucho más visuales que auditivas. Si el estilo de su terapeuta es muy inclusivo de metáforas o imágenes, probablemente esta persona vaya a sintonizar con ese estilo y se vaya a sentir entendido. Si, en cambio, le tocara trabajar con alguien como la terapeuta del ejemplo anterior, muy explicativa y verbal, esa persona se podría sentir aburrida y desinteresada en la sesión. *Por esto es que considero significativo ser consciente de los estilos propios y no solo de cómo son los pacientes, porque muchas veces podemos percibir desde el inicio de una relación terapéutica si va a haber o no compatibilidad como para trabajar juntos.*

Los adolescentes, por ejemplo, suelen ser los que expresan más abiertamente la importancia que para ellos tiene que las personas con las que se traten sepan de sus intereses o de la música que ellos escuchan, que no sean juzgadores ni moralistas, que comprendan las modas o que estén al día con los juegos del computador... y es por eso que no cualquiera puede trabajar como terapeuta de adolescentes, tal como no cualquiera puede trabajar con niños en terapia o con familias y parejas.

Otra manera de categorizar los estilos de terapeutas, a grandes rasgos, es dividirlos entre aquellos a quienes les interesa la psicoterapia como un espacio donde se ayuda a las personas a cambiar y aquellos que no lo ven así. Dentro del primer grupo, encontramos habitualmente a los terapeutas sistémicos, cognitivo-conductuales, gestálticos y humanistas. Son personas a quienes les gusta trabajar con metas, objetivos, evaluaciones, y se manejan cómodos en el terreno de lo concreto y también del corto plazo. Dentro del segundo grupo encontramos a aquellos que Haley (*cf.* 1996) llama "ideólogos" pues, a su parecer, son personas a quienes les gusta más visualizarse como arquitectos que como carpinteros. Les interesan los aspectos filosóficos de los seres humanos, la estética de la terapia y los debates epistemológicos más que acompañar y centrarse en ayudar a resolver problemas concretos de la gente. Suelen usar muchas categorías diagnósticas sobre las que sostienen su quehacer y, en general, se enrolan en modelos psicodinámicos donde se sienten cómodos "comprendiendo" lo que le pasa al paciente. No les gustan los plazos ni las metas y menos las evaluaciones de procesos.

Otros aspectos que influyen en la constitución de un estilo son el momento del ciclo vital de cada terapeuta, el lugar de inserción de su práctica (hospital, consulta privada, prepagas, etc.), *la relación con valores religiosos y políticos y sus concepciones éticas.*

Por eso nos encontramos con historias de terapeutas que fueron virando desde, por ejemplo, el ser psicoanalistas a ser terapeutas sistémicos de familia: a medida que fueron cambiando, creciendo, conociendo y conociéndose, y teniendo mayor registro de con qué y cómo se sentían cómodos trabajando, fueron buscando y adquiriendo otros recursos, otras herramientas y otras maneras de mirar y entender los temas de la salud y de la enfermedad. Y eso los hizo cambiar de estilo, a veces de maneras bien polares.

Es también importante rescatar la descripción de estilos disfuncionales de los terapeutas (y sus síntomas) que hacen Ceberio y Linares (*cf.* 2005). La mayoría de lo que acá se detalla puede ser considerado, también, como típico de una etapa del desarrollo profesional. Todos los que trabajamos en esto tuvimos o aún tenemos alguno de estos rasgos, la mayoría sostenido desde la más profunda inseguridad y descrédito de uno mismo:

- *El terapeuta obsesivo*: muchas veces lo encontramos al comienzo del ejercicio profesional o cuando está incorporando una técnica o enfoque nuevo a su trabajo. Es cuando la inseguridad predomina y los terapeutas se aferran rígidamente a un modelo, como cuando en la cocina uno sigue una receta con el manual al lado, sin desviarse ni en una cucharada de azúcar. Es un estilo que impide la creatividad y la flexibilidad.
- *El terapeuta clon*: también motivados por la inseguridad, imitan tonos de voz, formulaciones, gestos, formas de intervención e incluso posturas corporales de sus supervisores, maestros o de su propio terapeuta. Si estudian o supervisan con alguien a quien le encante tener seguidores y ser admirado y adorado por ellos, son las típicas víctimas que pueden permanecer años dentro del círculo de adoradores. Se les nota poco auténticos y forzados e irán progresivamente perdiendo sus propias posibilidades expresivas, si insisten en parecerse a ese otro.
- *El terapeuta racional o intelectual*: en este caso, la inseguridad se esconde detrás de muchas explicaciones y conceptualizaciones teóricas, en un afán de demostrar un "sé lo que estoy haciendo o de lo que estoy hablando". Son terapeutas que piensan durante toda la sesión y no tienen idea de qué están sintiendo. Pueden ser explicativos con los pacientes, más cercanos a la docencia que a la empatía.
- *El terapeuta aterrado*: es alguien muy autoexigente, que se está observando todo el tiempo y que prefiere callar a equivocarse. Son terapeutas descritos por los pacientes con un "nunca dice nada", pero inspiran respeto y temor, de forma tal que muchas veces son los pacientes los que se asustan y sienten que el silencio del terapeuta es producto de que no están contando nada que valga la pena.

  Es común que usen el silencio como forma de dominación y de defensa frente a sus propios miedos, además de ser muy desvalorizadores de sí mismos.

- *El terapeuta omnipotente*: se defiende de su inseguridad con una idea omnipotente de sí mismo: todo lo puede lograr, no necesita supervisarse ni hacer terapia personal y sus pacientes se van a destacar en el mundo porque van a llevar "su sello". Muchas veces ejercen este estilo en la docencia, haciendo exhibiciones de habilidades que solo se pueden ejercer en limitados contextos. Sin duda es un estilo peligroso para sí mismo y para aquellos a los que trata.
- *El terapeuta impotente o desvalorizado*: suele ser alguien que está deprimido y que se autocritica constantemente, que no se siente capaz y está pendiente de lo que hace mal en una sesión. Esto le impide conectarse con los pacientes y asociarse esperanzadamente con ellos. Tiene disminuida su espontaneidad, se siente culpable y se puede quedar rumiando después de una sesión sobre "lo catastrófico" de lo que hizo o dejó de hacer.
- *El terapeuta bombero*: es quien está siempre disponible, no ejerce límites de horarios ni honorarios y tiene mucha disposición para ayudar. Son personas que necesitan sentirse queridas, reconocidas y valoradas, y que por lo tanto estimulan relaciones de dependencia de los pacientes por su incondicionalidad. Su palabra predilecta es "ayudar" sin que importe mucho cómo. Están disponibles a asistir los fines de semana y los feriados, a trabajar en instituciones mal pagados y a trabajar con los pacientes que nadie quiere atender, con los más graves.
- *El terapeuta "todo vale"*: son terapeutas que se resisten a todo modelo y que justifican de esa manera intervenciones de todo tipo; muy eclécticas y sin un sostén teórico (al cual descalifican), porque así se consideran "libres" y creativos. Privilegian el sentir por sobre el pensar y nunca pueden justificar sus intervenciones de una manera transmisible, porque dicen ser producto de sus intuiciones. Suelen tener problemas con los límites en la relación terapéutica pudiendo incluso llegar al abuso, pues "el fin justifica los medios".

La inseguridad puede acompañarnos en muchas otras etapas de nuestro ejercicio profesional si bien es más esperable en los momentos iniciales o de formación, y, como es de esperar, va ligada a la inseguridad que podamos tener como personas. También ocurre que ciertos pacientes nos estimulan más que otros nuestra inseguridad; o que cuando estamos explorando nuevas técnicas, nos sintamos como en los comienzos: torpes, perdidos y necesitados del manual. Tener registro de ella, entenderla y aceptarla, nos puede ayudar a estar menos defendidos y sin necesidad de recurrir a algunos de los estilos antes mencionados.

Es en la formación de terapeutas donde se puede ayudar mucho a *construir un estilo propio*. El papel de los supervisores es clave en este período. Se espera de ellos que:

- No juzguen a los terapeutas en sus intervenciones, sino más bien que los observen y los ayuden a encontrar con cuáles se sintieron cómodos, flexibles y creativos;
- les connoten positivamente recursos personales aportadores en el marco de la terapia;
- los estimulen a incluir habilidades que uno ve que tienen, como por ejemplo, contar chistes;
- los ayuden a observar con cuáles pacientes están más cómodos trabajando y con cuáles no;
- les hagan observaciones acerca de las diferencias en la manera de acercarse a uno u otro paciente, las comparen y traten de entenderlas;
- les ayuden a identificar temáticas de los pacientes que los estresen especialmente y explorar recursos a utilizar en esos casos;
- los desalienten en las imitaciones de otros terapeutas, incluido el propio supervisor;
- les manifiesten aprobación, sorpresa o admiración por algo que hiciesen en una sesión;
- les den *feedback* acerca de cómo y cuándo los ven más cómodos o auténticos trabajando;
- les ayuden a contener la ansiedad típica de no saber cómo hacer;
- les ayuden en el balanceo que implica que una habilidad, llevada al extremo, se puede convertir en una debilidad: por ejemplo, empatizar se puede volver un sobreinvolucramiento.

Para algunos terapeutas alcanzar un estilo propio no es una meta; para otros sí; algunos van descubriendo en el camino que fueron construyendo uno sin darse cuenta y otros van concientizando un estilo personal a raíz del *feedback* que reciben en las supervisiones (sobre todo en las colectivas). Pero una última instancia, siempre serán los pacientes y la interacción con ellos lo que mejor reflejarán nuestras maneras de intervenir.

5.2 LA AUTENTICIDAD, CUALIDAD ESENCIAL DEL ESTILO TERAPÉUTICO

Tal como lo vengo sosteniendo desde el inicio, un concepto que para mí es fundamental en el estilo terapéutico es *la autenticidad*.

La importancia que le doy al tema se vincula con la concepción desde la cual trabajo: los terapeutas no somos expertos sabelotodo que transforman a un ser enfermo, sino personas que, junto a otras, intentan construir con su consultante un proceso que lo ayude en la dirección que busca y que enriquezca a ambos. Es decir: *no es una relación de poder unidireccional* donde un ser superior actúa sobre uno inferior.

Para que esta relación se establezca, los terapeutas contribuyen con sus conocimientos adquiridos, sus habilidades y sus capacidades, su sistema valórico, su ética, sus creencias acerca de la salud y enfermedad, y también con su historia biográfica, sus experiencias de apego, su personalidad y sus emociones.

Independientemente del estilo de cada terapeuta, considero que la autenticidad tiene que acompañar siempre a su labor profesional. Sin embargo, no es frecuente encontrar desarrollos teóricos que pongan el foco en esta variable en el quehacer terapéutico. Creo que en mi antigua formación, a los únicos que leí con esta orientación fueron a Rogers y más adelante a Yalom.

5.3 EL PAPEL DE LA AUTORREVELACIÓN. EJEMPLOS

Luego de mi etapa formativa y ya trabajando me encontré con una propuesta muy aportadora de Jean Baker Miller y su equipo (*cf.* Baker Miller et al., 2000). Ellas sostienen que la capacidad que los terapeutas deben desarrollar es la de participar en la relación terapéutica facilitando lo que ellas denominan "el movimiento en la relación", y para que eso se produzca tienen que estar presentes y auténticos.

¿Por qué? Porque consideran fundamental para el cambio que *los pacientes sepan que sus vivencias, sentires y pensamientos llegan a la otra persona, que importan y que forman parte de una experiencia mutua.* Suponen que en la experiencia vital de los pacientes no sucedió así antes y entonces conciben *la terapia como un espacio de aprendizaje en la conexión relacional, no en la desconexión.*

Se supone que en el trabajo de formación los terapeutas han estudiado y saben de mecanismos defensivos que llevan a que las personas no se conecten consigo mismas o con otros. Desde ese conocimiento, y respetando las estructuras defensivas que cada persona armó, este equipo propone que los terapeutas traten de permanecer con los pensamientos y sentimientos *en* la relación terapéutica, tendiendo de esa manera a no perder conexión, conociendo los miedos implícitos que existen para ello y los intentos de desconexión que cada paciente hará. *Esta permanente sensibilidad es considerada lo principal de la autenticidad.*

Pensado así, las autoras consideran la autorrevelación por parte de los terapeutas como la posesión de un sentido dentro del movimiento relacional que se está produciendo con sus pacientes y sirviendo a ese fin: *la autorrevelación del terapeuta tiene cabida cuando no hacerlo obstaculiza que la relación avance o se mueva.*

Por ejemplo: en una supervisión, una terapeuta me consultó por dificultades que tenía con una paciente sin hijos por temas de infertilidad, estando ella embarazada de tres meses. Vimos cómo ella había hecho intentos de disimular su embarazo para no poner incómoda, envidiosa o rabiosa a la paciente.

Trabajamos sobre el hecho de que si ella estaba poniéndose en tal lugar, lo que hacía era proponerle a la paciente que también manejara así sus sentimientos: que disimulara, que no hablara de lo que le da miedo o rechazo, etc. Y fuimos imaginando cómo ella podría poner el tema de su embarazo como parte de lo que estaba sucediendo en la relación en ese momento. De esa manera, ella lograba no desconectarse y sentirse auténtica, ayudando también a la paciente a serlo. Una intervención del tipo "estamos con una dificultad posible en nuestra relación, ya que estoy embarazada" permitió hablar de lo que pasaba allí pero que ninguna de las dos se atrevía a abordar. La paciente le contestó que ya tenía la impresión de ello pero que le daba miedo decirlo, y así se dio la instancia para un diálogo que permitió que la paciente se sintiera confiada y acogida en sus miedos, y también que no fuera vista como alguien amenazante del embarazo de su terapeuta: "Menos mal que pudiste confiar en que yo no iba a ser mala contigo si estabas embarazada", dijo.

En el artículo mencionado (*cf.* Baker Miller et al., 2000), las autoras se ponen a sí mismas como ejemplo para mostrar cómo trabajan la autenticidad: una de ellas sufrió poliomielitis de pequeña y renguea, otra es de raza negra, otra es lesbiana, otra es madre adoptiva y otra es intolerante a los maltratos u odio de una hija hacia la madre.

En cada ejemplo que traen, se preguntan cómo permanecer en conexión con la persona que les pide ayuda, pese a los desafíos que eso implica: paciente blanco y conservador con una terapeuta negra; paciente sobreprotectora que deja de hablar de sus dolores físicos porque considera que la polio de su terapeuta fue peor; paciente que odia a su madre con una terapeuta que la perdió tempranamente; paciente homofóbica con una terapeuta lesbiana; paciente con problemas de fertilidad con terapeuta que adoptó hijos.

Así como lo hace Yalom (2002: 17) cuando afirma "mi propósito es alentar todo el tiempo una relación terapéutica basada en el compromiso, la apertura y la igualdad", Jordan sugiere que "la presencia emocional de los terapeutas es una fuente de información importante para sus clientes y un recurso para el crecimiento dentro de la relación" (Baker Miller et al., 2000: 72).

Jordan considera que es muy importante que los pacientes desarrollen conciencia acerca del grado de impacto que sus acciones y palabras producen en otros, y si los terapeutas están presentes y son auténticos pueden suministrar esta información. Es así que ella alienta que sus pacientes se pregunten "¿de dónde viene esto?", "¿tiene que ver contigo o conmigo?": "Para que una persona sepa qué le importa al terapeuta, qué le llega, qué lo moviliza, necesita ver y sentir la respuesta del terapeuta" (Baker Miller et al., 2000: 72).

Cada vez que hablo de este tema surge inmediatamente la pregunta acerca de qué tienen que decir los terapeutas y qué no cuando de sus personas se trata. *¿Significa esto que los terapeutas no pueden mantener la privacidad de sus vidas? ¿Autorrevelación significa que los pacientes sepan "todo" de uno? Y si uno siente rabia con un paciente, ¿tiene que manifestárselo? ¿Y si uno no quiere atender más a alguien, se lo hace saber?*

Muchas preguntas de este tipo me fueron y me son formuladas desde una reacción casi de pánico, y como la mayoría de las veces las veo provenientes de una postura defensiva férrea, generalmente invito a reflexionar sobre si acaso la profesión se transformó en un escondite o en un baluarte defensivo de la propia intimidad. Entonces explicito que considero a la relación terapéutica como asimétrica, así como lo es (y lo será siempre) la relación padres-hijos. Pero también considero que al ser primordialmente una relación entre seres humanos tiene las características que espero tenga todo vínculo de este tipo: confianza, seguridad, cariño, respeto, empatía, contención y acompañamiento.

Creo que tanto los pacientes como los terapeutas necesitan sentir mucho de estas características en esa relación particular y única que sostienen. ¿Cómo se puede lograr algo así si los terapeutas están "blindados", si no pueden estar presentes auténticamente en esa interacción?

Creo que ahí empieza (o termina) todo: si un terapeuta se siente en riesgo, amenazado o muy incómodo o enfermo en una sesión y no sabe cómo incorporar esa vivencia al trabajo, la sesión se irá convirtiendo en un *diálogo entre* blindados y, seguramente, solo estará al servicio de que no pase nada transformador. En cambio, si puede estar conectado con el aquí y ahora, con sus emociones y vivencias, estará en condiciones de *percibir bien qué es lo que su paciente está necesitando* y trabajar sobre eso. No se trata de "confesiones" personales: *se trata de no dejar afuera del campo lo que el vínculo necesita que esté dentro de él.*

Para un paciente puede ser muy útil escuchar a su terapeuta decirle: "cuando usted me habla así, es muy difícil no sentir rabia... ¿le parece que es eso lo que usted quiere que yo sienta?". Pero una intervención así solo puede ser hecha si el terapeuta estuvo conectado con la rabia que le daba que el paciente hablara de la manera en que lo hacía.

Lo mismo ocurre cuando los pacientes nos hacen preguntas directas acerca de nuestras personas, del tipo "¿usted es casado?" o "¿con quién vive?" o "¿tiene hijos?".

En mi estilo, cuando me hacen preguntas directas de este tipo, siempre lo primero que hago es registrar *qué siento frente a la pregunta*: ¿invasión?, ¿interés genuino?, ¿curiosidad?, ¿me siento comparada con alguien?, ¿desconfianza? etc. Ese primer registro me lleva a preguntarme *al servicio de qué está esa pregunta:*

- ¿Es una curiosidad voyerista?
- ¿Necesita de mí como un modelo?

- ¿Es una necesidad de tener una visión realista de con quién está?
- ¿Quiere chequear si es entendido porque paso o pasé por lo mismo?

Y entonces *participo al paciente de mi reflexión:*

- "¿Para qué cree usted que necesita saber lo que me pregunta?",
- O bien: "¿Para qué le serviría que yo le conteste?".

En función de la respuesta y del diálogo en torno a ella, puedo decidir si contestar directamente o si diré "esa es una información del ámbito de lo privado que no me gusta compartir", o bien "no me parece que contestarle literalmente vaya a servir para nuestro trabajo".

Cualquiera de estas decisiones estará apoyada en el *estar presente en lo que está ocurriendo entre ambos y no en una defensa para poner distancia emocional con lo que ocurre ahí.*

No siempre es necesario hacer todo este recorrido. Es obvio que muchas veces simplemente podemos sentir rápidamente que nuestros pacientes están necesitados de sentirnos personas comunes y corrientes, y contestar "sí" o "no" no nos crea ningún problema.

Otra manera de autorrevelarme que uso es la de no esperar a que los pacientes me pregunten, sino que *entregar cierta información al pasar*, como pensando en voz alta. Por ejemplo, decirle a una paciente sobrepasada por la crianza de niños pequeños y su trabajo extradoméstico: "Cuando te escucho me acuerdo de lo que yo sentía en ese mismo momento que tú estás atravesando y de la sensación de que iba a ser para siempre así. Después descubrí que no, que no dura para siempre".

Una intervención de este tipo es autorreveladora de que yo también soy madre y que también pasé por esos tironeos entre el trabajo y la maternidad, pero el objetivo es *legitimarle su vivencia, hacerle sentir que el problema no es solo de ella sino que es inherente a la situación, que ya va a pasar, que esta es solo una etapa y que yo empatizo con lo que vive, la comprendo y la acompaño.* Me valgo entonces del dato personal para conseguir ese objetivo con mi paciente, no por un deseo de contarle mi existencia y que ella me escuche.

Cuando, en cambio, los terapeutas reaccionan defensivamente, con un silencio o con una interpretación que lo haga sentir culpable al paciente por haber preguntado, se produce *la desconexión, que está en la base de cualquier patología.*

La autenticidad no se logra en un minuto: es una habilidad que se va desarrollando en función de irse sintiendo satisfecho en una relación, y tiene su vaivén a través de las dinámicas relacionales: de mayor a menor o viceversa. Baker Miller y su equipo (*cf.* 2000) enfatizan que es en contextos seguros donde las personas pueden ir manifestando su ser íntimo, y cuando se produce la desconexión en una relación no hay autenticidad.

Muy posiblemente, las mejores descripciones de estilos terapéuticos las pueden hacer los propios pacientes. Aquí hay algunos ejemplos extraídos de evaluaciones de psicoterapia en las que colaboraron personas que habían pasado por ella y a las que se les solicitó que comentaran qué recordaban como un momento significativo del estilo de su terapeuta:

a) **Intervención de alto impacto**

"La primera intervención de nuestra terapeuta en la primera sesión fue algunos minutos después que empezara la misma. Mi marido y yo empezamos a quejarnos acerca de nuestros respectivos padres, por problemas en la planificación de nuestro matrimonio.

Ella preguntó: 'Díganme una cosa, ¿no hay mamás?'.

Fue todo lo que necesité para convertirme en su paciente y convertirla instantáneamente en mi terapeuta. Sentí que con solo una simple intervención y en casi nada de tiempo había llegado directamente al núcleo de mi conflicto y el de mi marido: la ausencia de las madres de ambos, no solo en un momento tan crucial como el matrimonio, sino en muchos otros.

Esa primera intervención tuvo en mí el efecto que tienen las predicciones acertadas de una adivina. Es eso que te hace preguntarte "¿cómo lo supo?". No fue solo la frase, sino el tono que usó, y cómo formuló la idea en esas precisas palabras que sugerían que había captado lo que no se había dicho. Como si además estuviera expresando la misma incredulidad que yo sentía al pensar "¿cómo puede ser que no esté mi mamá en este momento?".

Sentí ese alivio que produce el saberse escuchado y entendido por el otro.

*Si la pregunta hubiera sido expresada de otra manera, quizás no hubiera tenido ese '*wow factor*' y, por ende, no se hubiera convertido en lo que yo denominaría una 'intervención de alto impacto'. Tengo la impresión que el impacto se produjo porque la intervención pareció ser más intuitiva que intelectual".*

En esta descripción, es posible observar a un terapeuta que formula preguntas directas cuando siente que necesita hacerlas, desde un lugar de curiosidad. Eso fue recibido como auténtico por parte de la paciente.

b) **La patada y el abrazo**

"Una vez me dijo algo en las líneas de: '¿Y a ti quién te dijo que eras una princesa, y que te tenían que dar lujos y todos los gustos?'...

Esa me dolió. Yo estaba muy deprimida, me fui muy enojada y la odié en ese momento. Sin embargo, era como la patada en el trasero que necesitaba para salir de ese estado, y funcionó. Me di cuenta que, secretamente, había estado esperando hacía tiempo que alguien me dijera que me estaba portando como una nena malcriada, rabiosa y demandante, y pudiera ponerme un límite.

Además, al despedirse me dio un abrazo cariñoso".

La intervención que recuerda la paciente permite pensar en un estilo de terapeuta que no tiene miedo de la rabia o del enojo del paciente. Se asigna, al mismo tiempo, un rol claramente movilizador, siendo directa. Se observa una terapeuta flexible, usando recursos que desencadenan emociones casi opuestas en la paciente:

> *"En otro momento me dijo: 'Estoy segura que cuando trabajes podrías comprarte un Mercedes si quisieras'. Ese mensaje alentador y de confianza en mis recursos fue una sorpresa para mí, porque jamás me hubiera imaginado que ella creyera que semejante éxito profesional pudiera sucederme.*
>
> *Si combinara estas dos intervenciones, diría que son las dos caras del mismo tema, pero una abordada desde la patada y la otra desde el abrazo. Ninguna de las dos funcionaría por sí sola. La razón por la que funcionan es justamente porque se complementan y balancean. La patada sola daría como resultado una terapeuta demasiado dura, mientras que solo el abrazo la convertiría en una terapeuta demasiado blanda. Lo que funcionó para mí fue no solo la combinación de ambas sino la aplicación de estas en el timing apropiado y en resonancia con el clima y el contenido de la sesión".*

El estilo terapéutico percibido por la paciente podría ser llamado "balanceo": la terapeuta no está siempre en el mismo lugar y eso la convierte en alguien más desconcertante, aunque siempre contenedora.

> *"Muchas veces sus abrazos fueron concretos, de contacto cálido y contenedor. Y muchas otras veces los abrazos vinieron en forma de interpretaciones o tonos de voz o* e-mails, *o de su disponibilidad para compartir conmigo los momentos más felices (como la noticia de mi embarazo o su venida a la clínica cuando nació mi primera hija) y otros más difíciles (como acompañarme a internarme antes de mi operación, ya que sabía que iba a ir sola)".*

Se trata de un estilo terapéutico que incluye algún tipo de contacto corporal como el abrazo. También es un estilo que no necesita la consulta para sentirse haciendo algo terapéutico, lo sigue siendo aún fuera de ella. Se podría hipotetizar que es una terapeuta que transmite humanidad, y que conoce y está tranquila con sus propios límites, por lo que no necesita reforzarlos externamente.

> *"Mi terapeuta una vez me dijo firmemente: '¿puedes parar de llorar?', y luego me explicó, con suavidad, que había un llanto defensivo y uno elaborativo. Así, me ayudó a enfocarme y seguir trabajando".*

Esta terapeuta incluye en su intervención una indicación que pudo ser desconcertante para la paciente; por un lado contradice lo que se supone que en un espacio terapéutico se puede hacer (llorar) y, al mismo tiempo, le enseña y la desafía a experimentar su propia capacidad de contención.

> *"Un tipo de intervención bastante utilizada por mi terapeuta es la de mostrarme el contexto en el que se insertan las situaciones relatadas por mí. Recuerdo, por ejemplo, cuando una vez, frente al hecho de que yo me sentí muy herida por irme de un trabajo, ella me preguntó si había tenido en cuenta que 'era una institución al borde de la quiebra, en donde no había lugar para el reconocimiento de nadie'. Eso me hizo salir de mi mirada narcisista, de orgullo personal y profesional herido".*

En este caso, nos encontramos con un terapeuta que incluye una información del marco de la realidad que la paciente tenía pero no la incluía en su narrativa.

c) **Preguntas sugerentes**

> *"Uno de los momentos que más recuerdo de mi terapia fue una sesión en la que mi terapeuta me sugirió la posibilidad de que la relación de mi papá con mi mamá hubiera sido uno de los factores influyentes en la enfermedad de ella. Fue una novedad para mí. En relación a ese mismo tema, también fue novedoso que me contara de algunas investigaciones sobre la relación entre las depresiones femeninas y el lugar socialmente descalificado de las mujeres".*

Acá nos encontramos con un estilo terapéutico en el que el terapeuta no solamente le enseña algo a la paciente, sino que se muestra conocedor e interesado en un tema social, no solamente focalizado en la historia individual de las personas. Es una intervención en que se expone valóricamente.

> *"A veces me divierto llamando 'Dato Avisos' a mi terapeuta. Es porque de repente me da un dato que me puede venir muy bien en términos de salud: un lugar de acupuntura, Pilates, etc.".*

Este es un estilo riesgoso: el terapeuta se expone con una sugerencia de nombres, lugares, que si bien pueden ser muy adecuados, pueden ser vividos por la paciente como una presión o inducción demasiado directa. Dar una indicación de este tipo requiere mucha seguridad y confianza con los pacientes.

Pero es distinto el caso en que un terapeuta sugiera una intervención externa como parte de un trabajo en equipo con alguien. En ese caso lo puede explicitar así, incluyendo que puede haber contacto entre los integrantes de ese equipo. Por ejemplo: derivaciones a un nutricionista, a un psiquiatra, etc. Introducir ideas como que la actividad física es un antídoto contra la depresión siempre ayuda a ampliar el horizonte de posibilidades de acción o resolución de un problema concreto.

d) **Autorrevelaciones**

"Me ayudó siempre mucho que mi terapeuta, de vez en cuando, me contara anécdotas de experiencias personales y profesionales".

El estilo terapéutico que hoy en día se suele llamar de autorrevelación se conecta directamente con la autenticidad, en el establecimiento de una relación con los pacientes que "exige renunciar al poder del triunvirato de magia, misterio y autoridad" (Yalom, 2002: 102).

> *"Una de las ideas que tomé de mi terapeuta y que me resultó más útil fue la de mostrarme cómo podía poner límites a los ataques de mi mamá. Su sugerencia fue que apenas apareciera la menor manifestación agresiva en las conversaciones telefónicas con ella, le dijera cordial pero firmemente que la había llamado para charlar pacíficamente, y que si me trataba mal yo le iba a cortar el teléfono.*
>
> *Fue impresionante la reacción de mi mamá. Inmediatamente se calmó y me dijo que no cortara, que siguiéramos hablando. Ese fue un momento de cambio en mi relación con mi mamá. Se disipó la hostilidad mutua de años y pudimos expresarnos cariño en vez de descalificación".*

En este estilo de terapeuta, no solo hace una sugerencia sino que muestra cómo hacer lo que sugiere. Forma parte del modelado que existe en toda terapia, pero es explícito y le entrega herramientas.

> *"En una ocasión (terapia de pareja), la terapeuta le dijo a mi marido que iba a trabajar algunas sesiones con él solo, para enseñarle cómo no dejarse tratar mal por mí".*

Es una intervención en un estilo que informa de un estado de situación a ambos miembros de la pareja, legitima vivencias, no hace pactos secretos y se involucra valóricamente.

Soy una convencida de que una relación terapéutica donde el terapeuta se siente cómodo, no defendiéndose y transformando al vínculo en una relación de poder *no solo es efectiva para los pacientes sino para sí mismos.*

Muchas veces los terapeutas no tenemos ni idea de cómo influimos en nuestros pacientes, y nos sorprendemos cuando escuchamos, a veces después de muchos años, cómo fuimos agentes de cambio con una frase que dijimos en un tono determinado, o con una mirada, o con un silencio, o con nuestros ojos llenos de lágrimas frente al llanto desconsolado de un paciente. Nos sorprendemos también cuando descubrimos que detrás de todos nuestros esfuerzos, objetivos, supervisiones y planes de tratamiento, resulta que nuestros pacientes consideran que los ayudamos porque los abrazamos al entrar o porque les dijimos en la primera sesión que ahí no podían fumar o porque nuestra voz les dio tranquilidad.

Al decir de Yalom (*cf.* 2002), los terapeutas se sienten alarmados con la idea de la transparencia porque consideran que les exige que revelen gran cantidad de cosas sobre su vida personal, pasada y/o presente. Sin embargo, hay dos aspectos de la autorrevelación que son mucho más cruciales para el éxito terapéutico: la transparencia que concierne al proceso terapéutico mismo y la transparencia que incumbe a la experiencia del aquí y el ahora del terapeuta.

El manejo que generalmente se hace del tema por parte de docentes y supervisores lleva implícita la idea de "límites". Pero ¿a qué límites se refieren en *realidad?* Jordan afirma:

> Se mantiene una mentalidad 'policíaca' de los límites, que empuja imperceptiblemente a los terapeutas hacia el modelo de separación, que implica la insensibilidad del terapeuta. Esta mentalidad proviene de un modelo en el que la separación equivale a seguridad. Por el contrario, creemos que una conexión que fomente el crecimiento, construye la seguridad. [...] Como terapeuta, hablo de establecer mis límites en vez de imponer límites al otro. Eso se siente honesto y auténtico. (Baker Miller et al., 2000: 75-76)

Por ejemplo: cuando alguien nos pide un horario en el que nosotros no trabajamos es honesto y auténtico poderle responder "lo siento, entiendo tu necesidad pero no te la puedo satisfacer... es un problema que tenemos que resolver".

Otro ejemplo conflictivo tiene que ver con los pagos de honorarios: hay pacientes que no respetan el acuerdo inicial de cuándo deben pagarlos. Muchos terapeutas (sobre todo mujeres) se sienten avergonzados y no se atreven a reclamar; necesitan el dinero pero encuentran vergonzante demostrarlo y se van llenado no solo de rabia, sino a veces hasta de deudas por el retraso de varios pacientes al mismo tiempo.

¿Cómo sería ser auténtico en este caso? Diciendo, por ejemplo: "siento que tenemos que hablar del atraso en los pagos porque si no se me vuelve una interferencia para poder escucharte". O bien: "¿estás teniendo dificultades con la plata para pagarme? ¿Y piensas que yo las puedo tener porque tú no me pagas?".

Son ejemplos que cada terapeuta, por supuesto, puede implementar a su manera y con su lenguaje, pero el punto es siempre el mismo: no dejar pasar los sentimientos que se crean en esa relación. En este caso, poner sobre la mesa el tema honorarios es una forma de decirle al paciente "soy un ser humano que vive de su trabajo al igual que tú".

Surrey (*cf.* 2000) sintetiza las preguntas que la mayoría de los terapeutas nos hicimos o nos hacemos cuando reflexionamos sobre el tema de la autenticidad:

- ¿Cuánto de mi experiencia debo contar? ¿Cómo? ¿Dónde? ¿Por qué? ¿Cuál sería el impacto de que no hablara?
- ¿Y qué pasa con la información sobre mí, cuyo conocimiento por parte del paciente no depende de mi voluntad?
- ¿Cómo determinan los terapeutas cuánto compartir con sus pacientes?
- ¿Cómo debemos tomar los eventos principales de nuestra vida cuando penetran la terapia? (Por ejemplo, en caso de enfermedad terminal del terapeuta).
- ¿En qué proporción comparto responsablemente mis dilemas de vida, mis aprendizajes e historias?
- ¿Cómo sé que serán de ayuda para fomentar el crecimiento de mi paciente? ¿Cómo lo evalúo?
- Y si el paciente es particularmente sensible a mi presencia, ¿merece saber cuándo estoy distraído, cansado o estresado? ¿Cuánto debo explicarle? ¿Y cuándo se vuelve una información invasiva?
- Si la terapia está en un *impasse*, ¿en qué medida comparto mis sentimientos acerca de la relación? ¿Cuánto puedo arriesgar? ¿Cuánta confianza e historia hay en la relación para superar esas interacciones difíciles?
- ¿Existe algún lugar seguro donde esconderse?
- Cuando nuestras necesidades (por ejemplo de descanso o de vacaciones) se oponen a las necesidades de nuestros pacientes, ¿cuáles son las dimensiones de nuestra disponibilidad, sus límites y nuestras responsabilidades? ¿Cómo trabajamos esas responsabilidades en la relación?
- ¿A quién estamos protegiendo en ciertas situaciones: al cliente, a la relación, o a nosotros mismos?
- ¿Cuál es mi contexto relacional como terapeuta? ¿Cuento con un grupo de colegas supervisores, amigos y consultores que me ayuden con una situación difícil con un paciente?
- ¿Cuándo la autorrevelación sirve solo para calmar la ansiedad del terapeuta y no cuando el paciente está necesitado o listo para escucharla?

Es frecuente que a terapeutas experimentados algunos pacientes que, teniendo ya otras experiencias de terapia, nos cuentan algo que antes no habían mencionado a nadie: abusos sexuales u otras experiencias traumáticas, mentiras, información relativa a sus padres, duelos, etc. "¿Qué pasó allí?", me pregunto. Y sin reducir el tema a una única respuesta, estoy segura que quien conducía esa terapia anterior no estuvo instalado en un lugar auténtico, de conexión con la persona y consigo mismo.

La autenticidad, como la acabo de desarrollar, es una variable que atraviesa horizontalmente todos los estilos terapéuticos e incluye dilemas éticos.

No considero que haya respuestas universales ni recetas infalibles para resolver muchos de estos dilemas, pero el desafío que implica instalarse auténticamente con el propio estilo, con cada paciente y en distintas etapas y momentos de la relación es una guía insustituible del trabajo terapéutico. Es difícil, complejo y a veces doloroso, pero en una gran mayoría de los casos asegura el crecimiento relacional.

6. LA TERAPIA PERSONAL

6.1 NECESIDAD Y CARACTERÍSTICAS

Desde mi punto de vista, la terapia personal es una necesidad ineludible cuando se quiere ser o se es psicoterapeuta. El debate acerca de si tendría que ser planteada como requisito obligatorio o no para acceder a la certificación como psicólogo clínico está aún en desarrollo en muchos países latinoamericanos y, por lo tanto, actualmente es muy disímil entre países y universidades el grado de importancia que se le da.

Personalmente considero que la terapia personal debe ser una parte obligatoria de la capacitación de los clínicos, no solamente como una forma de cuidado y protección de los pacientes, sino de los mismos terapeutas. Hasta nuestros días, la terapia personal abarca variadas orientaciones teóricas y formatos psicoterapéuticos, y depende de los lugares geográficos si está establecida como una obligación, como parte de un programa de formación, o si es dejada a la libre elección de los profesionales.

Cuando se elige una profesión donde se intenta ayudar a otros psicológicamente es fundamental *no solo conocerse a sí mismo*, la propia historia biográfica, reconocer los propios dolores y traumas (así como las maneras propias de defenderse de ellos), sino también cómo y qué se siente cuando uno pide ayuda a un terapeuta. De no hacerlo, se está expuesto a mayor número de problemas y traumas en su trabajo. En palabras de Geller, Norcross y Orlinsky (2005: 3): "Nuestro entrenamiento, nuestra identidad, nuestra salud y nuestra autorrenovación, giran alrededor del epicentro de la experiencia personal terapéutica".

> La evidencia acumulada sugiere fuertemente que no solamente la terapia individual sirve como un punto focal para los programas de *training* profesionales, sino que también funciona como un núcleo simbólico de

la identidad profesional en el campo de la salud mental. (Henry, Sims y Spray, 1973: 14)

A lo largo de muchos años de trabajo en la formación de terapeutas, me he encontrado (sobre todo en Chile) con que una gran mayoría de ellos nunca se habían puesto en "los zapatos" de ser pacientes; o si lo habían hecho, había sido por muy pocos meses, en relación a algo muy puntual para lo que pidieron ayuda. Lo preocupante de ello es que generalmente se llega a pedir ayuda no en el período de formación y capacitación, sino cuando ya se han recorrido unos cuantos cientos de kilómetros, vital y profesionalmente hablando.

Y si bien pienso que no hay UNA terapia personal, sino varias a lo largo de la vida, el que no la haya en el período de formación me parece particularmente dañino. Obviamente, es en este período donde los jóvenes profesionales están más exigidos desde todo punto de vista (incluido el económico), por lo que creo que los Colegios profesionales y las universidades tienen que tener en cuenta este factor e incluir en sus programas de grado o de post-grado, talleres y cursos de trabajo personal y períodos de terapia como exigencia de la certificación para ejercer clínicamente.

¿Por qué es importante que los psicoterapeutas se vean a sí mismos como pacientes y transiten la experiencia de la propia psicoterapia? A modo de ejemplificar su importancia, Geller, Norcross y Orlinsky (*cf.* 2005) sugieren algunas de las metas de la terapia personal:

- Incrementa el funcionamiento mental y emocional del psicoterapeuta;
- provee al terapeuta-paciente de una más completa comprensión de las dinámicas personales y dudas interpersonales;
- alivia el estrés emocional y las cargas inherentes a la "profesión imposible";
- sirve como una experiencia de socialización profunda;
- ubica a los terapeutas en el rol de los clientes;
- ofrece una oportunidad intensiva de observar métodos clínicos.

Y como mecanismos de perfeccionamiento del trabajo clínico:

- Hace la vida de los clínicos menos neurótica y más gratificante;
- capacita al terapeuta para conducir tratamientos con percepciones más claras y reduce la contratransferencia potencial;
- lidia mejor con los problemas especiales impuestos por el oficio;
- establece la convicción acerca de la efectividad de la psicoterapia y facilita la internalización del rol terapéutico;
- incrementa la sensibilidad y el respeto por las luchas de los pacientes;
- modela habilidades interpersonales y técnicas.

6.2 TERAPIA DE TERAPEUTAS EN DISTINTAS ORIENTACIONES TEÓRICAS

En el caso del *psicoanálisis*, el propio análisis (llamado análisis didáctico) es requerido formalmente por las instituciones psicoanalíticas para aspirar al título de psicoanalista. Las otras dos exigencias consisten en la formación teórica y técnica a través de los cursos definidos con tal objeto y la supervisión de análisis de un cierto número de pacientes.

En el contexto de Viena de fines del siglo 19 y comienzos del 20, la revolución que implicó la teoría freudiana del inconsciente como teniendo un rol fundamental en la mente humana hizo que muchos médicos, primera generación de psicoanalistas, quisieran someterse ellos mismos a la experiencia; y si era con el Maestro Freud, mejor aún. Una mezcla de curiosidad y resistencia seguramente los guió en un principio, pero a partir de esta etapa fue inimaginable que alguien que quisiera analizar a otras personas no hubiera pasado por su propia experiencia de análisis personal, comprendiendo así la poderosa influencia del inconsciente.

Con la oficialización del análisis didáctico como parte del *training* psicoanalítico se plantearon problemas clínicos y políticos. Al comienzo, fue Freud mismo quien decía a sus profesionales analizados en qué momento estaban en condiciones de analizar a otras personas. Esta generación de analistas continuó con la misma manera informal de formación, y poco a poco, se fueron organizando programas de entrenamiento formal del psicoanálisis a través de los institutos, de comités de aceptación de candidatos y de organizaciones psicoanalíticas cada vez más internacionales.

Obviamente, en lo más de 100 años de existencia de tales instituciones muchos fueron los cambios, rupturas y diferencias de criterios; las quejas de candidatos hacia sus analistas y supervisores, los considerados abusos de poder por parte de los médicos hacia los psicólogos y las críticas a un sistema que, por muchas corrientes dentro del psicoanálisis, fue visualizado como de control por parte de grupos que adquirían una jerarquía autoritaria.

Los costos económicos de un análisis didáctico también fueron un motivo de dificultad y de contradicción con la técnica: para jóvenes profesionales, recién iniciándose, sostener un análisis didáctico de cuatro sesiones semanales además de los cursos y supervisiones, se fue tornando (al menos en Latinoamérica) en una formación que prácticamente impedía que los candidatos hicieran otra cosa de sus vidas. A su vez, necesitaban pacientes en condiciones de pagar los honorarios que ellos necesitaban cobrar para sostener su formación, llegándose a un círculo vicioso poco saludable para el vínculo.

A los temas de dinero se sumaron preocupaciones éticas, tales como el uso de la información que un analista obtenía de sus pacientes para decidir cuán en condiciones o no estaba de ejercer el psicoanálisis. Rivalidades, competencias y juicios de valor empezaron a surgir en las calificaciones de los analistas didactas, volviéndose más crítica y desconfiable esta opción formativa. Muchos criticaron el hecho de que el análisis didáctico no fuera un análisis "real", ya que los candidatos-pacientes podían ocultar información al temer que fuera usada en su contra al momento de ser aceptados como analistas.

Por el lado de los analistas didácticos, hay quienes plantean (*cf.* Lasky, 2005) que algunos temen que si hacen un reporte negativo de un candidato esto sea visto no como un problema del paciente, sino como un déficit de sus herramientas como analista. Asimismo, Lasky considera que a veces los analistas didactas minimizan o pasan por alto patologías que existen realmente al sobreidentificarse con su candidato-paciente. Esto lo lleva a afirmar que "la cuestión de la capacidad del candidato para tener un real análisis en entrenamiento fue y aún es una preocupación pedagógica central" (20).

En el caso del psicoanálisis, el *setting* está planteado para el desarrollo de una consulta/consultorio, dentro de cierto horario, durante cierto tiempo, de acuerdo a ciertos honorarios y según ciertas reglas entre el analista y el paciente. Desafortunadamente, dichas características constituyen un tema complejo para los analizados en formación respecto a cómo manejar encuentros fuera de ese espacio/tiempo, problemas con la confidencialidad (ya que colegas amigos pueden asistir a conferencias del analista, o leer artículos de él/ella), y el aumento del miedo a la exposición.

Berman (*cf.* 2005) plantea que el factor central que él ve en el análisis de terapeutas es la aparición de los mismos aspectos tanto en el análisis personal como en el análisis de los pacientes de su analizado. Describe entonces *el dilema omnipresente entre ser un "ayudador" o necesitar ayuda; ser terapeuta o paciente; tratar o ser tratado; dar o recibir.*

Gabbard (*cf.* Berman, 2005) describe a pacientes-analistas que desean muy intensamente la atención de sus pacientes (por ejemplo, haciendo demasiadas interpretaciones transferenciales) y la de sus analistas, queriendo ser adorados e idealizados para compensar por pérdidas tempranas de la niñez. También sugiere que hay analistas con infancias muy difíciles, donde ellos fueron los que tenían que atender las necesidades de otros, y que repiten el *pattern* tanto con sus pacientes como con sus analistas.

Dudas tales como ¿qué hacer cuando un paciente-analista hace una pregunta profesional, teórica o un comentario profesional al analista? o ¿se puede supervisar a alguien que fue su paciente? surgen frecuentemente en el desarrollo de los análisis de analistas-pacientes. En general no hay respuestas universales (por suerte), sino estilos que tienen en cuenta la historia de la relación, lo que a cada analista lo hace sentir más cómodo, lo que considera más útil para ese/esa ex paciente, etc.

En *otras orientaciones teórico-técnicas*, el trabajo psicoterapéutico del propio terapeuta no se plantea formalmente.

En el caso de *la terapia gestáltica*, terapeutas como Korb, Gorrell y Clarkson (*cf.* Elliott y Partyka, 2005) plantean *que la terapia personal debe comenzar durante el entrenamiento, antes que los terapeutas traten a sus propios pacientes*. Asimismo, consideran que los terapeutas gestálticos deben continuar siempre en terapia con un terapeuta experimentado a lo largo de su carrera, para procesar emociones, obtener contención, prevenir problemas y mantener la sensibilidad con la vulnerabilidad y ansiedad típicamente experimentada por pacientes.

Por otra parte, Enrigth (*cf.* Elliott y Partyka, 2005) consideró inadecuado pedir terapia personal a los *trainees*, porque es costosa y se tiende a focalizar más en los problemas en vez de realizar una exploración, que es lo que él considera como la esencia de la terapia gestáltica. En lugar de ello, plantea los grupos de *training* experiencial como similares a los grupos terapéuticos, viendo en ellos el *setting* más efectivo para el *training* de conocimiento ya que se puede aprender de diferentes estilos.

Otros autores como Daldrup, Beutler, Greenberg y Engle (*cf.* Elliott y Partyka, 2005) también enfatizan la importancia de los grupos de formación, balanceando la terapia con elementos didácticos y permitiendo que el aprendizaje y el crecimiento personal vayan juntos.

También hay que recordar que en esta perspectiva, autores como Perls (*cf.* Elliott y Partyka, 2005) consideran que el aprendizaje por cuenta propia puede ser efectivo. De hecho, en un texto clásico, él propone una secuencia de 18 experiencias graduales que proveen un formato de autoayuda.

Como lo señalan Elliot y Partyka:

> Para los terapeutas humanísticos-experienciales, el trabajo sobre uno mismo nunca está completo. Viendo la autenticidad y el crecimiento personal como un proceso continuo de 'ir siendo' terapeutas, en esta tradición dedican tiempo a lo largo de la vida para aprender y crecer. Y ven esta dedicación como una responsabilidad para con sus clientes. ¡Un terapeuta no puede pretender que un cliente se comprometa con un proceso terapéutico a menos que él o ella también lo hayan experimentado! (2005: 39)

En el caso de los terapeutas cognitivo-conductuales, hasta hace 20 años no había una larga o profunda experiencia relacionada con la terapia personal, especialmente en países europeos.

Norcross, Geller y Orlinsky (*cf.* 2005), además de otros investigadores, encontraron que entre un 50 y 60% de terapeutas cognitivo-conductuales habían hecho terapia personal al menos una vez en su vida profesional. Sin embargo, Laireiter (Norcross, Geller y Orlinsky, 2005: 47) encontró que muchos de ellos habían elegido para sí mismos una terapia psicodinámica o humanista, que, se supone, los debe haber influenciado en su estilo personal: "Solo del 10 al 15% de terapeutas cognitivo-conductuales eligieron esta orientación para su propia terapia [*¡!*].[9] Del 20 al 30% terapias humanísticas y del 10 al 15% terapias sistémicas". Por eso, él plantea que hasta el momento no se sabe si "este tipo de eclecticismo es positivo o problemático para hacer terapia cognitivo-conductual".

En el caso de otras orientaciones se observó en los terapeutas mayor lealtad a su propia manera de trabajar cuando buscaron terapia para sí mismos: 90% en el caso de las terapias psicodinámicas; 70% en el caso de las humanísticas. Solo los terapeutas sistémicos o de familia se mostraron tan eclécticos como los cognitivo-conductuales (*cf.* Geller, Norcross y Orlinsky, 2005).

Como lo describen los autores, el uso de la terapia personal y el desarrollo de programas para aumentar las competencias interpersonales, en el caso de la terapia cognitivo-conductual, viene siendo impulsado y organizado desde hace 20 años:

> El foco central de estos programas es la persona del terapeuta dentro y fuera de su práctica terapéutica. Los objetivos centrales son hacer que los terapeutas cognitivo-conductuales sean más sensibles a sus propias conductas, sentimientos, conocimientos, y estilos interaccionales, tanto como a desarrollar sensibilidad al proceso interpersonal en psicoterapia, empatía con el cliente y un estilo autorreflexivo. Al mismo tiempo, conocimientos y herramientas relacionadas con el proceso terapéutico deben ser cultivados. (2005:41)

6.3 CUANDO LOS TERAPEUTAS SON LOS PACIENTES

Excluyendo al psicoanálisis (que, como vimos, tiene organizada una formación que incluye el propio análisis), el tema de tener como pacientes a otros terapeutas empezó a ser estudiado no hace mucho.

Beck y Butler (*cf.* 2005) sostienen que para ellos solo hay una pequeña diferencia entre tratar pacientes que son terapeutas y pacientes corrientes. Consideran que ambos grupos de personas tienen el mismo rango de desórdenes psiquiátricos o problemas psicológicos; los mismos tipos de dificultades en el trabajo, en casa o en las relaciones interpersonales; la misma clase de pensamientos automáticos o de creencias disfuncionales acerca de sí mismos; y la misma clase de luchas, desafíos y metas. También, como el común de las personas, tienen una formación cultural y religiosa.

9 Señalización de la autora.

Lo que ellos ven como una diferencia es el número de estresores provenientes de la profesión que ejercen, y si bien no tienen un abordaje específico para terapeutas-pacientes, entienden que ellos requieren menos psicoeducación, y que muchas veces la dificultad pasa por ayudar a hacer un cambio en un nivel emocional (no de comprensión intelectual) y por lograr que terapeutas de otras orientaciones confíen en este tipo de modelo.

Postulan varios problemas potenciales en este tipo de interacciones. Uno de ellos radica en si uno como terapeuta trata de una manera muy deferente a un paciente-terapeuta y que pacientes-terapeutas se comparen permanentemente con uno y se sientan muy en desventaja. Han observado, además, que los terapeutas-pacientes tienden a minimizar sus dificultades o a mostrarse muy capaces de resolverlas, hasta que se vuelven inmanejables. Otra dificultad que encuentran es cuando un terapeuta-paciente, al verse beneficiado con la terapia cognitivo-conductual, se culpa por no haberla usado con sus propios pacientes.

Los pacientes-terapeutas también suelen sobreintelectualizar y pueden temer falta de confidencialidad. Un problema específico, especialmente en comunidades pequeñas, es la mantención de límites confortables para los terapeutas y también para los pacientes-terapeutas.

Pero por fuera de esto, dichos autores consideran tan difícil o tan fácil establecer un vínculo terapéutico con un terapeuta-paciente como con un paciente cualquiera.

En mi experiencia también he encontrado en algunos psicoanalistas mayores resistencias para pedir ayuda terapéutica una vez que han finalizado su análisis. Muchas veces se sienten traicionando su pertenencia y se ven en un callejón sin salida porque no pueden o no quieren recurrir a su ex analista, y tampoco se sienten libres de recurrir a alguien de otra orientación. Al mismo tiempo, son los que más conocen lo que es darse a sí mismos un espacio de autoconocimiento.

En los casos tanto de terapeutas sistémicos como el de terapeutas cognitivo-conductuales, he visto muy frecuentemente una ausencia de trabajo personal hasta el momento de conocerlos. O bien algunos hicieron experiencias muy breves, o muy focalizadas en algún problema específico.

En cuanto a las *terapias familiares y sistémicas,* desde sus modelos creados fundamentalmente para promover el cambio en los sistemas familiares, el énfasis nunca estuvo puesto en la personalidad o en la historia o funcionamiento individual y, por lo tanto, *el tema de la terapia para terapeutas fue irrelevante.*

No es menor en este sentido que quienes comenzaron desarrollando la teoría general de los sistemas fueron personas de otras disciplinas como, por ejemplo, Gregory Bateson y John Weakland (antropólogos), Paul Watzlawick (ingeniero) y Jay Haley (experto en comunicación). Desde su punto de vista, las terapias tal como se hacían tradicionalmente solo servían para mantener los problemas y no para cambiar las condiciones de producción de los mismos.

Como plantean Andolfi y de Nichilo (*cf.* Bowen, 1991), Jay Haley, por ejemplo, entre los 70 y los 80, representó una de las posturas más críticas hacia la terapia de terapeutas y su inclusión en los programas de *training*. Y la terapia estructural, desarrollada por Salvador Minuchin (*cf.* Bowen, 1991), tampoco consideró relevante la terapia personal de los terapeutas ni la vio como una amenaza para su forma de trabajar: el énfasis formativo siempre estuvo puesto en el aprendizaje y desarrollo de habilidades terapéuticas para establecer alianzas con las familias, redistribuir poder en ellas y definir los límites generacionales.

Sin embargo, y en contraste, *fueron surgiendo otros enfoques que sí le otorgaron a la terapia personal un lugar de necesidad.*

Whitaker (*cf.* 1992) enfatizó la importancia para los terapeutas de permanecer conectados con sus propias vivencias contratransferenciales en el trabajo con familias. El desarrollo de la autenticidad, las propias experiencias de vida y la propia terapia fueron impulsadas por él y fue, de hecho, un terapeuta de terapeutas que hizo popular la terapia familiar de estos.

Virginia Satir (*cf.* Banmen, 2008), por su parte, estimuló la autenticidad terapéutica a través de la participación en grupos de encuentro y otras técnicas.

Framo (*cf.* 1996) fue el pionero en las sesiones con la familia de origen, a la que proponía incluir en alguna sesión o sesiones en sus trabajos con una persona o una pareja. Este estilo fue muy usado en las terapias de terapeutas familiares. En Italia, Andolfi (*cf.* 1997) y sus colaboradores hicieron experiencias de convocatoria de las familias de origen de alumnos en formación, como ejemplo de la "familia normal".

> Las dificultades en las familias de origen de los mismos terapeutas, que están, a menudo, en la base de su elección vocacional, hacen que haya también una reticencia y un temor, a veces racionalizado, de sumergirse demasiado profundamente en las complejidades de los sistemas familiares disfuncionales. (Canevaro, 1994: 258)

Bowen (*cf.* 1991) propuso una manera de trabajar con psicoterapeutas poniendo el foco en su familia de origen sin que ella esté presente: re-experimentar la propia familia desde una visión observadora y establecer un nuevo vínculo con ella fue considerado por él un objetivo central de la terapia. Al transitar por esta metodología, los terapeutas comenzaron a interesarse por su formación en ella, y así se produjo una integración entre la formación teórico-técnica y la propia terapia personal.

Más recientemente White (*cf.* 2002), proviniendo de una mirada postmoderna que enfatiza las voces individuales, la propia historia y puntos de vista, propone un modelo llamado *terapia narrativa*, en la que los terapeutas que han hecho previamente su propia narración se convierten en pares que, junto al paciente, ayudan a construir el relato del otro.

Aponte y sus colaboradores (*cf.* 2009), contrastando con los detractores de la terapia para terapeutas, crearon un modelo de formación de terapeutas en EE.UU. sostenido en el concepto del *"sanador herido"*. Fue él quien originalmente propuso el nombre de "la persona del terapeuta" para su enfoque formativo, en el que se trabaja en pequeños grupos, usando *role playings*, videos y sesiones clínicas filmadas. Se busca que cada terapeuta identifique temas conflictivos para sí mismo, su historia personal y situaciones traumáticas en ella, e identificando emociones, recuerdos y asociaciones. Aponte sostiene que todo ello permite que los terapeutas tengan un rol más activo, propositivo y consciente en sus relaciones con los clientes y en la implementación de herramientas de intervención con ellos.

En síntesis, entre los enfoques de terapias familiares y sistémicas encontramos un ancho espectro de lugares para la terapia propia de los terapeutas: desde los que la consideran irrelevante hasta los que la ven necesaria y útil en el trabajo con parejas y familias. Es así como hoy en día nos encontramos con terapeutas sistémicos que nunca han hecho terapia personal y muchos otros que han pasado, según los períodos de su vida, por muchas experiencias terapéuticas, incluidas con la familia de origen o de pareja, o madre/hija, padre/hijo, etc.

En el caso de ser terapeutas de terapeutas, Laura Brown (*cf.* 2005), así como terapeutas de otras corrientes, no encuentran diferencias en las problemáticas que llevan a pedir ayuda entre pacientes-terapeutas y aquellos que no lo son. Sin embargo, es muy interesante su aporte en relación a que *la diferencia que sí encuentra es la vergüenza que ellos traen respecto de sus síntomas o padecimientos*: "Si mis pacientes me vieran..." es una frase típica que ella escucha recurrentemente: terapeutas que tienen problemas con el alcohol, las drogas, la falta de vida sexual, problemas de pareja o violencia intrafamiliar, exigen certezas y constancias de confidencialidad mayores que cualquier otra persona consultante.

En todos estos enfoques terapéuticos, uno de los temas de debate es qué límites a la relación son necesarios, siendo que se trata de un vínculo que se plantea como igualitario. Terapeutas que trabajan dentro de este enfoque proponen negociar con sus pacientes-terapeutas los límites que cada uno necesita, ya que se pueden encontrar en diversas instancias profesionales. Se trata de *establecer* sus límites, no de *imponerlos*.

Para quienes eligen la psicoterapia como profesión es muy importante observar qué tipo de terapia personal se elige, por qué y cuándo, y si se trata o no de la misma orientación que la que uno practica. Muchas veces detrás de esa elección nos topamos con una descalificación o desconfianzas de la propia elección, con una curiosidad por saber cómo sería hacerlo de otra forma, o por hartazgo del propio estilo.

Pero también la búsqueda de formas de intervención diferentes a la propia puede tener que ver con pasar por la experiencia de ser paciente y construir menos barreras por desconocer el enfoque, racionalizando menos y sin tanta preocupación por aprender junto con el hacer terapia.

Considero que la terapia personal va más allá del enfoque que se elija: hay momentos de la vida de los terapeutas en que psicoanalizarse puede ser una muy buena experiencia, así como en otros será necesaria una terapia de pareja o familiar o cognitivo conductual. Me parece aportador transitar por diferentes estilos y enfoques terapéuticos para uno mismo y así poder ir integrando procesos a lo largo de la vida, además de ir agregando diferentes miradas sobre un mismo tema. Así, al llegar a la madurez, es posible entender con perspectiva el sentido de cada elección en su momento, cómo hubo terapias que fueron más de contención, otras más focales, otras más de modelado, etc.

Finalmente, recurro a Irving Yalom (2002: 58-60.), quien sintetiza completamente mi manera de pensar este tema:

> Hacer terapia uno mismo es, de lejos, la parte más importante de la formación de un terapeuta. [...] Los terapeutas deben estar familiarizados con su propio lado oscuro. [...] Los jóvenes terapeutas deben trabajar sus propias cuestiones neuróticas; deben aprender a aceptar la retroalimentación que hay en toda relación, a descubrir sus propios puntos ciegos y a verse a sí mismos como los otros los ven. [...] La autoexploración es un proceso que dura toda la vida y recomiendo que la terapia sea lo más profunda y prolongada posible y que el terapeuta haga terapia en distintas etapas de su vida. [...] Creo que no hay un modo mejor de aprender acerca de un determinado enfoque terapéutico que entrando en él como paciente.

7. LAS SUPERVISIONES

La supervisión clínica, como se la nombra en el contexto sudamericano, es ante todo una *herramienta imprescindible* en la formación y ejercicio profesional de los psicoterapeutas. Es un lugar de reflexión, de aprendizaje, de orientación y de contención acerca de la tarea psicoterapéutica, que tiene lugar entre una o varias personas, entre las cuales se diferencian un rol de supervisor/a y el rol de supervisados.

Desde mi punto de vista, mientras uno ejerce esta profesión, los espacios de supervisión nunca debieran terminarse: siempre hay puntos ciegos, entrampes con pacientes, situaciones clínicas estancadas, falta de herramientas, necesidad de otras miradas y sugerencias que pedir.

Aún entre terapeutas experimentados es muy útil compartir un café informalmente donde se pueden expresar dudas o bloqueos que se puedan tener con un paciente, y no hay duda de que constituye una de las herramientas más necesarias y efectivas en la formación de los psicoterapeutas en las etapas iniciales de la formación.

Pero que la experiencia de supervisión resulte nutritiva depende mucho de quienes ejercen el rol de supervisores. En este punto, me gustaría poner la mirada sobre ellos, partiendo por decir que *la supervisión es un campo de ejercicio profesional que exige un entrenamiento específico* y que *es necesario, pero no suficiente, tener experiencia clínica.*

Existe un amplio espectro dentro de los supervisores, pero podríamos dividirlos entre los que se proponen ser supervisores como una etapa de cambio en su ejercicio profesional y aquellos que, aún sin siquiera mucha experiencia clínica, se vuelven supervisores dentro de contextos institucionales donde no hay profesionales *seniors* que ocupen ese rol.

Hasta hoy, en el contexto latinoamericano no se les da un debido espacio de formación a los supervisores porque se da por supuesto que basta tener un poco de experiencia clínica para serlo. Lo considero un error:

> El desarrollo de la psicología hasta hoy día, sin embargo, ha permitido que cada vez más se haya ido dando a la supervisión clínica el carácter de una especialidad: es posible elegir ser supervisor/a, es posible capacitarse para serlo, es posible trabajar sobre los obstáculos personales para serlo, es posible estudiar material bibliográfico sobre el tema, es posible reflexionar sobre los marcos conceptuales que dan apoyo teórico a la tarea de supervisar terapeutas. Y si bien no es el foco de este trabajo, no deja de sorprender que en el hoy, muchos terapeutas noveles, apenas terminada su formación en la universidad, no trabajan con una supervisión sistemática y continua. [...] Las dificultades económicas, las opciones que cada uno se ve obligado a tomar en esta etapa de la vida, suelen ser las explicaciones habituales para justificar este lanzarse al ruedo sin el sostén adecuado. Pero también no debemos dejar de ver que otra posible explicación es la falta de rigurosidad que hasta hace muy poco tiempo ha tenido la tarea de supervisión en nuestros contextos. (Daskal, 2008: 215)

7.1 SUPERVISIONES Y ETAPA DEL DESARROLLO PROFESIONAL

La supervisión puede ser desarrollada de acuerdo con *distintas metodologías* y también teniendo en cuenta *la etapa evolutiva* en la que se encuentren los terapeutas supervisados. Para hacer una suerte de marco de referencia, las propuestas de Kämmerer (*cf.* 2006) distinguen diversas etapas en la relación supervisor-supervisado, sin dejar de lado las necesidades y desarrollo profesional de los supervisados.

En la *etapa de iniciación como psicoterapeutas* la dependencia con el supervisor es máxima; se espera de él/ella sugerencias y guías tanto respecto a los diagnósticos como a las técnicas de intervención; a veces, sesión por sesión. La inseguridad es tal que requieren de contención emocional junto con la incorporación de conocimientos.

Tienden a aplicar a todos los pacientes el mismo enfoque, la misma instrucción y el mismo formato, además de presentar cierta rigidez teórica a la que se aferran como a un mástil en medio de una tormenta. Les cuesta tener una visión procesal y se quedan más adheridos a la sesión por sesión. Están tan pendientes de hacerlo bien que no pueden usar a su propia persona para hacer un diagnóstico interpersonal.

Necesitan modelos, una estructura que los contenga y respuestas a preguntas concretas.

Dadas estas características habituales en *los terapeutas recién iniciados*, los supervisores tienen que tener *ciertas habilidades específicas para esta etapa*:

- mucha paciencia, parecida a la necesaria con niños pequeños;
- manejo del deseo de protagonismo, de ocupar el lugar del que tiene "la verdad", de ser "estrella";
- ser docentes sin descalificar los puntos de vista ni las emociones de los supervisados;
- tener autoridad al mismo tiempo que humildad;
- poder ir acompasando el aprendizaje (buen manejo de los *timings*);
- no pretender que los supervisados entiendan todo ni que aprendan rápido;
- poder empatizar con los sentimientos de inseguridad que tienen los principiantes;
- no ser judicativos;
- estimular que los supervisados vayan encontrando su estilo y su lenguaje sin imponer el propio, pese a las provocaciones que reciban para hacerlo;
- desarrollar capacidad de modelaje;
- mostrar claridad en los objetivos de la supervisión;
- conocer y aplicar metodologías de supervisión.

En la etapa de *los terapeutas avanzados*, la seguridad ya está instalada y tienen una visión más relativizadora de los diagnósticos y más compleja del proceso terapéutico, pero aun así pueden tener dudas respecto de la integración de distintos marcos referenciales aprendidos.

Las expectativas en la supervisión están generalmente puestas en recibir ayuda respecto a cierto momento del proceso. Pueden también necesitar el espacio para la comprensión y el manejo de ciertas vivencias contratransferenciales o para fijar objetivos claramente. Pueden permanecer aún ciertas rigideces y estereotipias.

En la etapa de *los terapeutas con mucha experiencia clínica*, la flexibilidad ya suele estar incorporada y, por lo tanto, las posibilidades de integrar nuevos recursos a la psicoterapia no les presenta mayor dificultad. Ahora bien, a veces, y por estas mismas características, se quedan adheridos a lo que les resultó útil sin abrirse a nuevas miradas o escuchas y formas de intervención. El riesgo en este caso es de estereotipia.

Estos terapeutas experimentados esperan de la supervisión un intercambio entre pares, el aporte de conocimientos no adquiridos, el reaseguramiento del camino iniciado con el paciente, el compartir las dificultades, los *impasses*, las interrupciones de las terapias, los conflictos con otros profesionales en interconsultas o la contención en momentos de duelos personales y/o con pacientes.

En estas dos últimas etapas *las habilidades específicas de los supervisores* tienen que ver con:

- estar abiertos al intercambio de ideas con pares;
- poder hacer sugerencias;
- tener manejo de diversidad de recursos;
- ser muy tolerantes y respetuosos con las otras miradas y enfoques;
- tener curiosidad/creatividad;
- tener un grado distinto de involucramiento al que se tiene con los recién iniciados;
- tener solvencia teórica.

Junto con tener en cuenta en qué etapa del proceso formativo se encuentran los supervisados, hay que considerar *una serie de temáticas que son propias de todo espacio de supervisión.*

7.2 SUPERVISIÓN Y PODER

Este es uno de los temas más relevantes y que requiere mayor atención por parte de los supervisores. En la experiencia que hiciéramos en el Diplomado de Formación de Supervisores Clínicos[10], encontramos que para muchos de los terapeutas asistentes las figuras de supervisores en los inicios del ejercicio profesional habían resultado muy traumatizantes.

Hubo quienes recordaban que se habían planteado dejar la práctica clínica, mientras que otros habían sentido a sus supervisores como temibles y abusadores de poder, al tiempo que también reconocían la idealización profunda de algunos supervisores que los habían mantenido en una relación poco creativa y de poco crecimiento durante años.

También White (*cf.* 2002) sostiene que todas las definiciones de supervisión circulantes no pueden evitar el implícito de super-visión, o sea: la idea de que hay alguien superior, que tiene saberes que el otro no tiene y a cuya visión, sugerencias e indicaciones la otra parte, jerárquicamente inferior, debe someterse sin cuestionamientos.

En algunos países como Argentina, durante muchos años la manera de nombrar a la supervisión fue y aún sigue siendo un sinónimo de control. Las ideas asociadas con jerarquía de conocimientos y prácticas, el poder ejercido por quienes son considerados propietarios de dicha sabiduría y la necesidad de que alguien en ese sitial controle qué y cómo lo está haciendo otro terapeuta impregnaron hasta ahora el espacio de la supervisión, tanto para quienes ejercen el rol de supervisores como para los supervisados.

10 Diplomado de Supervisión Clínica realizado en conjunto entre la Universidad de Heidelberg y la Pontificia Universidad Católica de Chile, 2007.

> Dirigir, decidir, influir, definir un curso, se confunden con guiar, crear, colaborar, co-construir, tener experticia. Las diferentes miradas confluyen sobre situaciones relacionales en las cuales hay influencia de alguien sobre un/a otro/a, la influencia puede ser ejercida forzadamente o no, y existe asimetría entre sus integrantes. (Daskal, 2008: 216)

Por lo tanto, considero muy importante en la formación de supervisores el trabajo sobre sus ansias de poder, de dominación, sus inseguridades y el manejo que hacen de ellas, así como el entrenamiento en el rol y su especificidad de acuerdo con la etapa de los supervisados.

7.3 CONFUSIÓN DEL ROL DE SUPERVISOR CON DOCENCIA Y CON TERAPIA; LÍMITES DEL ROL

Muchas veces (sobre todo con terapeutas noveles) los supervisores tienen que implementar grados de contención que se suelen confundir con los del espacio terapéutico. Esto ocurre no solamente porque los supervisados se confunden y utilizan el espacio de supervisión para hablar de temas personales: también los supervisores, entrenados en la escucha, se instalan en una inercia que los lleva a hacer lo mismo que hacen con sus pacientes.

En las ocasiones en que los terapeutas están afectados por algún problema personal, puede ser muy bueno notificar de ello a los supervisores y pedir ayuda para manejarse mejor con los pacientes en esa circunstancia. En ese caso, los supervisores deben tener claro que el foco lo deben poner en el vínculo y en cada uno de sus protagonistas, y si consideran que el terapeuta necesita trabajar más personalmente, sugerirle lo hagan en la terapia personal.

Los supervisores no están encargados de juzgar o calificar con nota a sus supervisados fuera de los espacios institucionales; por lo tanto, la mirada evaluadora docente no tiene cabida en esos contextos. El modelado inherente a todo docente se hace a través de sus intervenciones, sugerencias, explicitación de criterios, sugerencia de lecturas o evaluación de *videotapes*, por ejemplo.

También me interesa resaltar que *la supervisión no reemplaza a la terapia personal, sino que es complementaria, y muchas veces acompañante y reforzadora de ella.*

Cuando los supervisores sabemos que nuestros supervisados están en terapia nos sentimos mucho más libres, porque sabemos que la resonancia después de una supervisión va a poder ser trabajada en otro contexto contenedor y personal. En las supervisiones grupales, particularmente, es importante cuidar que ninguno de los integrantes se sienta expuesto a situaciones de intimidad imposibles de ser manejadas en un contexto de supervisión.

Por último: no hay que desestimar la función de acompañamiento y apoyo que tienen las supervisiones, sobre todo en el inicio de la carrera (pero no solo en este caso) y particularmente en instituciones y en el trabajo con situaciones muy difíciles. A nadie le es fácil lidiar terapéuticamente con familias disfuncionales, con pacientes suicidas, con adictos o con violencia intrafamiliar: a todos siempre nos sirve contarle a otro experimentado y escuchar, intercambiar opiniones y poner en voz alta nuestros temores y dudas.

7.4 ESCENAS TEMIDAS POR SUPERVISORES

Como ya dijimos, la necesidad de establecer con los supervisados una buena alianza es el primero de los objetivos que los supervisores se tienen que plantear. Pero, ¿qué ocurre cuando se presentan dificultades en la relación de supervisión, cuando se producen malestares que implican lidiar con sentimientos de competencia, de admiración, de idealización, de descalificación de los supervisados?

Los temores de los supervisores no se alejan mucho de los que ellos mismos tienen como terapeutas:

- Que los supervisados se vayan ofendidos, enojados;
- que no los escuchen o respeten su punto de vista;
- que vengan a la supervisión por compromiso con las instituciones;
- que los supervisados no trabajen bien de una manera evidente;
- no poder ser firme frente a alguien que no quiere ser supervisado;
- el tener que imponerse más que persuadir;
- que un supervisado se psicotice;
- temor a no hacer la oferta adecuada.

7.5 LA PERSONA DEL SUPERVISOR

Como en toda labor relacionada con la psicoterapia, la persona del supervisor es clave para su práctica. El cómo llegó a ser supervisor; si fue una tarea elegida o designada institucionalmente; si forma parte de una etapa de crecimiento o de desarrollo profesional; su historia de formación profesional; sus propias experiencias con ser supervisado; los aspectos biográficos relacionados con figuras de poder y de autoridad; sus deseos conscientes o no, de dominación, de protagonismo, de trascendencia; su placer por enseñar, orientar, aconsejar y modelar son algunos de los aspectos que se pueden trabajar en los talleres sobre la persona del supervisor.

La asunción y ejercicio de poder y autoridad, por ejemplo, están dictados por las propias experiencias positivas y/o traumáticas que cada uno haya tenido en su desarrollo desde pequeño. Si, por ejemplo, las figuras de autoridad reconocidas en la familia de origen de una terapeuta han sido los hombres, es probable que a ella no le resulte sencillo ejercer autoridad como supervisora de un grupo donde hay colegas varones.

Si un terapeuta tuvo su primera experiencia de supervisión con alguien muy carismático, posiblemente se sienta lesionado en su autoestima como supervisor si no lo hace tan bien o si no ejerce tanta atracción como su maestro.

Si un supervisor es muy inseguro, probablemente adopte un estilo personal muy autoritario o poco estimulador de la autonomía de sus supervisados.

Si una supervisora considera que ser mujer es equivalente a ser dulce y suave, tendrá dificultades con ser firme y asertiva en la crítica a un supervisado (*cf.* Munson, 1987).

Es frecuente que en las supervisiones grupales, por ejemplo, los supervisores excluyan o descalifiquen a algunos integrantes del grupo y empoderen a otros, o que interrumpan el relato del supervisado para hacer un discurso inapropiado respecto de su propia opinión.

El ser inflexible, dar siempre las mismas instrucciones u opiniones (independiente del caso que se trate), así como el uso de valoraciones judicativas respecto del paciente o del supervisado, muchas veces sin tener toda la información necesaria, es también habitual entre los supervisores.

Los espacios de metasupervisión, junto con talleres sobre la persona del supervisor, son espacios muy útiles para trabajar sobre sí mismos y sobre todos estos aspectos relacionados con el rol (*cf.* Daskal, 2008).

7.6 ALIANZA TERAPÉUTICA Y SUPERVISIÓN

En este ámbito se pueden aplicar criterios muy similares a los establecidos para paciente y terapeuta. Así como se considera imprescindible para el trabajo en psicoterapia una buena alianza terapéutica, lo mismo sucede con el trabajo entre supervisor/supervisado. Los supervisores deben tener claro que este es el primer objetivo a lograr en la relación con los supervisados: si no se establece, los resultados esperables son negativos.

Así, la supervisión debe verse como una relación que se va co-construyendo dentro de un marco de empatía, de respeto de uno por el otro y de valoración de los conocimientos que cada uno posee.

En la construcción de una buena alianza terapéutica también tiene mucha importancia el compartir marcos teóricos y técnicos, miradas sobre el enfermar psíquico y concepciones acerca de la psicoterapia. Para un psicoanalista puede ser imposible supervisar a alguien que trabaja con un enfoque cognitivo-conductual o viceversa.

7.7 ¿CUÁL ES EL PROBLEMA Y QUIÉNES LO DEFINEN?

Cuando se comienza a ejercer el rol de supervisor/a, uno de los primeros meollos es definir sobre qué o quiénes se pondrá la mirada: *¿el foco se pondrá en el supervisado, en el paciente, o en el vínculo?* En el trabajo de metasupervisión[11] es posible observar estas interrogantes como un aspecto fundamental de los conflictos que se le plantean a un supervisor/a mientras que, por el contrario, tener claro esta primera aproximación (y explicitarla a los supervisados) ayuda enormemente a la tarea de los supervisores.

El definir objetivos para una supervisión ya constituye el compromiso con un enfoque que no deja el espacio librado al mero relato de los supervisados. Los supervisores que trabajan con metas generalmente tratan de definir cuál es la petición del supervisado en primera instancia. Esta. A su vez, puede ser muy diversa y tener que ver con recibir ayuda para hacer un diagnóstico, con cómo destrabar una relación terapéutica estancada, o definir metas para la terapia, o utilizar ciertas habilidades de intervención, o con problemas éticos, o con la comprensión global del paciente, o con confusiones teóricas y técnicas...

Dentro de los diferentes modelos usados en la supervisión clínica (*cf.* Daskal, 2008), la mayoría trata de definir primero:

- ¿Cuál es el problema? ¿De quién es el problema? Descripción y detalles.
- ¿Qué objetivo se quiere lograr con la supervisión? ¿El objetivo es explicitado, co-creado, compartido por supervisados y supervisores?
- ¿Cuáles son los recursos usados? Y, ¿cuáles son los medios adecuados para alcanzar los objetivos planeados?

Aunque lleva tiempo, tener claras las respuestas a estas preguntas economiza mucho tiempo posterior. En el proceso de la supervisión, entonces, se suelen atravesar etapas de orientación, de análisis del problema, de construcción de la meta alcanzable y de encuentro con los recursos para alcanzar los objetivos; y es en este proceso que los supervisores pueden ir teniendo claro si van a poner el foco en los supervisados, en los pacientes o en el vínculo.

11 Realizado por la autora durante el Diplomado Internacional de Supervisión Clínica antes mencionado. En este caso se formaba a supervisores clínicos con cuatro supervisores que respondían a distintas orientaciones clínicas: Alex Kalawski, de orientación humanista, Ety Rapaport, de orientación psicodinámica, Carmen Gloria Hidalgo, de orientación sistémica y Mirenxtu Bustos, de orientación cognitivo-conductal. La autora, como metasupervisora, participaba de las supervisiones de todos, y en otro espacio creado con ese fin se reunía con los cuatro y trabajaban los elementos en común y sus diferencias en cada supervisión, en torno a las coincidencias de miradas o puntos de vista claramente diferentes. Luego se analizaba cómo esas diferencias se expresaban en las sugerencias que cada uno de ellos le había hecho a los supervisados y por lo tanto cómo los procesos terapéuticos iban a ser distintos.

Por ejemplo:

Alicia es una terapeuta que consulta a su supervisora, muy asustada por las amenazas suicidas de un paciente suyo. Su angustia y sentimientos de incompetencia la están inhabilitando constantemente en su trabajo: no duerme de noche, se siente agotada y cada vez que suena el celular piensa que le van a avisar que esta persona se quitó la vida. No sabe ya qué más hacer.

Un supervisor que conoce sus grados de formación, su experiencia clínica y los recursos con los que cuenta la terapeuta posiblemente decidiría trabajar sobre cómo le afecta a Alicia esta particular situación. Para eso, indagaría cuál es su experiencia con el tema del suicidio, qué piensa ella del hecho de que alguien no quiera vivir más o en qué otro tipo de situación de su vida se ha sentido tan inquieta e incompetente. Esto le permitiría ayudarla a entender qué otra experiencia vital se le está actualizando con este paciente.

Otro supervisor empezaría indagando recursos en los que Alicia se pueda apoyar: familia del paciente, equipo interdisciplinario o Colegio Profesional, para conocer mejor sus responsabilidades legales en caso de suicidio; le proveería de mayor información sobre el diagnóstico de su paciente y los riesgos que implica; le sugeriría lecturas y le recalcaría que bajo ningún concepto el posible suicidio sería culpa suya.

Un tercer supervisor pondría la mirada sobre el tipo de vínculo manipulador que este paciente tiene con la terapeuta, cómo la amenaza y cómo contribuye ella a que eso ocurra, y la ayudaría a reflexionar sobre la biografía del paciente para entender qué se está repitiendo entre ambos de esa historia. Posiblemente estimularía a la terapeuta a hacer algunas sesiones con miembros de la familia del paciente para aumentar la canasta de recursos.

Y también podría ser que otro supervisor le aconsejase derivar al paciente a un equipo interdisciplinario por verlo más adecuado para enfrentar la gravedad del caso.

Como puede anticiparse, las distintas maneras de supervisar aquí revisadas cuentan con referenciales teóricos que respaldan cada intervención, más allá del estilo propio de cada supervisor. Ciertas diferencias entre prácticas de supervisión, en base a la escuela a que se adscriben, pueden encontrarse en:

- que el foco se ponga en los pacientes o en los supervisados,
- que exista o no necesidad de un diagnóstico clínico de los pacientes,
- que el *setting* incluya o no presencia de los supervisores en las sesiones,
- que se trabaje o no sobre aspectos biográficos de los supervisados, en relación a sus consultas por pacientes,
- que se trabaje con el material verbal que los terapeutas relatan o con material grabado en video o en cámara de Gesell,

> - que haya o no definición inicial de objetivos para la supervisión,
> - que haya una concepción jerárquica o no de la relación supervisor/supervisado,
> - que el foco se ponga en el cambio conductual del terapeuta o en la comprensión del conflicto inconsciente del paciente o en la reiterativa pauta interaccional. (Daskal, 2008: 221)

Estas y otras posibilidades de intervención no incluyen al supervisor como un miembro del sistema interviniente. En el caso de que el paciente finalmente se suicidara, ¿de quién sería la responsabilidad? En algunos países, la responsabilidad recaería sobre el supervisor. Y así está establecido dentro de los parámetros de regulación del ejercicio profesional.

7.8 RESPONSABILIDADES DE LOS SUPERVISORES

> En [EE.UU.] y algunos países europeos, el trabajo psicoterapéutico está ampliamente regulado desde hace muchos años, y dentro de las disposiciones habituales para el ejercicio profesional se encuentra un determinado número de horas de supervisión clínica obligatoria, con supervisores acreditados por las instituciones pertinentes. (Daskal, 2008: 219)

Por eso es que los supervisores, dependiendo del contexto en el que se desempeñen, tienen responsabilidades que deben conocer y para las que se tienen que preparar. Preguntas tales como ¿cuándo los supervisores son responsables?, ¿ante quién son responsables los supervisores?: ¿ante los pacientes?, ¿ante las instituciones?, ¿ante los organismos reguladores del ejercicio profesional? se tienen que ir respondiendo no solo individual sino colectivamente.

> Estos complejos temas están recién comenzando a surgir en nuestros países y se tornan cada vez más urgentes definiciones legalmente reconocidas acerca de ellos. Uno de los criterios usados en otros contextos, en casos donde por ejemplo hay acusación de mala praxis, ha sido la doctrina del "respondeat superior" según la cual toda persona con un cargo de autoridad (como un supervisor) es responsable de los actos de todos aquellos bajo su supervisión. De ahí que los supervisores sean responsables del bienestar de los pacientes que hacen terapia con los terapeutas a su cargo. (Daskal, 2008: 219)

Es dentro del desarrollo de las supervisiones en instituciones en donde los supervisores más tienen que tener en cuenta ante quién ellos son responsables y de qué. Con frecuencia es en estos contextos donde se les producen conflictos de lealtades: a valores, a instituciones, a teorías o a personas. Por ejemplo: supervisores de orientación psicodinámica se enfrentan a una complicación cuando supervisan en instituciones donde a los terapeutas se les exige un máximo de 10 sesiones por paciente, ya que sus marcos referenciales no están de acuerdo con ese tipo de práctica.

Huber y Baruth (*cf.* 1991) citan informes de tres áreas en las que específicamente los supervisores han sido declarados legalmente responsables:

- en el fracaso al proporcionar supervisión,
- en la finalización del tratamiento por parte del terapeuta sin causa justificada,
- en la conducta sexual inapropiada por parte del terapeuta.

Así, "pareciera que muchos terapeutas supervisores consideran que su función empieza y termina en el espacio de supervisión y desconocen muchas veces los efectos que dicha supervisión tuvo sobre los supervisados y sus pacientes" (Daskal, 2008: 220).

Para tener conciencia de la responsabilidad que se asume cuando se es supervisor, es útil conocer algunas normas extranjeras, como por ejemplo las del ACES (Association for Counselor Education and Supervision (*cf.* 1995)), que definió los criterios de calificación para supervisores de la siguiente manera:

- conocimiento y calificación en el campo en que supervisa;
- comportamiento apropiado al rol;
- trabajo acorde con normas éticas, jurídicas, administrativas y funciones profesionales;
- desarrollo de una relación profesional de apoyo;
- uso de métodos y técnicas apropiadas;
- apoyo apropiado de la conceptualización del caso;
- crítica adecuada del nivel de competencia de los supervisados, incluido el *feedback* relativo a los progresos de aprendizaje;
- conocimientos suficientes sobre el status de la investigación en supervisión clínica.

Estos criterios pueden ser complementados con habilidades específicas tales como claridad en los objetivos, paciencia, flexibilidad, firmeza, humildad, capacidad empática, solvencia teórica y respeto.

7.9 EL *SETTING* DE LA SUPERVISIÓN

No solamente se refiere al espacio/tiempo en que ella se desarrolla, sino también a la definición clara de lo que el supervisor va a hacer, con qué objetivos, y lo que se espera que los supervisados hagan en términos de cómo presentar el material.

Tener un formato claro para hacerlo facilita el ir al meollo del problema que tiene el supervisado así como favorecer el autocuidado de los supervisores.

He aquí algunas de las variables (*cf.* Daskal, 2008) que sugiero ser tenidas en cuenta dentro del *setting* (además de las corrientes, como horarios y honorarios):

- elegir un modelo de supervisión;
- formular contratos o *settings* de supervisión claros;
- tener seguro de responsabilidad profesional;
- respetar y hacer respetar las normas éticas de ejercicio profesional del Colegio pertinente;
- llevar un registro de sus supervisiones;
- definir su disponibilidad para situaciones de riesgo o críticas;
- evitar relaciones duales (sexuales, de abuso de poder, etc.);
- evaluar siempre las competencias de los supervisados, de una manera sistemática y continua,
- no supervisar más allá de las propias competencias.

7.10 CAPACITACIÓN DE SUPERVISORES

Como vengo planteando desde el comienzo del capítulo, considero imprescindible la capacitación de terapeutas para el trabajo de supervisión clínica. Para ello se requiere, entonces, el tener en cuenta:

- la necesidad de la capacitación para el rol independiente de la orientación psicoterapéutica;
- el conocer metodologías de supervisión y sus diferencias de aplicación según contextos;
- la necesidad del modelado que incluye no solo la instrucción sobre pasos a seguir en una supervisión, sino también las emociones, la manera de hablar, de escuchar, de preguntar o no, de esperar, de ir guiando o no, de aconsejar o no y de orientar bibliográficamente;
- el trabajar con la emocionalidad de los supervisores y su posible inclusión en el trabajo;
- la importancia de la definición del *setting* claro de supervisión;
- las diferencias entre ser supervisor, ser docente o psicoterapeuta;
- la importancia central de la alianza entre supervisores y supervisados como parte de un clima de contención y apoyo, de diálogo y de guía, de cooperación mutua (*cf.* Ladany, Ellis y Friedlander, 1999; Selicoff, 2006);
- la necesidad de que los supervisores velen por los aspectos éticos presentes en toda psicoterapia.

La progresiva conciencia acerca de la necesidad de supervisiones rigurosas, con metodologías adecuadas a distintas orientaciones y contextos, irá permitiendo que en el futuro cada vez sean más los ámbitos académicos que abran espacios de capacitación a supervisores clínicos. Ello, a su vez, irá contribuyendo a que la tarea psicoterapéutica expandida en instituciones amplias cuente con el respaldo imprescindible que implica la supervisión realizada eficientemente (*cf.* Daskal, 2008).

8. ASPECTOS ÉTICOS DEL EJERCICIO PSICOTERAPÉUTICO

En la formación de los psicoterapeutas, al menos en el contexto de Sudamérica, el conocimiento de códigos de ética profesional (en el caso que existan) no es habitual, particularmente en el caso de los psicólogos. Sin embargo, cada vez existen más situaciones donde los profesionales son denunciados por mala praxis sin que ellos hayan tenido nunca información ni preparación adecuada respecto a tales situaciones.

Los Colegios de Psicólogos muchas veces se ven sobrepasados por este tipo de demandas, especialmente si se considera que deben hacerse cargo de informar a una comunidad que en una gran mayoría de casos ni siquiera se inscribe como miembro activo: a tal punto llega la ignorancia que los jóvenes psicoterapeutas tienen acerca de las vicisitudes de su accionar profesional.

De ahí que considero de extrema importancia dentro de la formación de los psicoterapeutas (tratándose de una profesión que trabaja con la salud de las personas, muchas veces en riesgo) estar bien informados respecto de las normas, reglas y leyes que regulan la profesión. Dichas reglas sirven, muchas veces, tanto para la protección de los profesionales como el ser parte de un colectivo profesional.

Desde una mirada simple y sintética, la palabra ética se refiere al estudio de la moral y del accionar humano para promover los comportamientos deseables socialmente. *La elaboración de criterios, juicios morales y normas que indican cómo deben actuar sus miembros es parte de una sociedad, en este caso, de profesionales psicólogos.* A ello se le debe sumar, por supuesto, el actuar responsablemente.

8.1 ALGUNOS EJEMPLOS DE REGLAS INSTITUCIONALIZADAS

La American Psychiatric Association, dentro de sus especificadas reglas, postula (Eva-Condemarín, 2001: 331):

> 3.01. Discriminación desleal. En sus actividades relacionadas con el trabajo, los psicólogos no deben incurrir en discriminaciones basadas en edad, género, identidad de género, etnias, culturas, nacionalidades, religiones, orientación sexual, discapacidades, status socioeconómicos o cualquier otra proscrita por ley.
> 3.02 Acoso sexual. Los psicólogos no deben verse envueltos en acoso sexual. El acoso sexual es una solicitud sexual, avances físicos o conductas verbales o no verbales de naturaleza sexual, que ocurren en conexión con las tareas o roles del psicoterapeuta. Esto es ofensivo o crea un espacio de trabajo hostil y el psicólogo conoce o es advertido acerca de ello, o es suficientemente severo o intenso ser abusador en ese contexto. El acoso sexual puede consistir en un simple acto o en un conjunto de severos, múltiples y persistentes actos.

Asimismo, en los Principios de Ética Médica con Anotaciones Especialmente Aplicables a la Psiquiatría de 1981 (Eva-Condemarín, 2001: 331) se expresa:

> El paciente puede depositar su confianza en su psiquiatra, sabiendo que la ética y las responsabilidades profesionales de este le impiden satisfacer sus propias necesidades explotando al paciente. Esto llega a ser particularmente importante debido a la naturaleza esencialmente privada, sumamente personal y a veces intensamente emocional de la relación establecida con el psiquiatra.

Y en otra sección se agrega:

> El requerimiento de que el médico se comporte con propiedad en su profesión y en todas las acciones de su vida es especialmente importante en el caso del psiquiatra, porque los pacientes suelen ajustar su conducta al ejemplo de sus terapeutas por identificación. Además, la necesaria intensidad de la relación terapéutica puede contribuir a activar necesidades y fantasías sexuales y de otro tipo de parte del paciente y del terapeuta, al mismo tiempo que debilita la objetividad necesaria para el control. La actividad sexual con un paciente es antiética.

También en el Código de Ética Médica de la Asociación Médica Americana (Eva-Condemarín, 2001: 331) unos años más tarde, se enunció que:

> Las relaciones sexuales o románticas entre un médico y un ex paciente pueden ser indebidamente influenciadas por la relación médico-paciente previa. Las relaciones sexuales o románticas con ex pacientes son antiéticas

si el médico usa o explota la confianza, el conocimiento, las emociones o la influencia derivadas de la previa relación profesional.

Si revisamos el Código de Ética del Colegio Médico de Chile no encontramos una prohibición explícita de vínculos sexuales entre médicos y pacientes. Se podrían hacer inferencias a partir del contenido de su Declaración de Principios: "El decoro, la dignidad, la honestidad, la integridad moral como normas imperativas en la vida del médico, son atributos que el gremio médico estima fundamentales en el ejercicio profesional de sus asociados" (Eva-Condemarín, 2001: 330); o en el Artículo 7, donde se dice que: "El médico debe mantener el honor y dignidad propios de su actividad y debe, además, velar por los intereses y derechos de quien requiere sus servicios" (330). Pero el lenguaje deja el espacio para la ambigüedad.

La Asociación Mundial de Psiquiatría, por su parte, señala en su Declaración de Hawaii (Eva-Condemarín, 2001: 330) que "el psiquiatra no deberá utilizar nunca las posibilidades de la profesión para maltratar individuos o grupos y deberá preocuparse de no permitir nunca que deseos personales inapropiados, sentimientos o prejuicios interfieran con el tratamiento".

Esta declaración va sufriendo transformaciones a lo largo del tiempo que la van haciendo cada vez más explícita: "El psiquiatra nunca debe utilizar sus recursos profesionales para violar la dignidad o los derechos humanos de ningún individuo o grupo, y no debe nunca dejar que sus sentimientos, prejuicios, creencias o deseos personales interfieran con el tratamiento" (330).

Así, llegamos a la última Declaración de Madrid (Eva-Condemarín, 2001: 330), actualmente vigente, donde se dice: "Los psiquiatras deben, en todo momento, tener en cuenta las fronteras de la relación psiquiatra-paciente y guiarse principalmente por el respeto al paciente y la preocupación por su bienestar e integridad".

Por su parte, el Código de Ética Profesional del Colegio de Psicólogos de Chile (1999: 10) señala: "Constituyen inconductas éticas las relaciones duales como involucramiento sexual o sentimental, el acoso sexual y toda superposición de roles, especialmente cuando el psicólogo/a está claramente en una posición de poder y autoridad respecto a sus clientes o pacientes".

La evolución que han tenido los Códigos de Ética evidencia la necesidad de ir siendo cada vez más explícitos en la definición de las faltas éticas, dado que los márgenes de ambigüedad se prestan a interpretaciones variadas y siendo usadas por quienes transgreden para justificar sus conductas. Un ejemplo de ello fue la necesidad de ir ampliando los márgenes de lo considerado antiético no solo a pacientes actuales sino a ex pacientes.

8.2 NADIE SABE LO QUE PASA AHÍ...

Las faltas de ética en el contexto de las psicoterapias son temas tabú hasta la actualidad. El hecho de que las entrevistas se realicen en espacios generalmente (o idealmente) lo más preservados de interferencias posibles ha permitido que no pocos terapeutas abusen económica y sexualmente (y de otras formas) de quienes les solicitaron ayuda.

Un manto de misterio y de secreto ha teñido el espacio terapéutico no solo para quienes lo ven desde afuera, sino para los propios participantes del encuentro, dotándolo muchas veces de impunidad.

¿Cuáles son las faltas éticas más recurrentes que se han denunciado o encontrado en las pocas investigaciones existentes? (*cf.* Jehu, 1994; Eva-Condemarín, 2001).

- el contacto sexual entre paciente y terapeuta;
- el abuso de poder, por ejemplo, al usar información privilegiada, aceptar regalos desproporcionados, préstamos de dinero o hacer negocios con pacientes para fines personales;
- maltratos físicos como los que ocurren aún hoy en clínicas y hospitales psiquiátricos.

Seguramente nadie dudaría que si una persona va al dentista o al ginecólogo y resulta víctima de una violación se trate de una transgresión al rol que los profesionales debieron ejercer y de un abuso de poder.

De la misma forma, alguien que pide ayuda terapéutica y es inducido por el profesional a una relación amorosa o sexual está siendo abusado, pues quien se supone sabe cómo ayudarlo y conoce las reglas y las técnicas para hacerlo, utiliza ese poder para la realización de sus propios deseos y no los del paciente, además de aprovecharse de la fragilidad/debilidad/dependencia que la persona tiene en la situación de ser paciente.

¿Qué diferencia encontramos, entonces, entre los terapeutas abusadores sexuales y otros profesionales que también lo son? Y, ¿qué clase de consecuencias producen en sus víctimas, a diferencia de otros profesionales?

Una primera reflexión que podemos hacer es que el vínculo terapéutico (independientemente de la técnica que se implemente) requiere de la creación inicial de un vínculo de confianza. Para que los clientes o pacientes puedan compartir sus dolores, sus traumas, sus fantasías, sus conflictos y sus secretos o sus deseos con un profesional, es imprescindible que confíe en él o ella. Y que confíe tanto en los aspectos técnicos como éticos.

Sabemos que *la confianza es un primer cimiento de la relación psicoterapéutica*. Puesto ese cimiento, se puede seguir construyendo una relación de profundidad cada vez mayor. Cuando esa confianza es usada para satisfacción de necesidades del terapeuta se está abiertamente traicionando, defraudando y estafando a quien confió.

En segundo lugar, *una relación terapéutica generalmente implica un proceso.* Aún en el caso de las psicoterapias breves hay proceso: no es lo mismo que asistir una vez por año al ginecólogo. Por lo tanto, los efectos de un terapeuta abusador sobre sus pacientes no son los mismos que en el caso del abuso por parte de otros profesionales (sin atenuar por ello el daño que cualquier profesional puede producir), dado que suelen ser reiterados y frecuentes en el tiempo.

En el caso de las enfermedades mentales, además, los traumas psicológicos, las disfunciones sexuales y los conflictos conyugales, entre otros, hacen padecer a los pacientes dolor, sufrimiento, pena, fragilidad y baja autoestima, y psicoterapeutas abusadores no hacen sino acentuar, expandir y propagar el padecimiento. *Suman un trauma más a la ya dañada mente de la persona.*

Cuando los pacientes toman conciencia de lo que les ocurre u ocurrió no solamente se sienten traicionados sino ingenuos e incapaces de defenderse, por no haberse dado cuenta y haberse sometido. *Otro efecto dañino, por supuesto, es el de la descalificación y desconfianza hacia la profesión*, por lo cual muchos de tales pacientes nunca quieren volver a consultar pese a saberse necesitados.

El abuso sexual por parte de terapeutas está muy escondido, a pesar de ser conocido desde larga data: en nuestros contextos, este ha sido sistemáticamente ocultado y no denunciado ni por pacientes ni por colegas. *Los pacientes tienen miedo de que no les crean o que descalifiquen sus testimonios porque provienen de alguien "enfermo" y no se quieren exponer a interrogatorios muchas veces humillantes.* Los colegas de tales profesionales, por su parte, argumentan: "¿cómo sabemos si es cierto?", "¿cómo lo demostramos?", "¿cómo lo enfrento en el próximo congreso si es el presidente?", "no me va a mandar más pacientes...", volviéndose, con su silencio, cómplices de los abusos.

En ambos casos se impone el miedo: a no ser escuchado, a ser descalificado, a ser marginado, a ser sancionado, etc.

8.3 NECESIDAD DE UN ENCUADRE

Estamos, entonces, enfrentando la necesidad de definiciones claras de un encuadre para la relación terapéutica, donde cada uno de sus participantes sepa con claridad qué puede esperar del otro y qué no, cuáles son los límites de este vínculo, dentro de qué contexto se puede dar y qué metas se establecen.

Hasta no hace mucho (como vimos en la formulación de algunos códigos), lo que debía caracterizar la relación médico-paciente o terapeuta-paciente formaba parte de una zona gris que admitía dobles o triples interpretaciones. Sin embargo, cada vez más se ha hecho evidente la necesidad de salir de las ambigüedades y que tanto pacientes como terapeutas tengan claro el contexto de su relación.

Quienes mayoritariamente han puesto el foco en el concepto de encuadre desde los inicios han sido los psicoanalistas. Si bien Freud nunca utilizó ese término, se lo ha considerado parte del método clásico de terapia; y es quizás este aspecto donde mayores diferencias (teóricas y clínicas) se han encontrado entre psicoanalistas. Si se considera que algunas veces Freud analizaba a través de cartas, que solía mantener a su perro dentro de la consulta, o que llegó a analizar extensivamente a amigos y familiares cercanos (como su hija Anna), la diferencia con quienes siguieron sus pasos es enorme. José Bleger, en sus aportes sobre la entrevista psicológica (*cf.* 1964), consideró al encuadre como un conjunto de variables necesariamente estables dentro de un proceso terapéutico.

Joel Zac (*cf.* 1971) también consideró necesario para el trabajo en psicoanálisis el definir con claridad los elementos que directa o indirectamente tienen juego en una relación terapéutica: roles, horarios, honorarios, lugar, estipulaciones acerca de la clase de relación que debía establecerse entre terapeuta y paciente, y vacaciones.

Si bien esta noción de encuadre solo sigue siendo mantenida dentro del contexto psicoanalítico (el cual además depende de la tendencia profesada por el analista), considero que la mayoría de los terapeutas coincidimos en la necesidad de que el vínculo terapéutico se dé en un espacio-tiempo cuyas características sean estables entre las personas que participan y en el cual el encuadre sea el envase dentro del que se despliegan ciertos contenidos; aun cuando la terapia se haga por Skype, por *e-mail* o por teléfono. Esto no quiere decir que un terapeuta no pueda variar las características de su trabajo dependiendo del paciente a quien atienda. Pero esto requiere flexibilidad.

Por ejemplo, si una paciente embarazada no puede subir a la consulta en ascensor por una falta de luz, las decisiones que pueden tomarse son varias, dependiendo de lo que cada terapeuta necesite para su trabajo: cambiar el horario, avisarle a la paciente y suspender la sesión; proponerle hacerla en el café de la esquina; o tener la sesión a través de plataformas de comunicación en línea. Todas estas probabilidades varían de acuerdo a cómo es cada terapeuta.

Ahora bien: ¿cómo es el envase del encuadre? ¿Quién lo define? ¿Quién o quiénes se encargan de velar por él? ¿Y el contenido, de quién o quiénes es?

Ciertas certezas vienen a nuestra mente frente a estas preguntas: el vínculo terapéutico tiene que permitirle al paciente sentir seguridad, contención, estabilidad y confianza. También el terapeuta necesita sentirse confiado y seguro respecto de esa relación.

¿Qué es lo que permite que se alcancen esas vivencias, partiendo de la base que se van logrando poco a poco?:

- un espacio adecuado al carácter de la tarea a realizar;
- un tiempo que sea el que el terapeuta considere que le permita ejercer bien su función y que le sea asequible al paciente;
- una definición clara de qué es esperable del terapeuta y qué no;
- fronteras claras respecto de llamadas telefónicas, Whatsapp y *e-mails* por parte del paciente;
- honorarios;
- momentos de vacaciones;
- y otras variables que el terapeuta considere que aseguran la estabilidad y continuidad del proceso conjunto.

En síntesis, todo lo que contribuya a que el vínculo terapéutico sea previsible, y para ello la ética profesional es un elemento fundamental para garantizar la previsibilidad.

En algunos debates profesionales se menciona el hecho de que en una relación de tanta intimidad como es la terapéutica es "inevitable" el desencadenamiento de pasiones entre terapeuta y paciente.

Freud (*cf.* 1914) fue de los primeros psiquiatras en abordar el tema del enamoramiento en la relación con el analista, al señalar cómo este sentimiento se da en el contexto de una consulta, en la intimidad que se va creando entre ambos miembros de la relación y que implica, por un lado, una intensa idealización por parte del paciente y, por otro, el riesgo para el analista de un goce narcisista necesario de ser trabajado.

Según Freud, este lazo afectivo intenso es inevitable e independiente de todo contexto de realidad *en el marco de un psicoanálisis*, y es en su análisis personal y de supervisión clínica donde el analista tiene el espacio para trabajar este tema y ser ayudado a ver cómo trabajarlo con su paciente.

Pero esta concepción teórica de Freud solo era aplicable al psicoanálisis, no así a otros tipos de terapias.

La falta de comprensión de estos conceptos (en gran parte por desconocimiento) ha llevado a que algunos psicoterapeutas justifiquen su accionar perverso o psicopático con pacientes en esta concepción de Freud. También el "complejo de Edipo" ha sido mal utilizado en la divulgación popular (y hasta profesional) para justificar acciones de terapeutas malintencionados que aprovechan su poder para hacer creer a sus pacientes que tales conductas forman parte del tratamiento. Y como en cualquier caso de abuso, son los pacientes los que se sienten culpables de haber "inducido" o "seducido" al terapeuta y, por supuesto, carecieron de la posibilidad de sanar, solucionar o mejorar lo que los llevó a psicoterapia.

Desde la conceptualización freudiana (*cf.* 1914), el amor de transferencia es un proceso por el que atraviesan los pacientes (en este caso solo menciona pacientes mujeres y analistas varones), sin investigar mucho qué ocurre con los psicoanalistas. Es considerada una resistencia de la paciente, porque de esa manera deja de hacer su trabajo en el análisis y obstaculiza la aparición de contenidos inconscientes que la ayudarían en su sanación.

Freud plantea que, de entre las muchas situaciones complejas que reviste el análisis para el analista, el enamoramiento de una paciente es de las más complicadas: "Esta situación tiene su lado cómico y su lado serio, e incluso penoso, y resulta tan complicada, tan inevitable y tan difícil de resolver, que su discusión viene constituyendo hace mucho tiempo, una necesidad vital de la técnica psicoanalítica" (1914: 350).

Y continúa:

> La cura debe desarrollarse en la abstinencia [...]. No cabe perder de vista que su fin [el del psicoanalista] es devolver a la paciente la libre disposición de su facultad de amar, coartada ahora por fijaciones infantiles, pero devolvérsela no para que la emplee en su tratamiento sino para que haga uso de ella más tarde, en la vida real, una vez que este esté terminado. (350-351)

Esta mirada freudiana, si bien es simplificadora porque su marco epistemológico no le permite incluir una mirada interaccional (donde también el analista es partícipe responsable de la erotización del vínculo), tiene su valor en el hecho de poner sobre la mesa un tema que muchos no se habían atrevido a reconocer y retomar.

Desde otras perspectivas terapéuticas, se habla de la necesidad de creación de la alianza terapéutica, o del ejercicio de empatía como habilidad fundamental a desarrollar por parte de los psicoterapeutas; pero no he encontrado un desarrollo teórico específico sobre el tema de la erotización del vínculo en psicoterapia, como lo hace Freud cuando lo examina desde el punto de vista ético pero también técnico.

En mi experiencia, tanto en Argentina como en Chile, me ha tocado trabajar con pacientes y/o supervisados que, después de mucho tiempo, han comenzado a hablar en la terapia del abuso sexual del que fueron víctimas por parte de sus ex psicoanalistas y/o terapeutas.

Algunos ejemplos:

B., psicóloga recién egresada y huérfana de padre tempranamente, concurrió a hacerse psicoanálisis con un prestigioso analista. Al cabo de dos años, él comenzó a hacerle insistentes "interpretaciones" eróticas gracias a las cuales la fue induciendo desde su lugar de poder a aceptar que el vínculo sexual entre ellos formaba parte de la "transferencia". Todo esto ocurría, además, en una consulta que el psicoanalista compartía con su mujer. La relación se convirtió en un acoso hacia la paciente (con las consabidas amenazas de que nadie podía enterarse) durante más de tres años. EL terapeuta la llamaba en mitad de la noche pero no decía nada cuando ella contestaba, o paraba con su auto en la puerta de la casa de la paciente controlando a qué hora llegaba y con quién. Finalmente B. pudo pedir otra ayuda terapéutica, en la cual le costó mucho confiar en su terapeuta hasta contarle la situación. Después de entender desde dónde ella se había sometido a este abuso, acordó con su terapeuta que le iba a decir a él que su nueva terapeuta sabía de la situación y que si no dejaba de acosarla, le iba a hacer una denuncia en la Asociación de Psicólogos de ese país. A partir de ese momento, la historia se terminó.

L., varón de 17 años, con una patología fóbica grave y una historia de traumas importante, concurrió a pedir ayuda a una terapeuta gestáltica. Con el devenir de los meses ella le propuso hacer una experiencia con una droga alucinógena en la consulta que compartía en su casa con su marido e hijos. Duraría todo el fin de semana, por lo cual él tendría que dormir allí. En medio de la experiencia alucinógena, ella se metió en la cama de L. Para él era el primer contacto físico con una mujer, quien además le llevaba 25 años. La relación continuó durante más de un año, en medio de una confusión donde él la consideraba su terapeuta y ella también le contaba sus males en el diván/cama de la consulta. Finalmente él puso fin a la relación, y más tarde se enteraría que no era la única víctima. Al recibirlo en mi consulta, cerca de sus 60 años, todavía mantenía síntomas ligados al sometimiento y terror a las mujeres y ataques de pánico nocturnos reiterados asociados a esta experiencia traumática.

Este tipo de ejemplos confrontan a los terapeutas con sus propios códigos éticos y sus contradicciones. En función al respeto de la confidencialidad, por ejemplo, podemos terminar no haciendo nada y convirtiéndonos en cómplices del abusador, lo que Stone (*cf.* Eva-Condemarín, 2001) denomina "inercia moral". Es un dilema ético entre el denunciar a un colega abusador y la confidencialidad del actual proceso terapéutico.

Pese a que el Código de Ética del Colegio Médico de Chile incluye dos normas muy importantes al respecto, es muy poco usual que un médico denuncie a otro colega: dentro del mismo código, la denuncia se presenta no como un deber, sino como un derecho: "Todo profesional tiene el derecho de denunciar la conducta profesional moralmente censurable de quienes ejercen su misma profesión. Con todo, la denuncia calumniosa quedará sometida a lo establecido en los artículos números 412 y siguientes del Código Penal" (Eva-Condemarín, 2001: 339). Después, en el Artículo 34, se dice:

> Las relaciones entre los médicos descansan, esencialmente, en su mutuo respeto, lealtad y consideración. Constituye falta a la ética profesional

> cualquier acto que directa o indirectamente pretenda difamar, injuriar o calumniar a un colega en su ejercicio o integridad profesional. (p. 339)

Para los colegas tampoco es grato vérselas con cúpulas que van a defender un *status quo*, con colegas que van a tomar algún tipo de revancha o con Isapres que empiecen a ver a algún profesional como "conflictivo" y decidan prescindir de sus servicios.

En el caso de mujeres abusadas, además, es poco frecuente que denuncien el hecho ante las autoridades profesionales. Gran parte de su socialización de género influye en esto: "no me van a creer, fui yo la tonta, tengo yo la culpa, siento miedo de las represalias": mejor callar, aguantar, tolerar. Las cifras presentadas por Eva-Condemarín (2001: 332-333) ayudan a esclarecer el panorama de esta problemática:

> Un número muy reducido de víctimas se queja alguna vez ante alguna autoridad. Aproximadamente tres cuartos o la mitad de todas las víctimas ignoran que el sexo entre terapeutas y pacientes va contra la ética o es punible. Sin embargo, entre aquellas que lo saben, solo un 1 a 4% llega alguna vez a pedir justicia. Los estudios revelan consistentemente una prevalencia de transgresiones sexuales en 7-10% de los terapeutas hombres y 1-3% o 2-4% en terapeutas mujeres. Como estas investigaciones se basan en autorreportes a través de encuestas anónimas, siendo alto el porcentaje de destinatarios que no las responden, se estima que las cifras reales pueden ser mayores. Alrededor del 50% de los hombres son reincidentes. Un estudio de Gartrell et al. informa las siguientes frecuencias, según el tipo de relación: Psiquiatra hombre/paciente mujer: 80%; psiquiatra hombre/paciente hombre: 7,6%; psiquiatra mujer/paciente hombre: 3,5%; y psiquiatra mujer/paciente mujer: 1,4%. Este autor encontró reincidencia en el 38,4% de los casos, todos hombres. [...] Mogul (1992) revisó las quejas éticas por inconducta sexual contra terapeutas mujeres presentadas ante la APA en un período de cinco años, encontrando una prevalencia menor que en el caso de los hombres (0,4% contra 1,1%) y una mayor frecuencia de rechazo de tales reclamos (60% contra 39%). La involucración homosexual fue la principal queja presentada contra las terapeutas, ocupando este tipo de relación el segundo lugar después de los reclamos por relaciones entre terapeuta hombre/paciente mujer. Ninguna de las denuncias por abuso de pacientes hombres fue presentada por ellos mismos. Esto último se repite en otros estudios, lo que podría deberse a que en nuestra cultura es más difícil para los hombres que para las mujeres reconocer haber sido sexualmente explotados o victimizados y la conocida menor frecuencia de solicitudes de atención en los servicios de salud mental que hacen los hombres en comparación con las mujeres.

8.4 OTROS ABUSOS

Pero *los abusos sexuales no son los únicos que se encuentran en la práctica clínica.* En nombre de las técnicas se expone a las personas a situaciones muy agresivas, como ocurre con algunos ejercicios gestálticos (o los llamados laboratorios de autoconocimiento), en los cuales no solamente se somete a los participantes a ejercicios supuestamente "exorcizantes" de relaciones negativas, sino que al finalizar la experiencia de uno o dos días no se les asegura ningún tipo de contención.

En una entrevista con una psicoterapeuta que se supervisó conmigo, relató:

> *"Asistí a un laboratorio gestáltico estando puérpera de dos meses. No había tenido opción, porque era miembro de una institución que me contrató y donde no asistir no hubiera sido bien aceptado. Así que allí partí con mi sacaleche y mi culpa y angustia por no estar con mi bebé. Uno de los ejercicios que la coordinadora me propuso consistió en pedirle a un terapeuta muy alto y grande que se abalanzara sobre mí y tratara de que yo no pudiera zafarme. Más allá de que me hubiera resultado imposible, el dolor de mis mamas era insoportable. Se suponía que el simbolismo de la escena tenía que ver con 'sacarme de encima a mi mamá', y como yo gritaba de dolor, la coordinadora le insistía a mi colega con que no me dejara. Fue una experiencia totalmente traumática para mí, y si no hubiera sido gracias a mi marido que me prohibió ir al día siguiente y a mi terapeuta que me acogió y me aclaró que yo había sido víctima de un maltrato terapéutico, no sé cuán dañada hubiera quedado".*

Hay terapeutas que asistieron como participantes a alguno de estos talleres y reconocen haber tenido descompensaciones psicóticas. La confusión que estimulan, la culpa si uno se resiste y los recuerdos desagradables sin ningún espacio elaborativo donde poder entender y darle un sentido a la experiencia son parte de los efectos iatrogénicos de algunas técnicas en manos de terapeutas inescrupulosos, inexpertos o muy patológicos.

Quienes han investigado específicamente sobre este tema (*cf.* Eva-Condemarín, 2001) han señalado condiciones y antecedentes personales que permitirían predecir qué profesionales estarían en riesgo de abusar sexualmente de sus pacientes:

- Condiciones biográficas tempranas: temor a la cercanía afectiva, necesidades narcisistas, formación insuficiente, experiencia personal de abuso sexual.
- Condiciones de vida actuales: crisis matrimoniales, pobreza en contactos sociales, adicción al trabajo.

Por su parte, Simon (Eva-Condemarín, 2001: 334) propone una serie de características de terapeutas que él considera en riesgo de poder ser o convertirse en abusadores:

- Terapeuta con trastorno de la personalidad: limítrofe, narcisista, antisocial.
- Terapeuta con trastorno sexual: frotismo, pedofilia, sadismo sexual.
- Terapeuta incompetente: formación insuficiente, persistentes escotomas en límites terapéuticos.
- Terapeuta deteriorado: alcoholismo, drogadicción, enfermedad mental.
- Terapeuta con reacciones situacionales: discordia marital, pérdida de relación significativa, crisis profesional.

Los autores mencionados señalan que una relación abusiva no se da de golpe, sino que se va dando a través de una distorsión lenta pero progresiva del encuadre de la relación, donde el paciente siente que es tratado como alguien "especial", donde poco a poco van teniendo algún tipo de contacto físico, donde el terapeuta comienza a hacer confesiones sobre su vida sexual o marital al paciente, le propone sesiones prolongadas, no le cobra, lo ve siempre como el último paciente del día y le propone encuentros fuera de la consulta hasta que se llega a un encuentro sexual propiamente dicho en la mayoría de los casos.

Respecto del *perfil de pacientes en riesgo de ser abusados* (si bien no hay uno determinado) es posible señalar ciertos factores que aumentan su riesgo de victimización:

> Antecedentes: Víctimas de maltrato infantil, incesto o abuso sexual en la infancia, explotación sexual por otros terapeutas, trastornos depresivos mayores, intentos suicidas, hospitalización psiquiátrica previa, pérdidas concurrentes.
> Patologías: adicciones, trastorno por estrés post traumático.
> Trastornos de personalidad: limítrofes, dependientes, depresivos. (Eva-Condemarín, 2001: 335)

La diversidad de teorías y técnicas que existe en la actualidad y sus diferencias metodológicas no debiesen ser un obstáculo para la construcción de límites estándar en el contexto de una psicoterapia.

Si bien las diferencias entre pacientes, sus etapas del tratamiento y los diagnósticos de sus patologías plantean diferencias en cuanto a lo que cada terapeuta considera "límites", *existen algunos ejes que abarcan cualquier tipo de psicoterapia:*

- el respeto por el padecimiento del paciente;
- el garantizarle una relación de confianza y de cuidado;
- el aceptar que es el terapeuta formado quien conoce las posibles consecuencias psíquicas de una transgresión o un abuso;
- el cuidar los objetivos que se propuso la terapia;
- la mantención de la confidencialidad.

En cualquier marco teórico o técnico es esperable que los terapeutas sientan placer y satisfacción profesional:

- al constatar la mejoría/cambio/crecimiento del paciente;
- al recibir honorarios que les permitan tener un nivel de vida digno;
- al enriquecerse humanamente a través del contacto con personas que le aportan puntos de vista, experiencias diversas, padeceres impensados, resilientes, historias de vida;
- al poder apoyarse en su experiencia clínica para escribir, formar a otros, enseñar;
- al ocupar posiciones de prestigio y autoridad.

Teniendo todas estas fuentes de placer, pretender obtenerlo además en el plano de la sexualidad, del abuso o del maltrato es éticamente inaceptable.

El maltrato a pacientes ha formado parte de una larga tradición de las instituciones psiquiátricas hasta hoy en día. Justificándose por la supuesta inconsciencia, demencia o deterioro de pacientes graves, el mundo de la psiquiatría estuvo y está atravesado por una mirada de los pacientes como seres "imperfectos" a los que hay que "domesticar" de alguna manera.

En Italia, pese a haberse votado la famosa ley Bassaglia (propuesta por dicho psiquiatra) que anuló la existencia de las instituciones manicomiales, una investigación llevada a cabo por dos psiquiatras mujeres del distrito de Nápoles (*cf.* Reale y Sardelli, 1988) demostró que se habían externado a todos los pacientes varones pero no así a las mujeres. Frente a la pregunta dirigida a los psiquiatras de por qué habían hecho eso, obtuvieron dos tipos de respuesta:

- Los varones siempre tienen a alguien dispuesto a recibirlos de vuelta en casa, las mujeres no.
- Para evitar que estén "putaneando por ahí", con lo cual la institución psiquiátrica asumía explícitamente una función de control carcelario de la sexualidad de las pacientes mujeres (siendo muchas veces los propios médicos quienes abusaban de ellas), contraviniendo la ley que se había aprobado.

Castigos, encierro, ensayos con medicamentos, denigración, sobremedicación, malas condiciones higiénicas y alimenticias, burlas, falta de reconocimiento de su padecimiento fueron (y desgraciadamente todavía lo son en algunas partes) prácticas habituales en las instituciones. Los pacientes no son vistos como enfermos, sino como personas molestas a las que hay que ir transformando poco a poco en despojos humanos, sin voluntad ni raciocinio alguno hasta su muerte.

Algunas biografías de famosos artistas de otro tiempo que terminaron suicidándose (como Virginia Woolf) o internados crónicamente (como Camille Claudel) dan cuenta de cómo en nombre de la Medicina o de la Psiquiatría se puede llegar a maltratar o abusar de las personas hasta enloquecerlas de por vida, sin asumir ninguna responsabilidad. En este terreno, los aportes de Foucault (*cf.* 1961, 1972, 2003) así como los de Laing (*cf.* 1971, 1980) y otros autores son imposibles de desconocer.

8.5 ALGUNAS COMPLICIDADES EN NOMBRE DE LAS TÉCNICAS

Otro aspecto que a mi juicio tiene que ver con la ética en psicoterapia es el relacionado con aquellas posturas teórico-técnicas que, en nombre de "escuchar el pedido de los pacientes" o de "la abstinencia terapéutica", colocan a los terapeutas en el supuesto lugar de "neutralidad" antes mencionado, convirtiéndose así en cómplices de malos tratos, abusos y malas prácticas.

Es en nombre de tales posturas que ocurren situaciones tales como:

- Entra una paciente con un ojo negro a una sesión y comienza a hablar de un proyecto de viaje que tiene con la familia del marido. La terapeuta no le pregunta qué le pasó en el ojo. La justificación que da es que "no es *su* tema", ya que la paciente no lo explicitó como problema.
- Un paciente está siendo abusado psicológicamente por un sacerdote. El terapeuta no se pronuncia al respecto y permite de esa manera que el abuso continúe.
- Adolescentes o jóvenes que inician sus primeros pasos en la vida sexual y que no usan condón o no piden a su compañero que lo haga. Tampoco los terapeutas hacen "algo" con el tema, porque consideran que no les corresponde.
- Mujeres separadas que tienen a lo largo de un período de sus vidas diferentes compañeros sexuales, sin condón, apoyadas en la lógica de "a él no le gusta", "no va a querer salir conmigo si se lo exijo", "es más incómodo". Los terapeutas no toman ni trabajan el tema, lo dejan pasar. Algunas veces tienen que escuchar luego el hecho de que la paciente se contagió de sida.
- Es frecuente que en casos de violencia conyugal la mujer apele a llamar a un terapeuta de parejas para pedir ayuda y logre llevar al marido a una sesión. Si este manifiesta ante el terapeuta su desinterés en asistir a la terapia, el terapeuta puede decidir que no los puede atender en esas condiciones. Y tampoco acoge, entonces, el miedo de la mujer. Generalmente la escalada violenta aumenta y termina en la justicia penal con mucho riesgo, dolor y sufrimiento.
- Algún paciente, sin detenerse en eso, cuenta por primera vez que fumó marihuana en una fiesta. Muchos terapeutas dejan pasar el tema, no preguntan, hacen de cuenta que "oyen llover", muchas veces ni registran el dato, si los pacientes no lo traen como tema a tratar.

Estos ejemplos, junto a muchos otros, ponen en el centro de la discusión hasta dónde los terapeutas *se vuelven cómplices de dichas situaciones y de aspectos autodestructivos de las personas al mantenerse "in-opinantes", "no informadores"* o no manifestando explícitamente que una conducta significa riesgo o maltrato.

No se trata de transformarse en profesores o en guardianes de la sexualidad de nuestros pacientes o en padres sobreprotectores, sino de no mirar para otro lado para evitar una situación que puede resultarnos embarazosa o conflictiva, porque nos exige algún tipo de pronunciamiento.

En el fondo, *¿hasta dónde los terapeutas nos visualizamos como agentes de cambio, como agentes influenciadores en el mundo social o simples recipientes observadores, escuchadores de lo que los pacientes verbalmente nos cuentan?*

¿Hasta dónde estas miradas abstinentes están sostenidas porque los terapeutas no tienen una postura definida respecto a estos temas, o sienten contradicciones, o simplemente no tienen información, o se ven afectados muy personalmente porque les pasó o les pasa lo mismo? ¿O temen comprometerse con una posición? ¿O los asusta tener que declarar en un juzgado?

¿Cuándo es éticamente cuestionable esta falta de pronunciamientos frente a riesgos que los pacientes corren?

Cualesquiera sean los motivos por los cuales muchos terapeutas se comporten así, lo importante (en términos de la autenticidad como una cualidad imprescindible en psicoterapia) es que uno sea consciente de lo que está haciendo y por qué.

Temas tales como la sexualidad, las drogas, el abuso o el maltrato son asuntos que desafían nuestras posturas valóricas. Pero entonces: ¿qué hacemos con ello? ¿Escuchamos simplemente? ¿Retamos? ¿Damos información? ¿Explicitamos nuestra postura o mirada? ¿Nos mantenemos al margen (pues "el tema no es mío")? ¿Esperamos a que sean los pacientes quienes nos digan explícitamente que quieren tratar ese tema? ¿Aconsejamos? ¿Derivamos a especialistas?

Tal vez algunas de estas opciones parezcan un poco caricaturescas, pero son muy frecuentes, y se hacen especialmente evidentes en las supervisiones clínicas. A mi juicio, es allí donde existe la oportunidad de trabajar estos temas. Pero si los supervisores encarnan alguna de estas posiciones antes mencionadas, no ayudarán a que los terapeutas trabajen desde un lugar auténtico sino que estimularán las posturas defensivas.

9. *BURNOUT* DE LOS PSICOTERAPEUTAS

Llamativamente, el *burnout* de los psicoterapeutas es otro tema poco compartido y suele ser ocultado por aquellos que lo sienten o, incluso, ignorado por desconocimiento. Es un tema poco trabajado y generalmente cada terapeuta se las arregla como puede sin que existan instancias institucionales desde donde abordarlo.

El síndrome de *burnout* tiene muchas denominaciones: síndrome de desgaste profesional o síndrome de desgaste ocupacional (SDO), síndrome del trabajador desgastado, síndrome del trabajador consumido o incluso síndrome de "quemarse por el trabajo", como también síndrome de la "cabeza quemada". En términos generales, es un padecimiento que consiste en la presencia de una respuesta prolongada de estrés en el organismo ante los factores estresantes emocionales e interpersonales que se presentan en el trabajo, que incluye fatiga crónica, ineficacia y negación de lo ocurrido. El concepto comenzó a ser usado alrededor de 1974 por Freudenberger (*cf.* 1975).

Las conceptualizaciones actuales coinciden en definirlo *como una reacción negativa, con sensaciones de estar exhaustos emocionalmente, con vivencias de despersonalización y de falta de sentido de realización personal relacionadas con el trabajo, afectando directamente el desarrollo profesional y personal de quienes lo padecen*. Se aplica particularmente a aquellas profesiones que trabajan en el cuidado y atención de personas, como por ejemplo enfermeras, profesores, médicos, psicólogos o trabajadores sociales, aunque los altos grados de estrés encontrados se pueden observar también en atletas de alto rendimiento.

Es un padecimiento que se presenta en situaciones laborales de altos niveles de exigencia, muchas veces no consciente, pues es percibido como un hábito "naturalizado" por los contextos, por sentir que a todo el mundo le pasa o por tener temor a que si no se responde a esos niveles de exigencia se va a perder el trabajo. Organizaciones que exigen tareas sin límites de horario, con pocas horas de sueño y sin espacios para la vida por fuera de la oficina constituyen un caldo de cultivo perfecto para el *burnout* de las personas.

Esto tiene consecuencias graves en su salud: depresiones, insomnio, trastornos cardiovasculares y cerebrales, úlceras gastroduodenales y descompensaciones variadas del sistema inmunológico. Incluso se presenta un deterioro en las relaciones interpersonales.

Para Gil Monte y Peiró (*cf.* 1996) existen dos perspectivas en la mirada sobre el *burnout*: la clínica y la psicosocial. Mientras que la primera la consideran como un cuadro al que una persona llega por el estrés laboral, la segunda la ven como un proceso donde interaccionan las características del contexto laboral y las de la persona. Cuando los recursos y herramientas personales fallan para la adaptación al estrés se produce el *burnout*.

La primera vez que "descubrí" el tema fue con Michael Mahoney, cuando lo escuché hablar de lo difícil que era ejercer esta profesión y más aún cuando nos sentimos frágiles. Lamentablemente, años después, fue su amigo y colega Arthur Freeman quien tuvo que sustituirlo en un Congreso profesional en Santiago de Chile[12] luego de que Mahoney se quitara la vida ese mismo año. Como buen continuador de su amigo, presentó un trabajo sobre *burnout* en el caso de los terapeutas que se llamó "Nosotros cuidamos de otros, pero ¿quién cuida de nosotros?".

En esa presentación, Freeman se preguntaba:

- ¿Nos tratamos bien a nosotros mismos?
- ¿Tenemos cuidados emocionales con nosotros mismos?
- ¿Tenemos una vida fuera de nuestros consultorios o nuestras salas de clase?
- ¿Tenemos y construimos vínculos con amigos, familia, íntimos *partners*?
- ¿Participamos de actividades saludables?
- ¿Contribuye nuestra dieta a nuestra salud?
- ¿Consultamos a médicos u otros cuidadores de la salud cuando lo necesitamos?
- ¿Estamos conscientes de nuestras necesidades emocionales?
- ¿Buscamos psicoterapia cuando la necesitamos?
- ¿Nos permitimos ser cuidados por otros?

El público que lo escuchaba estaba constituido predominantemente por gente joven que daba muestras de tener muy poco interés en su conferencia, mientras que yo me preguntaba cuándo se darían cuenta de la importancia del tema: ¿cuando se enfermen?, ¿cuando quieran dejar el ejercicio profesional?, ¿cuando no vean la hora de retirarse?

También fue allí que escuché por primera vez hablar de "*fatiga de compasión*" para describir un estado físico y emocional producto de estar siempre disponibles,

12 XVII Congreso Nacional de Psicología Clínica. 2006.

de contener, escuchar y acompañar siempre a otros, de tener que dar una imagen que puede ser poco real o incluso disonante con lo que uno es o en lo que uno cree, con el tener que blindar nuestros propios sentimientos y, muchas veces, sin gratificaciones concordantes.

¿Qué nos puede conducir a sentir esta fatiga de compasión? Un trabajo monótono, repetitivo, sin resultados que nos gratifiquen de alguna manera, con largos períodos de escucha sin interrupciones para descansar, con mucha presión externa e interna puesta en el rendimiento y los resultados, demandas de muy diversos frentes, falta de retroalimentaciones saludables y la falta de cuidado de las propias necesidades emocionales, económicas y de salud.

Según Granero et al. (2013: 2-3):

> El síndrome de *burnout* se desarrolla de forma continua y fluctuante en el tiempo, en tres fases evolutivas:
>
> - en la primera tiene lugar un desbalance entre las demandas y los recursos;
> - en la segunda se produce un estado de tensión psicofísica;
> - en la tercera se suceden una serie de cambios conductuales, consecuencia de un afrontamiento de tipo defensivo y huidizo, que evita las tareas estresantes y procura el alejamiento personal, por lo cual hay una tendencia a tratar a los pacientes de forma distanciada, rutinaria y mecánica.
>
> El síndrome se caracteriza por ser insidioso, por su tendencia a ser negado y por poseer una fase irreversible.

Como todos los seres humanos, los psicoterapeutas sufrimos pérdidas, pasamos por períodos mejores y peores en nuestras vidas, atravesamos crisis, nos enfermamos, podemos pasar por el *furor curandis*, podemos ser más o menos omnipotentes y en nuestros inicios profesionales nos vemos expuestos a condiciones muchas veces insalubres de trabajo. Entonces, podemos concluir que cualquier terapeuta puede atravesar etapas de *burnout*.

De ahí que hay que estar atentos y saber que los síntomas que a continuación se describen nos indican el inicio de un proceso. Debemos pedir ayuda terapéutica, supervisar el trabajo, revisar las condiciones personales de vida, la organización de los horarios, el tipo de paciente con el que trabajamos, tener conciencia del momento personal por el que atravesamos, hacer deporte, yoga o meditación y tener hobbies, a modo de prevenir este síndrome.

9.1 SÍNTOMAS DE *BURNOUT*

Según Camacho (*cf.* 2003) una variedad de síntomas puede presentarse; aunque se debe tener en cuenta que, al tratarse de un proceso y no de un momento puntual, no siempre son fáciles de reconocer inmediatamente:

- *Cognitivos*: las personas se vuelven intolerantes, rígidas, inflexibles o cerradas en su forma de pensar y ver el mundo. Pueden aparecer dudas, olvidos e ideas de culpabilidad.
- *Afectivos*: puede verse abatimiento, miedo, vacío emocional y enfado, marcado aburrimiento y desinterés.
- *Conductuales*: suele haber un declive en la productividad, distracción y pueden aparecer reacciones agresivas. Es posible que discutan, se quejen y también aumenta la probabilidad de sufrir accidentes. Algunos aumentan el consumo de alimentos, café, alcohol, tabaco o drogas.
- *Físicos*: agotamiento físico, fatiga crónica, aumento de las enfermedades en general, gripes a repetición, alteraciones del apetito, contracturas musculares, cefaleas, hipertensión arterial, disfunciones sexuales, insomnio. Pueden aumentar los trastornos gastrointestinales y sufrir alteraciones significativas en el peso.
- *Relacionales*: aparecen dificultades en la comunicación y tendencia al aislamiento. En general, suele haber un aumento de los conflictos interpersonales con frecuentes discusiones, peleas e irritabilidad.

9.2 ALGUNAS INVESTIGACIONES SOBRE EL TEMA

Una investigación que relacione altos grados de perfeccionismo con estrés excesivo y *burnout* posiblemente no hubiera sido posible de ser pensada años atrás. *La difusión de la psicoterapia como forma de tratamiento de los problemas mentales; la cada vez mayor cantidad de psicólogos egresados; la existencia de sistemas de salud que exigen a los terapeutas resultados en muy corto plazo; y el mal pago que la mayoría de los profesionales tiene dentro de estos sistemas o en el sector público* indudablemente tienen un alto grado de correlación con estrés, exigencias muy altas y *burnout*. Y así, en el hoy, pese a que no abundan investigaciones sobre el *burnout* de los psicoterapeutas, las que existen han hecho un aporte sustancial al tema.

Freudenberger (*cf.* 1975) fue uno de los primeros en observar que la mayoría de los voluntarios de una clínica para toxicómanos de Nueva York sufría una progresiva pérdida de energía hasta llegar al agotamiento, y lo describió como un síndrome clínico. Mostraban síntomas de ansiedad y depresión, así como desmotivación en su trabajo y agresividad con los pacientes.

Maslach y Jackson (*cf.* 1981) presentaron un primer inventario para medir el *burnout* de profesionales que trabajaban con personas. Ellas consideraron que el trabajo continuo con personas que tienen algún tipo de discapacidad psíquica, física y/o social genera un estrés que se acompaña de sentimientos de pena, rabia, impotencia, miedo y desesperanza. A lo largo del tiempo, esto deviene en el síndrome de *burnout*, que incluye el agotamiento, la deshumanización o despersonalización y la vivencia de falta de realización personal. Junto con Leiter (*cf.* Maslach y Leiter, 1981) se modificó el cuestionario original para ampliarlo a profesiones no asistenciales.

Algunos investigadores, aplicando el Inventario de Agotamiento de Maslach (*cf.* Rupert y Morgan, 2005; Rupert y Kent, 2007), encontraron que la incidencia de *burnout* entre psicoterapeutas era alrededor del 6%. Pero el 37% de los encuestados reconocían haber sentido agotamiento y depresión que entorpecía su trabajo. La edad y los años de ejercicio profesional no figuran en las investigaciones como relevantes para la aparición de *burnout*.

Los primeros trabajos de Maslach y Jackson (*cf.* 1981) ponían el foco en la *relación entre falta de recursos y burnout*. Entre los recursos consideraban las condiciones de trabajo que garantizaran por un lado la autonomía y al mismo tiempo el sostén, tener buenas relaciones familiares y algunas características personales como capacidad para lidiar con estrategias.

Investigaciones pequeñas y aisladas focalizaron sobre el peso de los casos, tipos de clientes y cantidad de horas de trabajo, así como en la edad, género y experiencia. Si bien estas variables fueron consideradas como fundamentales, *un hallazgo importante de esa época fue que "los psicoterapeutas que trabajan en el ámbito privado, independientes, sufrían menos* burnout *que aquellos que trabajan en el ámbito de las instituciones públicas"* (Rupert y Kent, 2007: 88).

En 2005, en otra investigación, Rupert y Kent (2007) volvieron a confirmar que *psicoterapeutas trabajando solos o en grupos independientes habían manifestado un gran sentido de gratificación en su trabajo, comparados con quienes lo hacen en la esfera de lo público.* Sin embargo, un dato relevante lo constituyeron las diferencias entre mujeres y varones: mientras que *"las mujeres terapeutas en el ámbito público reportaron altísimos niveles de agotamiento emocional, los varones manifestaron experimentarlo en el ámbito de los grupos de práctica independientes"* (90).

Sin lugar a dudas, *la personalidad y la calidad de vida de los psicoterapeutas* son factores intervinientes en la aparición del *burnout*. Según Camacho (*cf.* 2003), los profesionales muy retraídos van a tener mayor tendencia al *burnout* que los extrovertidos o los que tienen una red social que les brinda afecto y contención. Lo mismo ocurre con los que tienen relaciones personales insatisfactorias, pobres, traumáticas y una vida sin gratificaciones.

En los profesionales muy idealistas, para quienes cada paciente es un desafío para ellos, que no se despegan del consultorio, que ponen las necesidades de sus pacientes antes que las propias, que se sobreinvolucran con los pacientes sintiéndose las únicas personas que los pueden ayudar, que están disponibles veinticuatro horas al día los siete días de la semana, la predisposición al *burnout* aumenta. También ciertas personalidades narcisistas y controladoras de los terapeutas los impulsan a querer estar dentro de la vida de los pacientes, controlándolos, y esto los recarga enormemente. En el caso de psiquiatras que atienden muchos pacientes con riesgo suicida, la responsabilidad por la vida de los otros hace que el peso de la mochila pueda terminar enfermándolos.

Camacho (2003: *web*) señala que "tanto los terapeutas competitivos, impulsivos, agresivos, malhumorados como los que buscan intimidad, cercanía y tienen necesidad excesiva de darse a los pacientes, son más propensos al *burnout*". Obviamente también las circunstancias personales de múltiples exigencias, duelos, necesidades económicas, divorcios, etc., se suman a las laborales para producir cuadros de *burnout* en los terapeutas.

En algunas investigaciones, citadas por Moreno Jiménez y su equipo (*cf.* 2006) y realizadas sobre otras profesiones que predisponen al estrés y al *burnout*, se encontraron variables comunes, como por ejemplo: el exceso de demanda (*cf.* Faber y Heifetz, 1982; Forney, Wallace-Schutsman y Wiggers, 1982), la rutina (*cf.* Deutsch, 1985) o la insuficiente remuneración (*cf.* Forney, Wallace-Schutsman y Wiggers, 1982; Rao y Mehrotra, 1998).

En la actualidad existen varios inventarios de medición de *burnout*: Maslach Burnout Inventory (MBI), Copenhagen Burnout Inventory (CBI; Kristensen, Borritz-Villadsen y Cristensen, 2005), y el Inventario de Burnout de Psicólogos (IBP), que fue testeado por ejemplo en México, confirmándose su validez para medir este síndrome (*cf.* Moreno Jiménez et al., 2006).

Una reciente investigación hecha entre 87 psicólogos clínicos de Australia (D'Souza, Egan y Rees, 2011) estableció la relación entre *altos grados de perfeccionismo* y el *burnout*. En esta interesante exploración, el principal hallazgo consistió en mostrar que cuanto más alto nivel de perfeccionismo tuviera el clínico mayores niveles de estrés iba a experimentar. Se encontró que el estrés es una variable que interviene en la relación entre el perfeccionismo y el *burnout* personal. Las creencias de que deben ser extremadamente competentes, con habilidades para tratar a cualquier persona, y con extensos conocimientos también habían sido encontrada por Forney, Wallace-Schutsman y Wiggers (*cf.* 1982) entre psicoterapeutas que presentaban *burnout*.

Los resultados confirman que el perfeccionismo y el estrés están relacionados con el *burnout* en el caso de los psicoterapeutas, pero, al mismo tiempo, aclaran que no es el estrés per se la causa de este síndrome, sino la continua exposición al estrés extremo y directo (*cf.* Farber, 1983; Maslach y Jackson, 1981). Los autores señalan que tratar de alcanzar altos estándares de performance no es algo negativo en sí, sino que se vuelven negativos cuando la autoimagen y la autoestima solo se apoyan en el logro de aquellos.

Varios autores (*cf.* Chang, 2006; Chang et al., 2004; Frost et al., 1990; Fry, 1995; Hewitt y Flett, 1993; Hewitt et al, 1996) descubrieron que el perfeccionismo con afectos negativos y con preocupación por resultados negativos crean estrés "*porque los perfeccionistas tienden a tener evaluaciones rígidas, prestan atención a aspectos negativos de su accionar y obtienen satisfacciones limitadas*" (D'Souza et al., 2011:23-24).

Otro interesante hallazgo de investigación (*cf.* Baba, Jamal y Tourigny, 1998) es que *las terapeutas casadas experimentan mayor grado de agotamiento emocional que las solteras. Consistentemente con esto, sugieren que psicoterapeutas con niños pequeños pueden sufrir más* burnout *que aquellos sin niños.* Esto concuerda totalmente con lo que los estudios de género vienen afirmando, en el sentido de la existencia de la doble o triple jornada de trabajo para las mujeres, que hace que siempre estén trabajando, tanto fuera como dentro del hogar. El trabajo doméstico que además no tiene remuneración económica, ni jubilación, ni vacaciones, ni días feriados, compromete a las mujeres en un continuum, sin principio ni fin, sin valoración de ningún tipo, con las consiguientes consecuencias en materia de salud física y mental.

También en Australia (*cf.* Emery, Wade y McLean, 2009) se hizo una investigación usando el Therapist Belief Scale (TBS) para relacionar el sistema de creencias de los terapeutas con posibilidad de aparición de *burnout*. Encontraron varios factores ya sugeridos en otras investigaciones:

- Baja tolerancia al sufrimiento, ya sea experimentada por el terapeuta o por el paciente.
- Los terapeutas que creen que solo un modelo o protocolo puede ser usado en terapia son altamente inflexibles.
- Terapeutas que se sienten híper responsables hacia el paciente, muy contaminados con el perfeccionismo y los ideales: "si no progresa es mi culpa".
- La creencia acerca de que "debo entender todo lo que ocurre en terapia para poder ayudar a mi paciente" refleja a terapeutas que necesitan controlar todo lo que pasa en la terapia para obtener buenos resultados.

Respecto de *qué tipo de pacientes* suelen facilitar más un proceso de *burnout* en los terapeutas, según Guy (Camacho, 2003: *web*), son:

- los pacientes con ideaciones o intentos de suicidio,
- pacientes muy agresivos, directa y/o indirectamente,
- pacientes que abandonan el tratamiento o que frustran faltando a sesiones o no aceptando indicaciones,
- pacientes con enfermedades terminales y sus familias,
- pacientes muy pasivos, sin motivación para el tratamiento,
- en general, pacientes que no evidencian cuidado del espacio terapéutico.

Respecto de la *influencia de factores laborales en el* burnout, Farber señala cuáles considera los principales (Camacho, 2003):

- *Ambigüedad del rol*: se refiere a que, sobre todo en los comienzos del ejercicio profesional, no es fácil saber qué se espera de ellos, cuáles son sus responsabilidades y deberes, cuándo lo están haciendo bien, cuáles son sus habilidades y sus déficits y cómo evaluar los resultados de su trabajo, resultando en la posibilidad de provocarse agotamiento, insatisfacción y desgano con relación al trabajo.
- *Sobrecarga del rol*: la cantidad y el tipo de pacientes, sobre todo en instituciones asistenciales hospitalarias; esto se correlaciona muchas veces a que se realiza un trabajo *ad honorem* o con muy bajo sueldo, como en las pre-pagas o Isapres. Se suman a ello las exigencias crecientes de perfeccionamiento y las tareas administrativas que incluyen el llenado de encuestas, diagnósticos, descripción de las técnicas usadas, y evaluación y seguimiento de los tratamientos, a veces sesión a sesión, etc., lo que supone un tiempo extra generalmente no considerado por las organizaciones.
- *Conflictos de roles*: se dan cuando el terapeuta se siente por ejemplo mamá o papá del paciente o cuando se siente responsable de la interrupción de un tratamiento por falta de recursos económicos del paciente, o cuando la distancia relacional es muy oscilante y por momentos se siente amigo del paciente, etc.
- *Inconsecuencia*: tiene que ver con el hecho de que muchas veces los resultados esperados no son los que se producen, pese al esfuerzo de los terapeutas.

La importancia de estos hallazgos también radica en que nos ayudan a pensar en cómo capacitar a los futuros psicoterapeutas de manera tal que conozcan los efectos negativos del perfeccionismo en su trabajo. La importancia de esto radica no solo en cómo los puede afectar a ellos en su salud física y mental y en sus relaciones interpersonales, sino porque su potencial estado de *burnout* puede afectar los resultados del trabajo con sus pacientes.

En el trabajo consigo mismos es muy importante el que puedan *adecuar sus expectativas de rendimiento (tanto de sí mismos como de sus pacientes) a criterios realistas, así como el poder cambiar supuestos errados acerca de qué los haría obtener un mejor rendimiento.* Hay que tener en cuenta, sobre todo en los actuales postgrados, que en relación al cambio de especialidad el *burnout* aparece muy tempranamente.

En resumen, en la etiología del burnout *encontramos características personales, factores profesionales y factores institucionales.*

Es contrastante, y mientras las investigaciones nos van arrojando estos datos, la formación de psicoterapeutas tanto en las mallas curriculares universitarias como en los postítulos no incluye (y a veces hasta excluye) todo lo relacionado con la persona del terapeuta. Hay una ausencia de espacios de trabajo acerca de la capacitación no solo en teorías y técnicas sino en asumir el hecho de que la elección de esta profesión los expone a altos grados de estrés, presión, competencias y responsabilidad, conducentes muy probablemente al *burnout*.

En el terreno académico, la formación de psicoterapeutas debe incluir estas temáticas y proponerse capacitar a los futuros profesionales en esta dirección.

Y también puede ser muy aportador para terapeutas con experiencia contar con un espacio grupal de pares donde puedan compartir aquello que les está resultando un estresor significativo, o cuando se sienten con algún síntoma de *burnout*. Es en estos espacios donde se comparten herramientas que otros hayan utilizado en circunstancias parecidas y se reciben consejos, todo lo cual deviene en un estado muy aliviador.

10. IMPORTANCIA DE LOS PACIENTES EN LA VIDA DE LOS PSICOTERAPEUTAS

> La voz de los clientes también nos acompaña. Sus historias llegan a formar parte de nosotros: de nuestra vida por el día y de nuestros sueños por la noche. No todas estas historias son negativas; de hecho, muchas son muy estimulantes. El punto crucial es que nos cambian.
>
> Michael Mahoney

Miro hacia atrás y veo un grupo de diferentes edades, nacionalidades, estados civiles, vivos y muertos, ricos y pobres. Son un grupo de personas con las que tuve un vínculo: corto, largo, continuo, discontinuo, quebrado, estimulante, desafiante, enriquecedor, empobrecedor. El grupo y yo compartimos un espacio: el terapéutico. Hace mucho y hace poco. Algunos rostros sobresalen y otros constituyen el volumen del grupo.

Los pacientes forman parte de nuestras vidas. ¿Cómo no van a serlo si pasamos muchas horas, días, meses y años compartiendo un tiempo y un espacio de intimidad tan particular como el terapéutico?

Por supuesto que hay historias de vida que nos llegan más que otras, que nos resuenan o nos asombran, de las que aprendemos continuamente. Y las vidas de nuestros pacientes, sus conflictos y sus dolores, no pueden sino tocarnos, transformarnos, a veces hacernos más sensibles y flexibles. Y también, a veces, el encuentro con lo peor de los seres humanos nos vuelve más desesperanzados... Pero nunca permanecemos igual que como entramos a esta profesión.

Me siento muy agradecida de mis pacientes por todas las cosas que aprendí de ellos: puntos de vista diferentes, valores distintos, relaciones con la espiritualidad desconocidas para mí, experiencias de vida, formas de enfrentar conflictos, resiliencias; pero por sobre todo, porque con ellos también exploré las vicisitudes de los vínculos humanos no solo al conocer sus historias biográficas, sino en la relación misma que llevamos a cabo a lo largo de cierto tiempo.

De algunos pacientes ya olvidé los nombres; de otros hasta recuerdo su tono de voz. Pero todos fueron y son parte de mi recorrido. Con algunos he establecido una relación de "familiaridad": son como una extensión de mi propia familia, me conocieron embarazada de mi primer hijo y hoy saben de mi "abuelitud", así como yo de la de ellos. Soy un referente para toda la familia, así como los antiguos médicos familiares: me pueden consultar hijos, yernos, nueras, y a veces nietos de alguien a quien conocí hace 40 años. Hemos mantenido algún tipo de vínculo a lo largo de todos estos años, a veces a través de terceros que nos tienen al tanto.

Por eso digo que *la psicoterapia es un viaje no solo para los pacientes sino también para los terapeutas.* En este viaje de diferentes duraciones hay personas que perduran en el recuerdo como compañeros de travesías, por diferentes razones:

- porque fueron pacientes muy desafiantes,
- porque fue el/la primer/a paciente que uno tuvo,
- porque coincidieron con un mismo momento de la etapa vital del terapeuta,
- porque el vínculo perduró a lo largo de la vida,
- porque nos hicieron pasar momentos muy difíciles como terapeutas,
- porque fallecieron durante la terapia,
- porque hicieron procesos de cambio muy interesantes/impactantes,
- porque nos enseñaron mucho,
- porque nos abrieron a un mundo desconocido,
- porque nos estimularon y enriquecieron.

Quiero compartir acá algunas historias vinculares que representan para mí algunos de estos momentos. Lo que me induce a hacerlo no son *sus* historias, sino la *mía* con ellos, y ojalá al leerlas otros se motiven para hacer el mismo ejercicio, ya que es muy útil para concientizar el propio estilo y la propia evolución profesional.

UNA INTERVENCIÓN NO CONVENCIONAL PARA LA SRA. A.

Vi entrar a una mujer joven que se movía con lentitud a causa de una obesidad que la hacía duplicar el volumen que debería tener para su estatura y edad. Llevaba una vida muy sedentaria y era dueña de casa, madre de dos hijos y esposa de un marido tan sedentario y dependiente como ella, con el cual constituían una simbiótica dupla que contemplaba pasar la vida, ya que una herencia les permitía vivir sin tener que producir ingresos.

En aquella etapa yo era psicoanalista y trabajaba con ella con una frecuencia de tres sesiones semanales, el diván y las interpretaciones de la transferencia como uno de los instrumentos centrales. Supervisaba mis pacientes con otro psicoanalista y, siguiendo sus advertencias, me disponía siempre a contener la psicosis presente en ese cuerpo desproporcionado.

Al cabo de tres años de esta dinámica conocí a una nutricionista con la que coincidimos en la visión de los trastornos alimentarios como expresión de conflictos emocionales, y estuvimos dispuestas a hacer un trabajo en conjunto con la paciente.

Por aquellos tiempos, sugerirle el nombre de una profesional a la paciente para que iniciase un trabajo de adelgazamiento representaba para mí una transgresión punible. Me debatí entre las ganas y la culpa durante cierto tiempo, hasta que finalmente se lo propuse como parte de un tratamiento conjunto, dado que entendía que solo el análisis no la iba a ayudar al cambio corporal.

Así fue como A. empezó a distribuir su semana en cinco encuentros terapéuticos: tres de análisis y dos con la nutricionista, con la que fue trabajando su relación con la comida, los escollos, las dudas. En simultáneo, y con el conocimiento de A., la nutricionista y yo nos juntábamos cada dos semanas para hablar de la paciente, de sus avances y retrocesos y de los contenidos que aparecían, lo cual constituyó un sostén enorme para ambas.

Al cabo de tres años, A. había bajado 50 kilos. Entretanto, se había puesto a estudiar en la universidad, y cuando se disponía a rendir su última materia para egresar su marido le anunció que se iba de la casa. Nunca voy a olvidar su llamado telefónico para contarme y mi respuesta: primero el examen y después todo lo demás.

Así fue como no solo se recibió, sino que comenzó a trabajar por primera vez en su vida, fuera de la casa. Mi supervisor me ayudó a aceptar que la paciente se había sanado, que era un éxito terapéutico, y que no tenía que temer que se psicotizara en cualquier momento. No solamente eso, sino que me propuso presentarla en un Congreso como un ejemplo de intervención psicoanalítica no convencional.

Creo que mi asombro frente al cambio de A. superó al de ella misma. Tuve que reconocerme allí, como profundamente desconfiada de mi quehacer y de los procesos de cambio que tantos libros de psicoterapia y psicoanálisis describían. El final del análisis fue tan complejo como el destete de mis hijos: miedo, desconfianza, culpa y ambivalencia, y requirieron trabajo no solo en mis propias sesiones de análisis, sino también en las supervisiones que me ayudaban a sostener el logro.

Pero me quedó algo pendiente con ella: el no haberle dado nunca las gracias por la oportunidad que me dio de atreverme a trabajar de una manera que me hizo sentir auténtica, libre, crecida, capaz. Nunca más, después del trabajo que hicimos juntas, volví a dudar de mi flexibilidad, de mi compromiso con mis pacientes y de mi convencimiento en que una vida puede ser transformada.

LOS HOYOS DE B. Y MI COSTURERO

B. tenía 13 años cuando me la derivaron. Un aborto, el pasaje por drogas pesadas y huérfana con ambos padres vivos hacían de ella un ser hosco, sucio, casi linyera, siendo alguien que pertenecía a una familia muy pudiente. Vivía con su padre y abuelos paternos y no veía a su madre desde que la había abandonado a sus dos años para vivir en otro país.

El primer *round* se produjo en la primera sesión, cuando le dije que en el consultorio no se podía fumar. Me amenazó con irse, con prender el cigarrillo aunque yo no quisiera, y se dedicó a insultarme como parte de este mundo de "estúpidos" psicólogos que no entendían nada, que pretendían ser "limpitos y sanitos".

Pasadas las pruebas iniciales a las que me sometió, fuimos poco a poco y con muchas idas y vueltas construyendo un vínculo de confianza; pero fundamentalmente estableciendo una relación de apego, como entre madre e hija. Comencé a darle instrucciones al padre (quien no sabía cómo serlo) y planeaba con ellos los fines de semana; poco a poco fui teniendo una hija más, que se fue volviendo una pequeñita que se dejó cuidar, sostener y acompañar.

Recuerdo que en esa época llegaba a las sesiones con agujeros en su ropa y con evidentes muestras de autodescuido, y que yo había llevado a la consulta un costurero y le empecé a zurcir sus "roturas".

No me animaba a confesarle a nadie lo que estaba haciendo con ella porque, hasta ese momento, una voz interna me hablaba de *actings*, de que yo debería simplemente interpretarle sus agujeros, mostrarle cómo ella venía así para conseguir que yo le hiciera de madre, etc., y, sin embargo, otra voz me impedía ponerle esas palabras obvias y me llevaba a crear climas hogareños, de contención y de modelado.

Fue después de cuatro años que pudimos planear un viaje para que fuera a conocer a su madre. Recuerdo el momento en que fui a su casa e hicimos juntas la maleta; en que repasamos todas las instrucciones relativas a que se podía volver cuando quisiera, si se sentía mal; a la necesidad de que se cuidase y a cuándo y cómo nos íbamos a comunicar, considerando que en ese momento no había Skype ni Internet...

Ese fue el primer viaje. A este le siguieron otros que finalmente culminaron con su permanencia en el país donde vivía la mamá. Me escribió cartas durante años, por las cuales que me enteré que se había casado y que tuvo dos hijos, hoy adolescentes, mayores a la edad que tenía ella cuando la conocí.

Nos reencontramos después de 25 años, cuando ella vino a ver una exposición de mis cuadros, de paso por la ciudad. Tomándonos un café, y hablando de nuestra relación, me dijo: "¡Tenías que ser artista para haber hecho el trabajo que hiciste conmigo...!".

¿POR DÓNDE EMPIEZO CON C.?

Una señora de 42 años, distante y fría, me viene a consultar por una nimiedad sospechosa. Al preguntarle por su contexto familiar me contó que vivía con su marido en cuartos separados y con cuatro hijos. El último era fruto de una pareja que tenía en paralelo, conocida por todos y con quien pasaba los fines de semana; sin embargo nadie sabía de esta paternidad, pues el chico llevaba apellido de sus medio hermanos a decisión de tanto ella como su pareja.

Muy católica, su padre había luchado en la Segunda Guerra a favor del nazismo. Ella era artista y, como al pasar, me contó que se le había muerto el primero de los hijos cuando tenía nueve años a causa de una enfermedad.

Mi primera impresión fue "¿por dónde empiezo?". En esta etapa, ya había incorporado el "por dónde el paciente pide la ayuda", así que muy lentamente fui empezando a desenrollar la madeja grande y llena de nudos que era su vida. El primer desafío que me planteó la relación con C. era el cómo hacer para que ella viera un problema donde no lo veía. Ella consideraba que en su vida estaba "todo en orden", entonces no entendía que había un secreto en la familia, y menos que eso pudiera afectarlos. Su marido aceptaba que ella tuviera un amante, aunque no sospechaba que el hijo menor fuera de ese hombre, entonces... ¿cuál era el problema?

Un debate teórico y técnico se instaló en mi cabeza: *timings*, valores, el cuidado de quién era mi responsabilidad, mi compromiso con la verdad, mis creencias acerca de los efectos de los secretos en una familia, lealtades a teorías y la importancia de los duelos me hacían compleja cada sesión con C.

Particularmente, el tema del duelo del hijito muerto hacía más de 10 años me rondaba como un asunto que debíamos abordar, pero en las ocasiones que intenté acercarme a ello, de la manera que fuera, C. me ponía límites diciéndome que eso era una "tontería de los psicólogos" y que ella había enterrado a este hijo hacía mucho.

Su actividad la llevó a iniciar una nueva serie de trabajos artísticos con una técnica nueva. Empezó a traerlos a las sesiones porque decía no entender de dónde le salían los motivos de estos dibujos y quería entender. Seis meses de observar y de mirar sin ver llevaron a que en una sesión yo le dijera que lo que veía diferente en ese trabajo era que había mamás con crías. Y al terminar de decir la palabra "cría", vi a C. desarmarse y empezar a llorar de una manera que nunca le había visto antes.

Cuando pudo hablar, me contó que lo que dibujaba eran los motivos del álbum inconcluso de figuritas de su hijo muerto. Guardaba el álbum (que era a lo único que había podido jugar con él el último tiempo de su vida), guardaba toda su ropa y más adelante se dio cuenta de que su historia de amor con el amante se había iniciado después de la muerte del hijo, cuando ella creyó ver en este hombre los mismos ojos de su hijito fallecido y fugazmente pensó "me gustaría tener un hijo con él".

La trama inconsciente de este duelo culminó expresándose en una exposición de estas obras. Conservo de ellas en mi consultorio la primera y la última que C. me hiciera como expresión de agradecimiento por haberla ayudado a "poner luz donde había oscuridad".

Este trabajo me enseñó mucho acerca de la importancia fundamental que tienen los duelos no resueltos en nuestras vidas. Pero no solo eso: confirmé la importancia del lenguaje diverso en la psicoterapia, el "ir encontrando" las formas de comunicación que permitan abrir caminos. En este caso, el lenguaje plástico fue la llave y una palabra inusualmente usada por mí en ese contexto ("cría") se combinaron para que lo reprimido emergiera, fluyera y se elaborara.

CONTENIENDO LA RABIA DE D.

La conocí a sus 16 años. Sus ojos destilaban rabia en todo momento: rabia por la orfandad de su padre, rabia por la migración, rabia por la frialdad de su madre.

Era casi el único sentimiento que podía reconocer en ella y, por supuesto, solo sentía rabia de que la llevaran a terapia. Eran otros los que tenían que ir y no ella.

Fue la primera vez en mi trabajo terapéutico que tuve que sacar todos los objetos del consultorio después del primer intento que hizo de tomar un florero y querer estrellarlo contra un vidrio de la ventana. Nadie me había enseñado cómo contener la ira de un paciente, y cuando en otra oportunidad quiso atravesar el vidrio de la puerta con su brazo, no hice otra cosa que abrazarla muy fuerte e impedirle que lo hiciera. Fueron sesiones en que quedaba agotada, sintiendo que esta vez lo había logrado pero... ¿y la próxima?

Los niveles de agravios verbales eran frecuentes e intensos. Una única convicción me guiaba: la rabia había que legitimarla por un lado y contenerla por otro. Y la contención implicaba límites, por supuesto. No me cansé de repetirle que sabía que la rabia no era conmigo, y que no le iba a permitir que me hiciera daño a mí o a ella.

Recuerdo haber trabajado con ella como con niños, con recipientes donde jugamos a guardar la rabia y a decidir cuándo y cómo íbamos a abrir el recipiente.

Una vez en una sesión, rompió en pedazos una cigarrera de cuero y luego me pidió que la guardara en una bolsita. Aún la conservo...

Ese vaivén entre no sentirse censurada por su rabia intensa y al mismo tiempo tener claro que había límites que yo le ponía, fue poco a poco transformando la relación en confianza y gratitud. Sus ojos pasaron a estar luminosos y tiernos; pudo empezar a tener relaciones amorosas y a irle bien en los estudios, y cuando nos despedimos, me regaló una cajita de cuero nueva, con una carta en que expresaba toda su gratitud y su necesidad de que esa caja almacenara puro amor.

Con ella aprendí la importancia de trabajar la hostilidad, la rabia intensa, hasta el odio. Y cuando me refiero a trabajar, estoy hablando de no asustarse y de poder contener. D. me confirmó lo que se puede lograr cuando hay confianza en una relación como para entregarse con lo que a uno más le avergüenza de sí mismo.

EN DIÁLOGO CON LA FE DE E.

Si bien mis orígenes familiares están en el judaísmo, nunca fui practicante de una fe determinada. Siempre estuve también muy cerca de personas católicas, al punto que me casé con uno de ellos. Tuve constantemente con la espiritualidad una relación de interés, curiosidad y respeto. Pero nunca sentí necesidad (ni tuve formación en ese sentido) de pertenencia a estructuras religiosas y de dogmas; más bien, he visto mucho daño producido por organizaciones fanáticas, autoritarias y dominantes de sus seguidores.

Un día llegó a mi consulta una paciente que partió diciendo que era católica ligada al Opus Dei. A continuación me explicitó sus dudas acerca de poder trabajar conmigo por no pertenecer yo a su religión, pese a lo cual había decidido venir. Debo admitir que me vi enfrentada al desafío de dejar de lado mis prejuicios y aceptar que no solamente ella tenía que constatar si podía trabajar conmigo, sino yo también con ella.

Nunca antes había imaginado que el espacio terapéutico se podía convertir en un diálogo acerca de la fe: de la relación entre la identidad personal y la fe. Pero así fue. Obviamente E. había buscado una escucha que le permitiera desarrollar sus dudas: había empezado a sentir contradicciones entre lo que le habían enseñado y transmitido, y lo que ella estaba experimentando en esta etapa de su vida. Comenzó a sentirse encerrada y empezó a preguntarse acerca de este Dios que era tan castigador. Preguntas tales como "¿cómo puede ser que Dios quiera que la pasemos tan mal?" eran habituales en las sesiones y cuestionamientos progresivos a sus guías, que la llenaban de angustia. Sentía que si sus cimientos se desmoronaban ¿qué iba a ocurrir entonces?

Yo la escuchaba y solo a veces le repreguntaba.

Y así fuimos reconstruyendo la historia de su fe y de su pertenencia al Opus Dei. Desfilaron en esta etapa sus padres, sus monjas preferidas y detestadas, sus pesadillas de niña con Dios, su necesidad de pertenencia, su tío marginado de la familia por agnóstico, su tranquilidad y alivio frente al hecho de que otros dijeran qué había que hacer, las contradicciones y secretos familiares que ocultaban hijos ilegítimos, sacerdotes que abusaron de niños en un colegio, su hermana enamorada de un cura.

Fue un largo y particular proceso; porque el escucharla en sus reflexiones y cuestionamientos me invitaba a que yo también me pusiera en claro respecto de temas que, si bien no formaban parte de mi contexto, me parecían sumamente relevantes desde el punto de vista de una cultura mayoritaria que yo tenía que poder conocer y entender mejor.

Y ese abismo de la primera sesión, donde ninguna sabía si íbamos a poder recorrer juntas ese camino, se fue convirtiendo progresivamente en un sentimiento de hermandad. Ella empezó a sentir que yo, pese a no pertenecer a su misma fe, la entendía profundamente y la acompañaba en su búsqueda, y yo sentía al mismo tiempo que desprejuiciarme me volvía más humana.

Fruto de este proceso se reconectó con su fe y volvió a sentirse perteneciente, pero desde otro lugar, reflexivo y crítico y, cada tanto, me hace saber de ella, a través de algún simbolismo o metáfora poética.

EL DESCUBRIMIENTO DE F. A TRAVÉS DEL ARTE

Un cuerpo que desde lo pequeño y "encogido" la hacía parecer una viejita siendo muy joven: así se veía esta colega. Decía que su nombre era "Insegura", haciendo uso de un humor florido y muy creativo. Siempre dudando de sí misma, siempre descalificándose, en el medio de una familia de origen que la maltrataba de diversas maneras: un padre militar, a quien ella detestaba y rehuía; una madre aliada a este papá y una hermana que contribuía a que ella se sintiera el "patito feo" de la familia.

Años de comprometido trabajo consigo misma en la terapia la llevaron a poder vivir sola, conseguir trabajo estable y tener un consultorio donde trabajar con niños maltratados y abusados. Nunca dejamos de estar en contacto de alguna manera, hasta el presente.

Una vez, durante una exposición de cuadros que hice, la vi frente a una instalación con unos zapatitos de niña hechos de cobre, parada y llorando. Me dice: "Hasta cuando hacés arte me hacés terapia". En un encuentro posterior, me contó que esa obra mía le trajo a su memoria la historia del abuso paterno, que nunca antes había recordado. "Fueron los zapatitos, iguales a los que yo usaba en esa época". Pudo empezar allí, con otra terapeuta, el trabajo específico sobre el abuso en una terapia para traumas.

Es una de mis "hijas adoptivas".

LA MÁSCARA DE G.

G., una mujer profesional que rondaba la cincuentena y que tenía varias experiencias terapéuticas previas, se presentaba siempre muy arreglada, con un estilo "mascarita" y muy maquillada. Me costó mucho entender qué la traía, porque siempre eran temas muy generales y parecía buscar una conversación de "amigas/compinches". Sin embargo, se declaraba muy frontal y no aceptadora de los estilos indirectos de comunicación.

Cada sesión representaba para mí el desafío de no caer en una trampa que sentía que ella me tendía, pero me resultaba difícil entender cuál era. Siempre me elogiaba (aunque yo sentía que no era honesto) y venía a cada sesión hablando de cuánto le servían. Me costaba creerle y me seguía preguntando cómo hacer para que se conectara con ella misma.

Hasta que un día, casi impulsivamente, decidí mostrarle en la sesión un pedacito de la película "Las Horas", que tenía en mi computador. En ella, una de las protagonistas, maquillada casi hasta el punto de estar disfrazada, le cuenta a una vecina que esa tarde le van a sacar el útero, con una sonrisa de oreja a oreja. Le dije que, a veces, ella me hacía pensar en ese personaje.

Después de esa sesión no volvió nunca más. Me reproché mucho haber sido tan frontal y no haber tolerado más tiempo su "máscara". Pero, efectivamente, sentí que no podía atender a alguien así en ese momento de mi vida.

H. Y LA MESA

Cuando la recibí, H. no podía mirar mi escritorio. Ella sabía por qué, pero no quería decírmelo hasta que no estuviera segura de que yo era alguien confiable. Caminaba por la consulta mientras me hablaba de todo un poco. Casi nunca se sentaba. Evitaba sistemáticamente el acercamiento a mi mesita de apoyo. Poco a poco fui sabiendo que en su casa no había mesas y que con su marido e hija comían con una bandeja sobre sus faldas.

Unos meses más tarde pudo contarme que había sido torturada durante la dictadura militar sentada sobre una mesa de donde no la dejaban bajar nunca: solo podía estar sentada encima de la mesa.

A partir de ese momento, trabajamos lo traumático de toda esa experiencia hasta que después de algunos meses me pidió que la acompañara a recibir en su casa una mesa de comedor que había comprado. Ese momento es un recuerdo imborrable de mi experiencia profesional.

LA FRUSTRACIÓN CON I.

Vi entrar a mi consulta, por primera vez, a una mujer muy alta y muy bonita a los ojos de cualquiera. Me cuenta que viene a verme por consejo de su marido, ya que, según él, "ella se está volviendo loca", porque le atribuye a él una relación extramatrimonial inexistente.

Fue muy interesante trabajar con ella cómo era que creaba sus percepciones, cómo las descalificaba, cuál era la historia que había detrás del descreimiento de sus vivencias. Y así llegamos a una historia de abuso infantil que, cuando se lo contó a su madre, no le creyó y le dijo "mentirosa", como a veces le decía su marido.

El trabajo terapéutico la fue enfrentando con las contradicciones que implicaba que una mujer profesional, inteligente, exitosa y atractiva se sintiera al mismo tiempo tan poco creíble en sus percepciones y sentires, y que los pusiera siempre en duda, sobre todo comparándolos con los de su marido. Poco a poco se fue creyendo y validando más.

Sin embargo, cuando llegó el día en que encontró la prueba de que su supuesto "delirio" acerca de una relación extraconyugal de su marido no era tal, poco a poco se fue retirando de la terapia hasta que la abandonó.

Me sentí defraudada y atónita. Muchas veces me pregunté qué hice mal con ella y solo llegué a responderme que tal vez debería haber trabajado más el personaje interno que la devaluaba, la lealtad con la mamá que la desacreditaba... O si ella se sentía avergonzada de venirme a contar que, pese a haber comprobado la infidelidad, no se pensaba separar... No lo sé. Fue un misterio para mí por qué abandonó el espacio donde se sentía legitimada en su mirada.

LA INESPERADA AUSENCIA DE J.

J. era un señor de alrededor de 60 años cuando lo conocí en mi consulta: un muy reconocido intelectual que solo había desarrollado su cabeza. Su cuerpo se veía cansado y agobiado, y de hecho quería que lo ayudara a decidir una cirugía de columna que algunos médicos le aconsejaban y otros no. No podía entender que la Medicina no fuera algo exacto: o sí o no; pero sí y no lo volvía loco.

Trabajamos juntos varios años, durante los cuales se separó de su mujer. Nunca se operó, pero el dolor desapareció, y aprendió a aceptar que el cuerpo y la mente eran una unidad, y hasta se reía de comprobar cómo cuando se sacó una mochila figurativa de la espalda, esta parte de su cuerpo se lo agradeció aliviándolo del dolor.

Nos separamos por vacaciones en el verano y agendé su hora para marzo. No se presentó. Mis intentos para ubicarlo por teléfono o *e-mail* no me resultaron. Me sentía muy preocupada, pero me di cuenta de que no tenía otras formas de saber de él. Un mes después recibí un llamado de su hija, en el que me contó que lo había encontrado muerto por un ataque cardíaco, dos días después que ello sucediera. Vivía solo.

Sentí una de las penas más grandes que tuve en mi trabajo. Me quedé con lo último que me había traído: un libro suyo y una síntesis de su CV, más grande que el libro. Pero no puedo evitar sentir que me quedó interrumpido algo y que cuando llega el momento de las vacaciones de verano, con algunos pacientes, me aparece el miedo de no volverlos a ver...

EL CAFÉ QUE NO TOMÉ CON K.

Una mujer de mediana edad, soltera y extranjera, K. había llegado por un traslado del trabajo y me consultaba porque no se adaptaba a su nuevo contexto después de dos años. Daba por sentado que, al ser yo también extranjera, iba a poder empatizar con lo que a ella le sucedía.

Trabajamos mucho el tema de la distancia afectiva con su país de origen y, por lo tanto, con su familia de origen: su ambivalencia entre querer estar cerca y al mismo tiempo no tolerar estarlo. Desarrolló recursos útiles para la adaptación y poco a poco fue haciendo un proyecto laboral que la trasladaría a mi ciudad de origen. Nos despedimos y quedamos en que si iba a necesitar terapia allá, me consultara para recomendarle a alguien.

A los pocos meses me escribió para contarme cómo estaba y proponerme "tomarse un café" conmigo cuando yo estuviera en Argentina. Al principio le respondí que mis idas eran muy cortas y restringidas al contacto con mi familia, pero que si ella lo necesitaba podíamos hablar por Skype. Me contestó que no y empezó una escalada de *e-mails* en los que me acusó de insensible, poco comprometida y de haberla defraudado profundamente. Otra de las descalificaciones fue decirme que yo solo trabajaba por plata y que por eso no quería tomar un café...

Decidí dejar de contestar sus correos, pero fue una situación que me dio rabia y sentí también cierto hartazgo por las depositaciones que uno recibe en esta profesión.

LA CARTA-CUENTO DE L.

Recibí un día de una paciente una carta-cuento que resume mucho de lo que ocurrió en su proceso terapéutico:

> *"¿Mi sicóloga?*
>
> *A mi sicóloga le dicen AMD. Yo le digo Mantita, "la que entibia el alma". Y también dicen que trabaja en la consulta... Pero yo no he ido nunca a ese lugar,*

en los diez años que trabajamos juntas. Yo he ido siempre con ella de la mano de viaje a mi interior donde me siento como en el útero materno.

Ella ha sido mi espejo para saber quién soy. Al principio, uno muy empañado. Pero ella, con sus palabras sabias y con sus silencios, me ha mostrado cómo encender las estrellas de mi cielo. Y también hemos visto juntas cómo me ha sangrado el corazón y ella me ha enseñado, con ternura y cuidado, cómo cicatrizar esas heridas.

Con las gotas de sangre se ha limpiado lentamente el espejo. He comenzado a ver. Cualidades, fortalezas. Defectos que han peleado por no a salir a la luz. Orgullo, vanidad. Y mi biografía ha comenzado a tener sentido. Se me han develado los por qués de mi trato con los demás, de mis miedos. He aprendido a entender mis sentimientos, los oscuros y los positivos, y a manifestarlos. He fortalecido lo bueno que había en mí, sin yo saberlo.

Ella, en silencio, sentada frente a mí, ha sido la pintura con la que yo, pincel, he podido pintar mi retrato.

Mi Mantita ha estado a mi lado en cada segundo de esta senda de caminar lento, pero sin vuelta atrás, hacia el lugar donde se logra ser la mejor versión de uno mismo.

Me falta muchísimo todavía, pero ahora tengo la esperanza de que con su ayuda de oro, la mejor para mí, algún día lo voy a lograr.

Todavía no he descubierto la manera de agradecerle la huella de su paso por mi vida. Pero no me voy a cansar nunca de buscarla".

★★★

Repasando algunas de estas historias relacionales, breves síntesis de muchas otras, no puedo menos que sentirme muy agradecida a quienes recorrieron conmigo un pedacito de su viaje: todos esos logros y fracasos, momentos de amor y agradecimiento junto a otros de rabia y resentimiento, miedos, penas, sustos y placeres, *forman parte de un conglomerado emocional que no creo haber podido experimentar si no hubiera elegido esta profesión.*

Es una profunda vivencia de haber tenido contacto con la diversidad, con lo misterioso, con lo insuperable, con los dolores infinitos, con las alegrías intensas, con las esperanzas y desilusiones, con las pérdidas y los logros, con los cambios y los estancamientos, con esa inmensidad de recursos que los seres humanos tenemos muchas veces sin conocerlos.

Todos los terapeutas fuimos y somos transformados en estos particulares vínculos con nuestros pacientes: si se pudiera sacar una foto interna al comienzo de nuestras carreras y otras posteriores, podríamos tener una demostración clara de nuestros propios cambios. Considero esto un privilegio que pocas profesiones pueden otorgar.

PACIENTES Y FAMILIA

Al recordar algunas de estas experiencias compartidas, también revivo cuál era la presencia de mis pacientes en mi familia. Recuerdo cuando mi hijo mayor, a sus 12 años, riéndose me preguntó: "¿Cómo se entiende que alguien elija un trabajo donde está escuchando los problemas de la gente?".

Hubo veces en que compartí con mi familia algunos momentos difíciles con mis pacientes: la internación de alguno, la mención al sufrimiento de otro. *No eran informaciones acerca de ellos: era decir algo de mí,* del impacto que había sentido yo frente a ciertas historias. Siempre sentí el respeto y cuidado de mi familia para con mi trabajo, pero fue más que eso: sentía que me conocían a través del trabajo que hacía.

Y entonces recuerdo también que alguna vez mi hija me preguntara: "¿Se te fue la pena que tenías el otro día por lo que tuviste que escuchar...?".

Me parece poco realista exigirle a un terapeuta que no transmita nada de lo que le pasa con un paciente en el espacio familiar; pedir algo así es estimular una disociación que no favorece la autenticidad en ningún espacio. No se trata de contar los datos privados de los pacientes: es simplemente poder decir "estoy afectado/cansado/impactado, porque hoy tuve que escuchar cosas difíciles", o "estoy triste porque no pude ayudar a un paciente a sentirse mejor", o "una historia que escuché hoy me hizo recordar a mi abuelo", o "conocí a través de un paciente una forma de tortura de la que nunca había escuchado hablar".

Cuando uno puede hacer esto la familia puede entender y ayudar, y los hijos/as pueden acercarse mucho más a qué hace su padre o su madre cuando trabaja en el consultorio: no son "misterios" innombrables, sino personas que sienten, se alegran, se apenan y se comprometen en la relación con otras personas.

En mi experiencia, casi todos los terapeutas que conozco cuentan en sus casas cosas que les pasan en su trabajo con pacientes. Sin embargo no lo reconocen ante cualquiera, porque se sienten transgresores. Pero ¿qué es lo transgresor? ¿No conservar la confidencialidad de los datos del paciente? Pero ¿a qué datos me refiero? ¿Al nombre y apellido? ¿A si tiene un amante? ¿A si fue torturado? ¿A si tuvo un hijo ilegítimo? ¿Si se le murió un hijo? ¿Si está enfermo de cáncer?

No nos confundamos. Creo firmemente que la identidad de nuestros pacientes tiene que ser resguardada y preservada. Es parte de nuestro compromiso con ellos.

Pero también considero que *un terapeuta afectado por algo de sus pacientes no transgrede su compromiso si evidencia su ánimo ante sus seres cercanos.* Eso le pertenece: el impacto, la pena, la angustia, la preocupación y la alegría son sentires humanos, son parte constitutiva de su persona. Pretender que los oculte en su espacio privado es una ilusión un tanto hipócrita.

11. CARTAS A FUTUROS COLEGAS

Algunas veces, contemplando a jóvenes colegas en la universidad haciendo una tarea, me he preguntado qué me gustaría decirles acerca de esta profesión tan querida por mí y al mismo tiempo tan compleja y ardua.

Fue así que se me ocurrió escribir una carta donde les transmitiría mucho de lo que pienso acerca del ser psicólogo clínico. Fue un trabajo conmovedor para mí y también para quienes la recibieron.

Luego, les pedí a mis alumnos que le escribieran una carta a un futuro colega, donde le transmitieran su visión de lo que para ellos (más avanzados en el proceso de hacerse terapeutas) significaba ser terapeutas.

Aquí transcribo algunos ejemplos que lo ilustran:

CARTA 1: "DISFRUTA Y ARRIÉSGATE"

Ahora que escribo esta carta y trato de imaginarte leyéndola, futuro psicoterapeuta, me pregunto cuáles serán tus principales preocupaciones, incertidumbres y temores de cara al viaje que has decidido emprender. Esto, porque al momento de iniciar el proceso de aprendizaje que supone desarrollar las habilidades necesarias para la práctica de la psicoterapia (y también de desarrollarse uno mismo como persona-instrumento que habrá de emplearse al servicio de los futuros pacientes) yo mismo, al igual que una gran mayoría de colegas psicoterapeutas, he experimentado innumerables dudas, preocupaciones, incertidumbres y temores.

Creo que es perfectamente natural y comprensible experimentar tales sentimientos dada la abrumadora complejidad de la tarea en sí misma (llegar a ser experto en una sola escuela teórica implica una gran dedicación e incontables horas de lectura y supervisión clínica), pero también debido a que las implicancias del trabajo terapéutico suelen tener el efecto de socavar las propias convicciones hasta el punto que la misma vocación llega a tambalear.

No es mi intención preocuparte más de la cuenta, pero has de saber que el trabajo del psicoterapeuta conlleva no pocos peligros y sinsabores. Peligros, sí, porque la exposición prolongada y sin filtros a la miseria humana y a los colores aciagos con que el sufrimiento tiñe las existencias de quienes acuden a nosotros en busca de ayuda puede resultar bastante tóxica para nuestra alma. Por eso es importante que aprendas cómo cuidar de ti mismo. Para que no resultes dañado y termines peor que tus propios pacientes.

Me gustaría contarte que el proceso de formación puede llegar a ser bastante duro (a mí me gusta pensar que por lo menos para mí ha sido una especie de "servicio militar" de la psicoterapia) por lo que tienes que tener la suficiente motivación para no desfallecer en el camino.

Tengo además un consejo práctico muy específico: si puedes y tienes el tiempo para ello, realiza tu formación clínica en forma exclusiva. No combines la supervisión con un postgrado al mismo tiempo. Yo lo hice y estaba constantemente frustrado por no poder leer todo lo que me hubiera gustado acerca del modelo en el cual me formé.

Otro consejo relacionado con el anterior: trata de escoger un autor o escuela específica dentro del marco conceptual en el que te has de mover y profundiza al máximo en esa literatura. Una vez que te hayas transformado en un experto en una escuela teórica, podrás avanzar con mayor libertad por otros modelos e integrar sus aportes en tu práctica clínica. Lo antes que puedas, pregunta a tu supervisor/a cuáles son tus cualidades positivas para la terapia. Trata de desarrollarlas al máximo.

Luego de advertirte de los abrojos que encontrarás en el camino, solo me queda desearte suerte y valor. Pero también que aprendas a disfrutar, al igual que yo lo he hecho, de los pequeños milagros que se ocultan en los detalles simples y cotidianos del quehacer terapéutico. Cosas como la sonrisa de agradecimiento de un paciente (que muchas veces se siente mejor solo porque le hemos escuchado con genuino interés y compasión), los cambios sutiles que van emergiendo en sus vidas, la sensación de aventura ante lo desconocido e impredecible que puede surgir a lo largo de la terapia, las emociones de las que somos testigos y que nos empapan día a día, la esperanza y la fe que muchos de nuestros pacientes depositan en nosotros sin más, la confianza con que nos entregan sus sueños y sus historias para que les ayudemos a reescribirlas, haciéndonos entrega del precioso don de la apertura para la relación y el contacto existencial profundo.

Todo eso y más, muchísimo más, que no se puede poner en palabras siquiera porque pertenece a los dominios del espíritu y de lo más excelso y elevado que hay en el corazón de los seres humanos, es lo que te espera si te decides y comprometes totalmente con esta profesión que nos hace miembros del venerable gremio de todos aquellos profesionales, religiosos, artistas y filósofos que dedican sus vidas a contribuir al bienestar físico, emocional y mental de los demás.

Si con lo vivido hasta hoy en día puedo aportar en algo, sería arriésgate a vivir nuevas experiencias sin pensar tanto.

También contempla que la carrera que elegiste tiene gran relación con tu personalidad y tu experiencia de vida.

"Arriesgarse" creo que es la palabra clave, no solo en lo social, sino también en lo académico; atrévete a preguntar y cuestionar. A diferencia de otras profesiones, la que tú elegiste es una prolongación de tu vida, donde muchas veces tus experiencias marcarán tu desarrollo con los pacientes. Puede sonar un poco terrible, pero es necesario contemplarlo, ya que de la misma forma en que tu vida influye en tu profesión, la experiencia con los pacientes y supervisión también puede marcar tu propia vida. Al comienzo puede ser fuerte, pero te darás cuenta de lo gratificante que es ver lo mucho que puedes crecer internamente, lo satisfactorio y sanador que es entender el porqué de tu vida y cómo has llegado a ser lo que eres hoy en día.

Disfruta y arriésgate: ese sería mi principal consejo.

CARTA 2: "EL TOQUE PERSONAL"

Estimado(a) futuro(a) colega:

Aunque no nos conocemos y probablemente nunca nos veremos ni podremos tomarnos una cerveza o un café, quisiera contarle algunas cosas sobre esto de la psicología clínica.

Primeramente, decirle que me alegra que haya escogido una profesión como esta. En realidad, creo que es una de las muchas carreras en donde se pueden vivir experiencias muy satisfactorias, especialmente porque hay ocasiones en que uno logra sentir que puede hacer algo importante por otra persona. Y esa sensación de que lo que uno hace puede impactar realmente y de forma significativa en la vida de otro es uno de las mayores satisfacciones de una profesión como esta.

Ahora bien, las cosas no pasan como aparecen en los libros o en los videos de algunos renombrados psicólogos, y mucho menos como se ve en las películas. Eso de que el psicólogo con una palabra o una sola intervención logra cambiar drásticamente la vida de un sujeto o una familia se vive solo en la ficción.

La verdad es que ni siquiera esos tratamientos basados en la evidencia o esas técnicas tan ampliamente comentadas son así de mágicas y logran un cambio repentino, fabuloso y permanente. Se puede lograr, y esa magia se puede experimentar en la clínica, pero para que ocurra tienen que suceder muchas cosas, y en parte lo que debe pasar pasa por uno como psicólogo, pero evidentemente también pasa por el paciente.

La realidad también es que no siempre se consigue esa magia. Con algunos pacientes es un poco menos difícil, con otros hay que esforzarse más y con algunos nunca se logra. A veces la sensación que más predomina es la de la frustración, y esto también es parte de la verdad de la clínica.

Tal vez después de estas líneas se pregunte si realmente vale la pena seguir estudiando esto. Esa es una pregunta que yo me he hecho muchas veces y, aunque por momentos he pensado que no, que me equivoqué, que tuve que haber sido antropólogo, médico, fotógrafo (o incluso de esos que andan por el mundo y viven con lo mínimo haciendo pulseras), al final aquí sigo, porque he descubierto que la psicología me permite incorporar todos esos otros intereses en mi trabajo diario.

Así que este es otro aspecto fabuloso de esta carrera. Hoy en día trabajo como psicólogo, pero en mi trabajo puedo estar en una comunidad indígena varios días viviendo sus ritos funerarios; puedo conocer un poco de medicina e incluso participar en procedimientos y tratamientos; puedo también usar mi cámara como parte de mis herramientas de trabajo; y hasta de a ratos me doy la libertad de enseñarles a mis pacientes a hacer pulseras y artesanías.

Probablemente solo desde el lugar en el que hoy me encuentro puedo hacer este tipo de cosas, y una profesión como esta me permite darme esos lujos. Eso es otra cosa que me gustaría compartirle: yo creo que el secreto para disfrutar esto es poder incorporar en el trabajo todas las posibles facetas que existan de uno mismo. Es decir, de alguna forma enriquecer lo que la literatura y la investigación proponen con aspectos propios, algo así como "darle su toque personal". Creo que así es más fácil disfrutar de este trabajo y, a la vez, crecer y desarrollarse también uno como persona.

Así que póngale ganas. Probablemente nunca se va a hacer millonario con esto, pero sí la va a poder pasar bien en muchas ocasiones.

Ah, y cuando esté harto de lo que hace, busque alguna forma de tomarse un tiempo fuera de su trabajo: invente un nuevo proyecto, haga algo diferente o incluso búsquese una beca y vaya a estudiar a otra parte.

Suerte en su desarrollo personal y profesional.

CARTA 3: "TEN UNA VISIÓN CRÍTICA"

Estimado alumno:

Por medio de la siguiente carta quiero expresarte lo que ha sido mi experiencia al estudiar la carrera de Psicología. Si bien serán años de incesante teoría, tienes que entender que al momento en que decides ingresar a esta carrera asumes un profundo compromiso con el entendimiento de la experiencia humana. Esto te hace responsable a ti como profesional de optar por cuál será tu manera de intervenir en ella. Hacerse cargo de otros no es fácil: es una tarea bellísima pero también merece la posibilidad de cuestionarse un par de cosas.

Una de las grandes motivaciones que me llevó a estudiar esta carrera fue el querer ayudar a las personas. Si este es tu punto de vista, no te has equivocado de vocación: no hay mejor característica que una persona pueda tener que el desearle bien a la gente. La carrera de Psicología puede ofrecerte el desarrollo de muchas virtudes, como el entendimiento del pensamiento humano, la comprensión del ser humano en sociedad y, además, el entendimiento de su propia biología, lo que puede ayudarte a desarrollar una visión interna de la persona. Sin embargo, es importante que tengas una visión crítica. Te recomiendo que te mantengas en un constante debate con todo el conocimiento que aprendas, pues el ser profesional del área implica que tengas una postura personal firme y segura, que sea coherente con tus propios planteamientos de la vida y que además te permita abrirte a otros. Esto no solo te permitirá ir generando nuevas preguntas sino que también te convertirá en un profesional creíble y de confianza.

Son cinco años que, si tu interés es todo lo que ocurre internamente en el individuo en pos de ayudarlo, se te harán entretenidos. Te recuerdo que la cualidad del servicio es una de las más gratificantes que puede tener el ser humano, lo que te impulsa a comprenderlo en todas sus necesidades y aspiraciones.

Cualquiera que sea tu especialidad (individuos, comunidades, colegios o empresas) recuerda que estarás siempre trabajando con personas. Si esto te satisface, te aconsejo que sepas cómo canalizar esta pasión. Mi invitación allí es reflexionar sobre hasta qué punto este interés por el otro es parte de tu profesión y hasta qué parte es una curiosidad que simplemente proviene de ti como persona. Es importante que sepas establecer este límite: los psicólogos tenemos fama de "analizarlo todo" y, por ende, estar en eso las 24 horas puede producir algunas consecuencias negativas.

Diariamente aumenta la cantidad de psicólogos que están cansados y desgastándose excesivamente, lo que se atribuye a esta imposibilidad de colocar este límite. Date entonces el tiempo de conocerte a ti mismo, de disfrutar de todas las experiencias de la vida sin que el "análisis" se interponga en ello. Recuerda que no toda tu vida tiene que estar basada en "servir al otro" y que muchas veces necesitarás que te "sirvan". Aprende a reconocer cada uno de estos aspectos placenteros de tu vida, de manera que puedas encontrar un refugio, una manera de desconectarte y seguir siendo tú durante los momentos en los que no trabajas.

Mi intención era poder aclararte brevemente el panorama de lo que significa llevar a cabo esta profesión. Quiero que sepas que existen numerosas razones por las cuales sentirse orgulloso de ser psicólogo. Sin embargo, es relevante también reflexionar sobre sus consecuencias, de manera que puedas ejercer esta profesión de la manera más sana posible.

CARTA 4: "EN LA PRÁCTICA CLÍNICA ES DONDE MÁS APRENDERÁS"

Hola,

Elegiste una carrera que va a ser muy sacrificada: será necesario estudiar mucho y sobre todo conocerte en profundidad; no tengas miedo a enfrentar esos lados más complicados y tus propios miedos. He visto que conocer los miedos de los otros también impulsa a buscar los propios y, al final, eso siempre es una ayuda para la vida...

Si te gusta la clínica, vas a tener que aprender no solo a escuchar, sino que también a ser flexible, a poner límites cuando sea necesario, a cuidar tus espacios personales y, además, a creer firmemente que esto no es todo... tu vida está primero. Elige la universidad que te guste y las corrientes que te identifiquen; la universidad será importante, pero atendiendo y viviendo la práctica clínica será donde más aprenderás, y donde más desafiada te verás.

Calma, que se viene un proceso intenso pero muy satisfactorio y único en la vida...

Mucha suerte para todo lo que vendrá.

CARTA 5: "Y AL FINAL CREE EN TI"

¿Sabes? Ahora, desde mi experiencia, te puedo decir que te encontrarás en el camino de ser terapeuta con mucho de tu interioridad, porque si bien la consulta es el encuentro con el otro, es también encontrarse consigo mismo, tus alegrías, miedos e inseguridades. Creo que ahora es importante que conectes contigo, con tu humanidad y tus saberes, que se integre tu formación y tus sentires. La verdad es que los conocimientos son importantes pero más fáciles de adquirir; tus emociones, tu intuición, tu ser como persona cuesta mucho más. Déjate ser libre en tu quehacer terapéutico, sé constante en tus estudios y en tu trabajo personal. Estos elementos son vitales para llegar a ser un terapeuta integral, que disfruta lo que hace y da lo mejor de sí mismo a los demás. Ante todo, cree en ti, en tu vocación profunda, en tu interior.

Si al principio te sientes contrariado entre lo intuitivo y lo teórico, es parte del proceso: pasará y quedarás con tu forma particular de hacer las cosas, tu propio estilo, y te equivocarás, pero ten la seguridad que lo arreglarás.

¡¡Que te vaya muy bien!!

CARTA 6: "CUANDO NECESITES AYUDA, PÍDELA"

Estimado alumno:

Si optaste por esta profesión, yo pensaría dos veces si quieres realmente seguir con esta carrera. Porque la verdad es que si la Psicología no te apasiona, será mucho más difícil aguantarla en el largo plazo. Sin embargo, si siempre ha sido una parte de ti, buscas entender a las personas y quieres sentirte útil para ellos, creo que vas por un camino muy emocionante, desafiante y gratificante.

Voy a compartir contigo mis experiencias. Para partir con lo más simple: a mí me gusta leer y el campo de la Psicología contiene una cantidad enorme de información sumamente interesante. Así que yo siento que la mayor parte del tiempo estoy leyendo más temas que me intrigan que los que me aburren.

Lo segundo es que creo que todos los días estoy aprendiendo algo en esta carrera, algo que, a la vez, me hace sentir que nunca sé lo suficiente. Me gusta la novedad cotidiana de esta profesión.

Lo tercero es que siento que estoy involucrada en algo que puede generar una diferencia positiva en las vidas de los otros. Esta profesión me ayuda a sentirme útil, como alguien que colabora un poquito a que haya más bienestar en el mundo. Respeto mucho este propósito de mi profesión.

También he tenido la oportunidad de conocer muchas personas y familias de las que he aprendido mucho y me han moldeado. Es muy especial y alentador ver la evolución positiva de algunos pacientes.

Los aspectos más difíciles de esta carrera son algunas de las sensaciones que me genera; y la misma característica que aprecio es la que temo: el impacto en la otra persona, y el hecho de sentir que este impacto depende de cuán bien o mal haga yo las cosas. Las sensaciones de inseguridad e incertidumbre son horribles para mí. Me cuestiono mucho y siempre estoy pensando si el abordaje o técnica que estoy aplicando son los más adecuados. Es probable que tú vayas a experimentar también estas emociones.

¿Mis consejos? Aprovecha a tus profesores y supervisores. No solamente son fuente de conocimiento incalculable sino también pueden ser personas súper interesantes que te sirvan como un modelo. Cuando necesites ayuda, pídela. No tengas miedo a que te juzguen. Cuando no sepas, dilo. Da a los otros la oportunidad de ayudarte. Cuídate, así como tratas de cuidar a otros. Y no te olvides de encontrar el lado humorístico de las cosas, ¡quitarles gravedad ayuda!

Te deseo mucha suerte y éxito en tu camino.

CARTA 7: "LA IMPORTANCIA DEL AUTOCUIDADO"

Estimado muchacho:

Te escribe una persona que, al igual que tú, comenzó un largo camino de dudas, expectativas y curiosidad sobre la Psicología. Siento orgullo en comentarte que tuve fortuna en saber desde muy chica que quería seguir esta carrera.

Antes de iniciar mis estudios y en los primeros meses de ingreso, mis expectativas eran las de tener destrezas y habilidades terapéuticas casi sobrenaturales, que me permitieran ayudar a otros, que me hicieran sentir gratificada e importante. Sin embargo, supe que no era así: que solo el trabajo conjunto con el paciente, la empatía, la humildad, el espíritu de ayuda del terapeuta y el uso del constructivismo relativo posibilitaría el avance.

También me di cuenta de la cantidad de libros que tenía que leer que me sumergían en un mundo de variadas alternativas, igual que mi experiencia con mis compañeros. Conocí gente linda y buena, personas que deseaban cosas parecidas a mí respecto a la vida y al bienestar, que me imagino tú también vivirás.

Hoy me he ido llenado de gratificaciones en mi experiencia profesional, al igual que de frustraciones, como les ocurre a todas las personas en todos los ámbitos. Pero lejos de "achacarnos" la idea es observar, analizar y reelaborar todas las situaciones complejas que se pudieran dar, como las dificultades con pacientes, jefes, colegas y temas, y conciliar dramas personales con lo profesional. La belleza del ser psicólogo, sin duda, es mucho más fuerte y poderosa que las dificultades que pudieras encontrar.

He estado aprendiendo la importancia del autocuidado, pues considero que va de la mano con saber que no somos gente omnipotente que debe buscar la solución exacta a las cosas, pero sí facilitar ese camino de acuerdo a cada individuo. Esta idea nos libera de cualquier sobreexigencia y nos mantiene protegidos del sobreinvolucramiento, problema reiterativo en nosotros.

Esperando que esta cartita te ayude en algo, se despide cariñosamente...

CARTA 8: "CONOCIENDO EL PROPIO SER"

Hola, querido colega:

Me genera gran alegría saber que tomaste la decisión de convertirte en terapeuta, por lo cual quisiera contarte un poco desde la experiencia que he adquirido durante algún tiempo.

Todo este proceso ha sido maravilloso, la verdad. En el inicio pensé que iba a ser totalmente diferente, con más momentos placenteros y menos estrés, conociendo otra cultura que imaginaba asombrosa y que por el hecho de tener la "vocación" que se supone adquirí desde hace tiempo lo disfrutaría al máximo. Sin embargo, te cuento que no ha sido tan cierto... ha habido momentos de tristeza, soledad, encuentros conmigo misma y hasta sentimientos de sinsabor tan internos que no te los puedo explicar... momentos que me han llevado a conectar mis estados mentales con mi cuerpo y mi emocionalidad desde un plano tan superior que en ocasiones siento que levito de la magnitud de tal conocimiento. Pero no te hablo del conocimiento de información: es de ese otro conocimiento del propio ser, que solo se tiene en situaciones determinadas, cuando se está dispuesto a aprender de sí mismo.

Y mira qué tan bizarro es todo esto: yo inicialmente me instauré desde la postura de querer adquirir conocimientos para convertirme en una muy buena terapeuta, y aquellas personas que sabían de procesos similares me trataban de explicar cómo podía ser. Sin embargo, desde mi ignorancia e incomprensión quería aprenderme teorías, técnicas de intervención y demás conocimientos que ahora comprendo se van adquiriendo con la práctica y las necesidades de cada consultante.

Asimismo, debo admitir que empezar a conocer la terapeuta que soy me ha permitido utilizar las herramientas requeridas por mis pacientes, con mi propio ser, teniendo cierta claridad de mis necesidades, debilidades y fortalezas construidas desde mi sistema familiar y el lugar que ocupo como mujer en la sociedad.

Por lo que te cuento anteriormente, me emociona en gran medida que te encamines por este maravilloso viaje de hacerse terapeuta en aras del conocimiento propio. Te deseo éxitos y las mejores energías en tu nuevo estilo de vida.

CARTA 9: "NO TE ASUSTES, QUE TODO ES UN PROCESO..."

Querido/a:

Me es grato saber que has elegido esta profesión después de tus otras opciones. Conozco el miedo que te generó hacerlo, pero quizás ahora puedes iniciar y construir un lindo camino, el cual puedas disfrutar y te haga sentir feliz. Siempre lo he dicho: encontrar una profesión en la cual te sientas verdaderamente feliz y a gusto no es fácil, pero tampoco imposible. Así que estoy segura que si tu decisión fue tomada desde el corazón y no desde la razón y no dejándote llevar por lo que dicen los demás en relación a cuál era la profesión correcta para tener más sustento económico, seguro fue la mejor. Todo este camino, hasta llegar a tu decisión, implica que te has permitido elegirlo independiente del deseo de los otros.

Ahora quisiera contarte que luego de algún tiempo como terapeuta, he asemejado el proceso psicoterapéutico con un viaje en un taxi, al cual sube una persona que tiene un destino definido, pero necesita ser guiado por el conductor que sugiere unas vías para llegar a la meta final: en ocasiones las vías son más rápidas, otras lentas, otras con huecos, en fin; al final quien decide el camino es el pasajero. Por eso ahora que serás un futuro psicoterapeuta serás el conductor: pero no te asustes, todo es un proceso, y allí ocurre algo mágico y es que los dos (tanto conductor como pasajero) se transforman. No le tengas miedo al conocimiento, ni a tus emociones ni a tu historia: lo importante siempre será ponerla al servicio de tu decisión y que allí juega un papel importante quien confía en ti y consulta.

Me siento feliz por tu decisión, y te apoyo.

★★★

Al leer estas cartas se hace muy evidente el estado de la vivencia que cada uno tiene respecto del quehacer clínico: ilusiones y desilusiones, dificultades, gratificaciones, etapas del proceso, sugerencias que se harían a sí mismos, idealizaciones... Para cada uno, el escribir esta carta significó un diálogo consigo mismo, con quienes fueron o con quienes son. También fue una toma de conciencia de su propio recorrido y de la etapa en que están ahora.

Para la gran mayoría, al comentarlas en clase, se hizo evidente que sus miradas reflejaban la disminución de la omnipotencia y el énfasis en el autocuidado como algo que habían incorporado al salir de la universidad.

Y no fueron pocos los que manifestaran que les hubiera encantado recibir cartas así al comienzo de su carrera, aunque tal vez ciertas cosas no las hubieran podido integrar en ese momento.

12. PINCELADAS DE VIDA DE ALGUNOS TERAPEUTAS

12.1 LA BÚSQUEDA DE INFORMACIÓN

Entrenando psicoterapeutas en diferentes ámbitos siempre me llamó la atención el desconocimiento que tienen respecto de la vida de conocidos y/o renombrados profesionales. Pueden conocer (y no siempre) su producción de teorías y de técnicas, pero nada de quiénes fueron como personas. Y, obviamente, *esta ausencia de datos* (pero también de curiosidad por saber quiénes fueron estas personas) *contribuye a la idealización de estas figuras.* Y esto que les ocurre con célebres terapeutas también puede sucederles con otros más cercanos, con quienes interactúan y de quienes aprenden a diario.

La idealización siempre implica una exageración de virtudes de otras personas y una desvalorización de las propias; por eso cuando se da en una etapa de formación es perjudicial. Sin embargo, muchos profesores, supervisores y terapeutas clínicos la fomentan, manteniendo con ello importantes grados de poder.

Otra consecuencia del desconocimiento de las vidas personales de quienes han sido o son sus modelos o maestros es *la autoexigencia*: querer llegar a ser como ellos desconociendo que esas personas pudieron o pueden ser personas poco saludables (con conflictos importantes en su propia familia o con deseos suicidas) hace que muchos jóvenes se vean a sí mismos muy lejos del ideal. *Y eso obstruye la formación.*

Uno de los supuestos más usados en el entrenamiento de terapeutas es el que *considera que no es conveniente dar a conocer aspectos de las vidas personales, ya que se volverían poco creíbles o desconfiables* obstaculizando su posibilidad de ayudar a otros.

Las posturas teóricas donde la persona del terapeuta no es considerada una variable importante del proceso ocultan, detrás del argumento acerca del foco en los pacientes, que muchas veces esa aura de misterio que rodea a los terapeutas sirve simplemente para sostener su lugar de poder y una imagen omnipotente e intocable.

Por el contrario: no son pocas las veces en que hemos escuchado a pacientes hablar muy bien de terapeutas a quienes pueden definir como "un ser humano", "un loco lindo", "me ayuda saber que le pasan cosas como a cualquiera", "¡¡siente!!" u otras expresiones de satisfacción frente a estilos terapéuticos no rígidos, inclusivos de la propia emocionalidad.

El tema tiene aristas complejas cuando, por ejemplo, un terapeuta tiene un problema de salud: muchas veces nos encontramos con que, a la aceptación de un duro diagnóstico, los terapeutas le deben agregar sus intentos de que nadie se entere, porque ya no le derivarían pacientes o porque sus pacientes podrían abandonar la terapia.

¿Qué tiene de humanidad esto? ¿Será el secreto la única manera de enfrentar un tema como este?

Desde el convencimiento que la idealización no es buena compañía en la formación y capacitación de terapeutas, propuse a mis alumnos del Magister en Psicología Clínica[13] una búsqueda de historias de vida de diferentes psicoterapeutas en un sentido amplio: conocidos o no, vivos o muertos, de diferentes orientaciones. La tarea debía incluir todos los recursos que tuvieran, con el objetivo de encontrar aspectos que pudieran llamar la atención en la vida de estos personajes y que pudieran estar relacionados con su formación y desempeño como psicoterapeutas. Sabía que la tarea no era fácil, pero consideré que, además de un desafío, era una manera en la que los futuros psicoterapeutas se toparan con "los misterios" en que la mayoría de las vidas personales de los terapeutas están sumidas.

Alguien podría decir: "¿y qué importa? Si no sabemos nada de nuestros dentistas o arquitectos, ¿por qué o para qué tendríamos que saber de nuestros maestros, terapeutas, supervisores?". Pero si consideramos que elegimos esta profesión porque *algún interés y curiosidad tenemos acerca de la vida de la gente*, entonces, ¿por qué solo tendría que aplicarse este criterio a nuestros pacientes y no a nuestros modelos profesionales?

Supuse que encontrar datos sobre las vidas de terapeutas permitiría hipotetizar si existen o no ciertos *patterns* repetidos en sus vidas personales y si eso permitiría establecer alguna relación con la elección de la profesión. También creí interesante encontrar coherencias e incoherencias entre lo teorizado y lo vivido por sus creadores así como desmitificar tanto sus personas como algunas de sus afirmaciones y teorías.

Por ejemplo: ¿cuántas de las afirmaciones de Freud sobre la femineidad se basaron en las mujeres con las que él se relacionaba en la Viena de 1890 (empezando

13 Curso dictado entre 2004 y 2014 en el Magister en Psicología Clínica de la Pontificia Universidad Católica de Chile.

por su mujer)? ¿Y cuánta teoría lacaniana sobre el Nombre del Padre se apoya en su propia experiencia como padre o como hijo?

En resumen: incentivar la búsqueda de biografías de terapeutas o información de sus vidas significó *una propuesta de integración de lo habitualmente disociado: un poner en contexto quién es la persona que propone lo que propone (ya sea teórica o técnicamente) y considerar que la materia con la que se constituye un terapeuta es un mosaico* donde confluyen la época histórica en la que vivió, la estructura y los vínculos en su propia familia de origen, duelos pendientes, padecimientos físicos o psicológicos, migraciones, formación profesional, valores, mandatos circulantes, etc.

El énfasis de este ejercicio radicó en la importancia de acostumbrarse a integrar los datos personales con los profesionales, porque la persona es una sola.

Esta búsqueda motivó a los alumnos a hacer y compartir muchas reflexiones. He aquí algunas:

> *"La unión entre aspectos personales y profesionales es evidente, y quienes exponen algo de ellos lo expresan de manera clara. Quizás la poca literatura respecto a la vida de los terapeutas se debe a que no es fácil contar (y menos publicar) aspectos de uno mismo: dejamos de hablar de nosotros mismos minimizando la importancia de dichos aspectos y haciendo una separación (no real) de aquello que somos en terapia y fuera de terapia. Quizás esto se deba a que la cultura actual nos impulsa a dividirnos y diferenciarnos; o a que hay temor de contar aspectos de uno por el tipo de rol "neutral" que ejercemos como terapeutas. La neutralidad ha sido un constructor trabajado y sobrevalorado en el quehacer psicológico".*
>
> *"Las historias que se cuentan a partir de este trabajo nos permiten hipotetizar las diversas razones personales que a cada uno de los protagonistas expuestos los lleva a consagrarse como figuras terapéuticas. Podremos revisar distintos gatillantes entre los cuales podemos caracterizar tanto la época histórica vivida como experiencias muy arraigadas en lo personal, fruto de arduos cuestionamientos filosóficos y existenciales. En otros casos, sencillamente son experiencias propias de la superación personal. Estas variables confluirán significativamente en una comprensión del ser humano, una manera de comprenderlo y la discusión de la mejor técnica para llevar a cabo el cambio subjetivo en las personas. Todo esto respaldado por un solo ideal: el bienestar de la otra persona".*
>
> *"La información aquí recopilada no se encontró en las bases de datos de la universidad ni en otros buscadores académicos. Hubo quien comenzó por la biblioteca de la Universidad: buscó, en conjunto con la bibliotecóloga, autobiografías y biografías de psicólogos y psiquiatras, pero ni la ayuda de esta profesional le permitió encontrar un libro. Se dedicó entonces a sacar muchos libros de las estanterías de distintas librerías en busca de terapias propuestas por psicólogos y psiquiatras. En ellos buscaba datos de sus autores en sus prólogos u otras secciones*

de los libros, en los que pudiesen aparecer datos personales. Es así como los prólogos se transformaron en una fuente importante de información. Desde ya, puedo decir que lo hallado es menor a lo esperado encontrar, en vista del tiempo dedicado a la búsqueda de información".

"[La dificultad por encontrar información sobre la vida personal de los terapeutas] nos lleva a pensar que esta está excluida del ámbito académico y es de interés únicamente como 'curiosidad' o 'chismes'. Pareciera que, de alguna manera, el omitir los detalles de la vida personal de los terapeutas contribuye al desarrollo del mito del terapeuta como persona exenta de problemas, dificultades, dolores o sufrimientos. Evidentemente este mito (como parte de la cultura dominante) no solo es asumido por los pacientes sino además, y sobre todo, por los mismos terapeutas, lo cual hace más común la exigencia de la disociación como mecanismo defensivo en el proceso terapéutico".

"Es interesante notar que la mayoría de los datos encontrados son referidos por personas distintas a los mismos terapeutas y, por ende, se conocen algunos hechos de sus vidas, pero no su vivencia personal de los mismos. Al parecer, nuevamente, los elementos de índole más personal son abordados desde un lugar distinto al académico y profesional. La mayoría de la información encontrada hace referencia a la infancia de los terapeutas y algunos elementos concretos de su vida adulta, como por ejemplo, uniones matrimoniales, número de hijos, profesiones estudiadas, etc. Sin embargo, el material que se pudo encontrar carece por completo de las historias cotidianas de la mayoría de las personas, por ejemplo, duelos importantes, eventos significativos, círculo de amigos (fuera del ámbito académico o profesional), entre otros".

"Muchos psicólogos, aunque hubieran estudiado en el pregrado a todos estos autores, desconocían estos detalles de sus vidas. Esto reafirma la idea de que no sería necesario conocerlos como un factor formativo. Lo que podemos ver como factor común en todos estos relatos es que los terapeutas relatan experiencias propias para ejemplificar o detallar situaciones que los han llevado a reflexiones y conclusiones acerca de la mente humana, experiencias que les han hecho sentido y que responden a ellos mismos. Podríamos pensar, entonces, que suponen que también les hará sentido a otros, como si en su experiencia hubiese algo verdaderamente valioso".

"Los ámbitos que solo pueden ser definidos como extra-profesionales son muchas veces el motor de las elecciones terapéuticas, tanto en qué teoría y epistemología creer, como en qué libros publicar, a qué área dedicarse o hacia qué dirección dirigirse en el mundo médico y psicoterapéutico; por ejemplo, la pérdida de ganas de escribir de White a causa de una recuperación de un accidente ciclístico".

"La vida de los grandes terapeutas no es distinta a la de cualquiera de nosotros; han pasado desde malas relaciones con sus padres hasta la inflexión de la sociedad de su época. Creo, entonces, que más allá de poner al descubierto los malos ámbitos y aspectos personales de ellos, sus seguidores se centran más en la

persona, el ser, el individuo como tal en vez de la persona no profesional, la persona que es tan humana como los individuos que atienden".

"Esta postura es predominante hoy en día, pues es casi imposible ver al psicólogo como una persona imperfecta, con problemas emocionales y carencias, sino que es mitificado acorde a sus conocimientos, su preparación y la ayuda que le puede brindar a los que le consultan. Es por esta razón que al momento de darse una situación negativa y muy fuerte socialmente hablando, la profesión se sesga y el individuo es determinado como 'inmoral', 'falaz', 'incipiente', 'poco profesional', entre otras. Por esto creo que nosotros, como profesionales, tenemos el deber de mostrarnos como personas normales, que tenemos impasses, imperfecciones y que no somos inmunes a los problemas cotidianos ni a las grandes patologías. También es loable reconocernos personas con conocimientos teóricos y profesionales, no más allá de lo que las personas pueden hacer por sí mismas, puesto que somos agentes de cambio, pero no el cambio en sí de los demás".

"Me lleva a preguntarme cómo podemos conectarnos con las tareas que les proponemos a los pacientes si nosotros nos negamos a hacer un trabajo de emociones o a expresarlas. Como con el genograma o la autobiografía, uno entiende un aspecto importante de esta tarea cuando la realiza individualmente".

"Hablar de suicidio en un psicoterapeuta parece ser un tabú. Si estos temas llegaran a hablarse tan abiertamente como el suicidio en los adolescentes, la sociedad entera cuestionaría la capacidad de los psicoterapeutas de poder ayudar a los demás, ya que al parecer 'ni siquiera pueden ayudarse a sí mismos'. Todo esto tiene por consecuencia que estas temáticas no salgan a la luz pública, lo que a su vez mantiene las creencias y pensamientos acerca de que los psicoterapeutas 'podemos con todo'. Esto se hace evidente en conversaciones cotidianas en las que uno puede estar contándole a algún amigo o conocido que no es psicoterapeuta algún problema o tristeza, a lo que seguramente contestará: 'Pero tú eres psicólogo', haciendo así referencia al 'psicólogo omnipotente', al que se le niega el derecho a experimentar tantas emociones como las de cualquier persona que no se desempeñe en este campo profesional. Esto, a su vez, imposibilita que se pueda realizar una prevención e intervención real y efectiva en casos de suicidio en psicoterapeutas".

"Un punto importante que pude ver dentro de la revisión tiene que ver con que la mayoría de los psicólogos compartían otra profesión, en muchos casos la Medicina. Esto pudiera tener que ver con el contexto histórico en el que se desarrollaron, por una parte, pero por otra pudiera sugerirnos su experiencia, como la necesidad de complementarse con algo diferente o con algo altamente relacionado al ser terapeutas, pero siempre teniendo una alternativa".

"Me llamó la atención tras mi revisión una suerte de idealismo presente en todos los terapeutas (reflejada de diferentes formas), lo que veo relacionado con otro tema discutido en nuestras clases: la motivación sobre ser psicólogos clínicos

y la particularidad que esto tiene para nosotros mismos y para las personas con las que nos relacionamos. Me refiero al sentimiento de querer comprender lo que pasa con el ser humano y desde esa comprensión poder realizar aportes a otros".

12.2 LAS PINCELADAS

De los datos biográficos recibidos hice una selección en función de aquellos terapeutas más conocidos y que tuvieron una influencia importante en varias generaciones de colegas (incluida la mía), pero también enfatizando la mirada en los aspectos de sus vidas no profesionales. Por lo tanto, las síntesis que a continuación se detallan tienen ese sesgo; además de tener mi mirada objetiva al sintetizar la biografía, dónde puse el foco, qué descarté y qué enfaticé. Seguramente los lectores construirán sus propias imágenes a partir de lo que lean, como se hace cuando uno mira un cuadro.

IRVIN YALOM (1931)

Único terapeuta vivo de los que voy a describir en estas "pinceladas", Yalom es un muy buen ejemplo de cómo se pueden integrar distintos aspectos de uno mismo en la profesión. Además de ser profesor de Psiquiatría en Stanford, ya ha publicado variados volúmenes en los que mezcla casos verídicos y ficción, en un lenguaje didáctico y entretenido.

Irvin Yalom nació en Washington, EE.UU., hijo de padres rusos quienes decidieron dejar Europa después de la Primera Guerra Mundial. Allí, en lo que el propio Irvin describe como "una ciudad sesgada" (s/f: *web*), creció en un pequeño departamento sobre la tienda de sus padres, en un barrio pobre y peligroso de la ciudad.

Al no tener un modelo a seguir en el ámbito de su futuro profesional (ambos padres carecían de una educación avanzada) y temeroso de la peligrosidad del barrio en el que vivía, Yalom se cobijó en la lectura. Hacía un viaje bisemanal a la biblioteca cercana, y sintiendo predilección por las biografías, leyó todos los volúmenes presentes en el edificio; solo después comenzaría a interesarse por las novelas, naciendo en él la inquietud por la escritura.

En esa época no eran muchas las opciones que se vislumbraban para los varones jóvenes por fuera de las carreras tradicionales. Así, decidió que estudiar Medicina lo acercaba más a Thomas Mann o a Shakespeare que cualquier otra carrera, e inició sus estudios con la idea de ser psiquiatra. Le atraían mucho las historias que se imaginaba iba a escuchar de las personas y el desafío de crear un tratamiento diferente para cada una, algo que le sigue llamando la atención hasta el día de hoy.

Se casó con Marilyn, Doctora en Literatura comparada, profesora de universidad y escritora. Con ella tuvo cuatro hijos, de los cuales un par se dedican a la Psicología clínica y a la Medicina, y los dos restantes a la fotografía, a la escritura y al teatro. Tienen cinco nietos.

Los libros de Yalom, más allá de ser muy entretenidos, reflejan claramente su relación con los pacientes y desde dónde él los escucha: se revela como un terapeuta curioso, interesado, flexible y empático, que no se ubica en un lugar de supra poder con los pacientes: hasta escribió un libro en conjunto con una de ellas (*cf.* Yalom y Elkin, 2000). Al leer sus textos podemos vivenciar claramente cómo él hace de cada historia clínica una historia novelada, llegando incluso a sugerir a sus colegas la metodología que él usa para hacerlo (*cf.* Yalom, 2000).

Indudablemente, para él su cercanía temprana con las bibliotecas y las novelas fue un particular y específico estímulo para escribir y poder integrar allí la ficción y la realidad. En la historia de vida de Yalom, el escribir de una manera novelada varios de sus casos de psicoterapia sin duda le dio un perfil peculiar e, imagino, le permitió juntar allí piezas importantísimas de su estructura personal y profesional.

Por otra parte, trasunta en todos sus libros su concepción de la psicoterapia:

> Aunque en estos relatos de psicoterapia abundan las palabras "paciente" y "terapeuta", no se deje confundir el lector con estos términos: estos son relatos referidos a todos los hombres y a todas las mujeres. La calidad de paciente es ubicua. La asignación de tal etiqueta es en gran parte arbitraria y con frecuencia depende más de factores culturales, educacionales, económicos, que de la severidad de la patología. (Yalom, 1998: 27)

MICHAEL MAHONEY (1946-2006)

Tuve el privilegio de conocerlo y participar con él en un taller en Buenos Aires, en 1988, que fue de los aprendizajes más enriquecedores que recuerdo haber tenido en mi profesión. Desde el comienzo él mostró al grupo su vulnerabilidad, al admitir que, por su separación matrimonial, estaba pasando por una crisis personal profunda y se sentía incapaz de dictar el taller solo. Nos propuso co-coordinar y pasado el *shock* y la sorpresa inicial tanto mía como de algunos asistentes, terminamos creando junto a él un taller donde trabajamos cómo ayudarlo y ayudarnos.

Creo no equivocarme si digo que fue esa experiencia la que comenzó mi proceso de legitimación en muchos de los pensamientos que yo ya iba teniendo acerca de la vida personal de los terapeutas y de cómo integrar en el quehacer profesional las vicisitudes de la propia vida. Su humildad, su sencillez, su manera de mostrar el sufrimiento y su pedido de ayuda fueron muy conmovedores para mí.

Fue un gran aportador en el campo del autocuidado tanto en el plano de ideas y teorías como en las sugerencias prácticas que hace en varios de sus libros. Y por lo mismo, su final también lo expone en su imposibilidad de ganarle la batalla a la depresión: Michael se suicidó a los 60 años, en su casa en Portsmouth, Rhode Island.

Fueron muchas las manifestaciones de pesar cuando se supo de su suicidio en el mundo profesional (*cf.* García Martínez, 2007), y muchas las oportunidades en que, en pequeños grupos de colegas, compartimos nuestras reflexiones al respecto: la impotencia, el respeto a su decisión, el conectarnos con nuestros límites, la soledad de la profesión, lo difícil de poder pedir ayuda cuando eres visto como "la autoridad" y las contradicciones entre cuidar bien a otros y no poder con uno mismo. Y en esas conversaciones sentíamos que él estaba presente, pues nos seguía haciendo pensar y conectarnos emocionalmente.

Mahoney nació en Illinois, EE.UU. en febrero de 1946. Fue profesor en diferentes universidades norteamericanas y profesor visitante en Europa, actividades que realiza después de haber cursado Psicología en la State University of Arizona y graduarse de su Doctorado en Stanford en 1972.

Recibió numerosos premios por sus libros, entre los cuales se destaca *Cognition and Behavior Modification* (1974). Una de sus últimas publicaciones, *Psicoterapia constructiva* (2003), integra diferentes disciplinas para explicar el cambio en la psicoterapia. Fue elegido como lector y crítico de artículos por diversas revistas de Psicología, además de ser un gran atleta.

En una entrevista publicada por la Revista Perspectivas Sistémicas en 1997, comentaba:

> Mi interés en las emociones de los terapeutas quizás proviene en parte de reconocer personalmente que mi terapia era diferente cuando mi enfoque consistía únicamente en trabajar la relación entre la conducta y los pensamientos del cliente. Hubo muchas experiencias con clientes donde el mensaje de ellos era claro, lo que ellos querían que yo escuchara y comprendiera eran sus emociones. Y, consecuentemente, en el proceso de ingresar en su mundo, en la vida emocional de los clientes, estuve, a la vez, ingresando en mi vida personal. (Des Champs y Torrente, 1997: 6)

Y daba un ejemplo de cómo lo hacía:

> 'En este momento no sé cómo usted se siente, pero yo siento una gran ambigüedad, una confusión que puedo sentirla aquí, un poco en mis brazos, tal vez usted pueda ayudarme a entender lo que estoy sintiendo'. De este modo, involucro, por medio de esa invitación, la apertura de mis sentimientos en la terapia. (7)

Su experiencia trabajando con y desde sus emociones no le resultaba fácil: al provenir de una familia católica irlandesa, la expresión de sentimientos e interioridad no estaba dentro de los límites familiares. Al considerar las emociones como parte de un proceso saludable y nutritivo, más que como un problema, entendía que la "resistencia al cambio" es una expresión de un proceso autoprotector por el cual la persona intenta preservar un orden familiar mientras explora cambios que desafían tal orden. El trabajo con su propia interioridad, entonces, lo hacía día a día, con sus pacientes:

> Conozco a personas muy poderosas en el mundo de la psicoterapia, y a pesar de conocerlos a todos ellos como profesores, amigos y colegas, siento que las lecciones más importantes de mi vida fueron momentos con pacientes, en silencio, cuando los dos estamos solos en un edificio, en una noche en crisis, compartiendo la dificultad, la complejidad y la, por momentos, dolorosa aventura de la vida. Fueron las lecciones más fuertes en mi memoria. (1997: 7)

En un artículo autobiográfico (*cf.* Goldfried, 2000), cuenta cómo sus dos hijos habían estado siempre entre los maestros que lo habían influenciado más. Dijo verse como alguien atado al pasado (por ejemplo, al conservar objetos que habían pertenecido a sus abuelos) al mismo tiempo que como alguien que se fascinaba por lo nuevo, lo joven, lo aventurado.

Al final de este artículo, mencionó que se veía a sí mismo como alguien mucho más tolerante a la ambigüedad, sin apuro con las problemáticas de sus clientes, más flexible, pudiendo trabajar en sesiones individuales, en procesos largos; o en sesiones de tiempo limitado y esporádicas, poniendo menos énfasis en lo técnico, respetando mucho la diversidad, la resiliencia y los recursos personales, así como las relaciones humanas en la calidad de vida. También describió cómo confiaba más en su intuición y en su comodidad con que las cosas pasen sin que él entienda por qué. Contó que hablaba de corazón a corazón, cada vez que podía, y estimulaba a sus clientes a hacerlo también.

Su pérdida a causa de la depresión se siente aún más profunda, al venir de un hombre que hasta los últimos años de su vida estuvo trabajando para contactarse con la emocionalidad ajena y propia.

MILTON H. ERICKSON (1901-1980)

Erickson, psiquiatra estadounidense, representa a una clase de terapeuta que uno quisiera imitar; sin embargo, no era su interés particular que lo admiraran o lo siguieran. Era generoso como maestro y en su práctica usó recursos provenientes tanto de teorías psicodinámicas como conductuales, sistémicas y cognitivas.

Ejemplo de resiliencia, creo que Erickson da permanentemente una lección a quienes, desde un lugar narcisista, pretenden a veces "enmascarar" y ocultar sus debilidades como personas cuando están en el rol de terapeutas. Cuando uno ve videos de sesiones de Milton Erickson[14] descubre a alguien que tenía integradas (no disociadas) sus enfermedades o vicisitudes vitales: podía transformarlas en fuente de inspiración para un cuento, en una anécdota que hacía reír, o en un desafío para el otro. Erickson constituye un ejemplo de terapeuta sin sometimiento a teorías o reglas, y muy conectado a sus percepciones acerca de lo que le pasa tanto a la persona que atiende como a su propio estado. Y en ese sentido, cuando se ve trabajar a alguien así, se adquiere un notable permiso para la propia libertad y creatividad. Por eso considero que toda formación en psicoterapia tendría que incluir ver y escuchar sesiones y/o conferencias de Erickson, además de leer sus libros.

Nacido en 1904 dentro de una familia numerosa (7 hermanas y un hermano) en un pequeño pueblo de Nevada, EE.UU., Erickson se caracterizó por superar sus dificultades de manera autodidacta. Destinado a ser un granjero al igual que su padre, se decidió por el camino de la medicina luego de contraer polio a los 17 años. La dificultad en sus movimientos y discurso durante la enfermedad le permitió observar las discrepancias entre lenguaje verbal y no verbal en las personas que lo rodeaban, dándose cuenta de la importancia de los gestos o el tono de voz.

Una parte importante de sus propuestas terapéuticas puede encontrar su nacimiento en su proceso de recuperación, pues para poder sobrellevar períodos de dolor físico o en el entrenamiento del uso de sus extremidades utilizó lo que luego devino en autohipnosis.

Su fuerza de voluntad le permitió sobreponerse a la enfermedad y graduarse en medicina y psicología; trabajó como psiquiatra en numerosas instituciones y, más tarde, como profesor de psiquiatría. Se convirtió en un terapeuta excepcionalmente creativo que siempre se resistió a formular teorías, pues consideraba que estas podían limitar la psicoterapia y hacer que los terapeutas se volvieran más rígidos.

Así, su estilo de intervención era particular para cada persona, muy flexible e ingenioso. Consideraba que sus palabras, su voz y sus movimientos corporales eran como instrumentos para influenciar y que podrían promover cambios. Era un inventor: usaba muchísimos recursos propios y de los pacientes (como cuentos y ejemplos personales); y su manera de tratar era como la de un sastre: cada terapia para cada paciente, no confección en serie. Le interesaba más el presente y el futuro que el pasado, donde lo más importante para él era que la interacción entre el paciente y el terapeuta hiciera posible que el paciente descubriera sus habilidades y el poder de cambiar.

14 Disponibles en las plataformas de YouTube y Vimeo.

Se casó primero con Helen Hutton en 1924 (con la cual tuvo 3 hijos) y se separó de ella 10 años después, obteniendo la custodia de los niños. En 1936 se casa con su asistente de investigación, Elizabeth Moore, con quien tendría 5 hijos más, y quien sería su colaboradora hasta el fin de sus días.

Hasta poco antes de su muerte, seguía recibiendo a estudiosos interesados en su manera de trabajar y, pese a sus limitaciones (o tal vez gracias a ellas), siguió creando y enseñando hasta que falleció a los 79 años, poco después de inaugurar la Milton H. Erickson Foundation y en plenos preparativos de lo que fue la mayor reunión de psicoterapeutas: la conferencia *The Evolution of the Psychotherapy*.

JACQUES-MARIE ÉMILE LACAN (1901-1981)

Médico psiquiatra y psicoanalista francés, ha sido controvertido, idolatrado y odiado simultáneamente. Su pertenencia a una cultura profundamente racionalista, las maneras de educar en su país, la constricción emocional y la distancia afectiva, parte de la idiosincrasia nacional, parecen haberlo atravesado coherentemente y hecho de él un pensador; y hay quienes lo consideran un teórico y un investigador del inconsciente, nunca un clínico.

Lacan nació en París, uno de los cuatro hijos de un comerciante en vinagres, residiendo durante su infancia cerca de Orleans. Vivió de primera mano la Primera Guerra Mundial al ver a su padre participar en ella (lo que parece haber afectado su vínculo con él) y ser testigo de cómo el colegio al que asistía era convertido en hospital de campaña.

Gracias a la ayuda de una tía, se trasladó a París para realizar sus estudios, donde conoció la vida intelectual y mundana de la gran ciudad, atrayéndolo para siempre. Desarrolló también un interés por la Filosofía y la Literatura. A sus 29 años, ya distanciado de los valores cristianos, sufre una gran desilusión a raíz de que su hermano Marc, quien había sido siempre su protector, decide ordenarse sacerdote.

En 1932 comienza su análisis con Rudolph Loewenstein, requisito para entrar a la Sociedad Psicoanalítica de París. Sin embargo, se encargó de decir privadamente que era imposible analizarse con alguien menos inteligente que él.

Se casa a los 33 años y tiene con su mujer una hija a sus 36 y un hijo a los 38. Cuando estalla la Segunda Guerra le anuncia a su esposa, embarazada por tercera vez, que la ex mujer de Georges Bataille también espera un hijo de él para la misma fecha.

Así, en 1941 nacen sus hijas Sibylle (de su primera mujer) y Judith (de Sylvia Bataille): es interesante constatar que por un tema legal francés, el creador del "Nombre del Padre" no le pudo dar su apellido a esta última hija, ya que no estaba divorciado de su primera mujer.

En su libro *Un padre (puzzle)*, Sibylle Lacan manifiesta su rabia contra su padre por haber dejado a su madre y a su amante embarazadas al mismo tiempo y por su preferencia por su hermanastra Judith, además de describirlo como un padre desafectivo, poco involucrado y abandonador.

A pesar de convertirse en el terapeuta de una exclusiva clientela parisina, por destacarse en el mundo de intelectuales y artistas de la época, Lacan siempre fue un personaje controvertido y descrito como arrogante y terco. La Asociación Psicoanalítica Internacional lo expulsa de sus filas luego de ser acusado de causar conflictos entre los miembros, a los que, a su vez, acusa de desviaciones en relación a los principios freudianos. Sin embargo, él mismo había introducido cambios a conceptos psicoanalíticos desde el estructuralismo y la lingüística. Funda en ese entonces la Escuela Freudiana de París en 1963, donde se le acusó de autoritarismo, disolviéndola en 1980 para crear la "Causa Freudiana".

En el entretanto, se convirtió en un referente intelectual potentísimo para muchos psicoanalistas, no solo para los franceses: en Argentina, en los años 80, se dijo que había más lacanianos que en Francia.

Su figura se asocia, por un lado, a aportes singulares a la teoría psicoanalítica y a un ejercicio del poder dominante y sectario, por el otro.

Es interesante preguntarse qué de su historia biográfica lo llevó a necesitar ser "único", a querer tener un lugar de reconocimiento como el del "padre Freud", por qué necesitó que su teoría solo fuera interpretada por algunos pocos, y así sentirse muy especial y poderoso.

Un accidente automovilístico en 1978 marca el comienzo de su declinación física y mental. Afectado por trastornos vasculares cerebrales y una afasia parcial, Lacan murió a los 80 años, después de la ablación de un tumor maligno de colon.

CARL ROGERS (1902-1987)

Este psicólogo clínico norteamericano desarrolló gran parte de su teoría en paralelo a su propia evolución como persona y a su ciclo vital. La relación con sus dos hijos (así como con su mujer y sus nietos) fue una fuente de inspiración a lo largo de su vida, tanto o más que sus años como psicoterapeuta.

Carl Rogers fue el cuarto de seis hijos en una familia cuya madre era una cristiana devota y el padre un ingeniero civil exitoso. Recibió una educación estricta y severa, al punto que a sus 12 años la familia se mudó de la ciudad al campo para alejar a los adolescentes de la vida mundana.

De niño, Rogers se interesó mucho por las mariposas y cuidó pollos, cerdos, terneros y ovejas, planeando a futuro estudiar Agricultura en la Universidad. Sin embargo, comenzó a intrigarle más la religión luego de asistir a seminarios religiosos. Pero poco a poco empezó a reflexionar sobre la filosofía de la vida, y luego de planear un viaje a China que lo llevaría a ese país por seis meses empezó a desarrollar una visión más amplia sobre la existencia humana.

Al alejarse de la religión, Rogers se cambia al programa de psicología clínica de la Universidad de Columbia y recibe su doctorado en 1931.

Se muda a Nueva York, ya casado con su pareja de toda la vida, Helen, y comienza a desarrollar en esta etapa un fuerte interés por la eficacia de la actividad terapéutica. A raíz de esto, le preocupa qué piensan los propios clientes de la psicoterapia, ya que había "llegado a sentir que cuanto más comprendido y aceptado se siente un individuo, más fácil le resulta abandonar sus mecanismos de defensa... y comenzar a avanzar hacia su propia maduración" (1972: 34).

Su estilo personal parece haber sido el de alguien que extendía a la relación con sus pacientes el mismo tipo de vínculo comprometido, estable y leal que tenía con su mujer y sus hijos. Era muy respetuoso de sus pacientes: consideraba la terapia como un vínculo entre dos seres humanos donde hay afectos y respeto, además de percibir que terapeuta y paciente pueden estar atravesando circunstancias parecidas a veces al mismo tiempo. En este sentido, sentó las bases para que luego otros psicoterapeutas (como Yalom, por ejemplo) se pudieran identificar con su manera de ver la psicoterapia.

Él consideraba a sus pacientes "clientes", porque sostenía que la salud era un estado natural de la evolución humana y que las enfermedades eran distorsiones de esa evolución. Pero básicamente, para él las personas eran buenas y saludables, en un franco contraste con la visión freudiana.

Rogers fue un terapeuta que siempre transmitió coherencia entre lo que propiciaba para sus pacientes y lo que practicaba en su propia existencia. Su famoso libro *El proceso de convertirse en persona* (1961) y también *Psicoterapia centrada en el cliente: práctica, implicaciones y teoría* (1981) lo evidencian en su sistema valórico claramente, ya que fue alguien que siempre subrayó la importancia del terapeuta como persona, presentándose empático, auténtico, honesto y respetuoso.

Fue sencillo y cálido, y la importancia que le dio a su familia y la integración con ella lo refleja en su integridad, pues para él la experiencia concreta de vida es lo que está en la base de su enfoque.

Murió de un ataque cardiaco a los 85 años.

ANNA FREUD (1895-1982)

Psicoanalista de niños, fue la sexta y última hija del matrimonio de Sigmund Freud y Martha Bernays. Por su creciente interés por la mitología griega, Sigmund decide llamarla Anna Antígona, en honor a la hija de Edipo destinada a guiar a su padre (ciego y errante) por Grecia hasta su muerte. Anna no solo sería la heredera metafórica de Freud, sino que continuaría sus trabajos en psicoanálisis y cuidaría de su padre hasta la muerte.

Cuando nació, la familia Freud estaba en su mejor momento económico dado la gran actividad clínica de Sigmund. Pero en el ámbito familiar, su relación con su madre (ya cansada de tantos hijos seguidos) siempre fue distante, y tuvo un vínculo tan competitivo con su hermana Sophie que no asistió a su matrimonio por consejo de Freud. En su lugar, tuvo una relación de apego muy importante con su institutriz católica, cuya figura le permitiría conceptualizar posteriormente a la "madre psicológica".

Queda sola con sus padres en la casa familiar a sus 18 años y a los 65 de Freud. Estudió y ejerció como profesora de educación primaria hasta que sufrió tuberculosis y abandonó para siempre esa rama intelectual, y rechazó de manera constante a los hombres que la cortejaron, entre ellos el neurólogo Ernest Jones. Para esta época había comenzado su psicoanálisis con su padre, con una frecuencia de seis sesiones semanales; Freud se defendió de las críticas al respecto, argumentando que él era el más adecuado para psicoanalizar a su hija. En 1920, a sus 38 años y luego de la muerte de su hermana Sophie, Anna afianza su acercamiento al psicoanálisis, comenzando su participación institucional.

Tiene entre sus primeros pacientes a los hijos de Dorothy Burlingham (analizada por su padre), quien se convertiría en su compañera de vida, en una relación íntima e intrínseca que mantuvieron hasta la vejez:

> Anna y Dorothy vivieron una vida dichosa pero complicada. Jamás aceptaron que se las considerara lesbianas a pesar de que formaban una verdadera pareja, y Anna nunca estuvo dispuesta en vida a confesar públicamente o permitir revelar que su padre la había analizado. (Roudinesco, 2015: 356-57)

Fue una mujer muy trabajadora, creadora de instituciones y de concepciones acerca de la salud mental infantil. Recibió doctorados honorarios y fue testigo y participante de una época de muchísimos hechos sociales y políticos importantísimos, tanto a nivel mundial como a nivel profesional. Su principal obra, *El yo y los mecanismos de defensa* (1936) es un clásico referente para todos aquellos interesados en el análisis de niños.

En 1938, y a raíz de las persecuciones nazis, se traslada con su padre a Londres. Desde aquel momento se inicia su rivalidad con la psicoanalista Melanie Klein, y llega a un punto álgido al morir Freud en 1939, por la supuesta disputa por su "herencia" psicoanalítica. Fueron muchos los conflictos profesionales entre ambas, en años durante los cuales se desarrolló mucho la observación y conceptualización acerca de la salud y la neurosis infantil; años de creaciones y rupturas institucionales en el mundo psicoanalítico.

Pero mientras Freud estaba vivo, y tal como en el caso de Anna y Sophie, cuando la primera se disputaba con Klein, Sigmund no dudó en tomar partido por su hija. Las luchas entre ambas mujeres fueron teóricas e institucionales, y pusieron en aprietos a personas como Jones o Winnicott, quienes no querían tomar partido ni por una ni por la otra.

En 1946 Anna oye de la suerte corrida por sus cuatro tías paternas en campos de exterminio, lo que puede haber motivado que entre 1945 y 1947 se hiciese cargo de seis pequeños huérfanos de padre y madre, a quienes psicoanalizó y ante los cuales mostró sus capacidades clínicas. También inauguró varias residencias para niños evacuados y refugiados y una guardería en la famosa Hamstead Clinic.

Fue la heredera (junto con su hermano Ernst) de los archivos y la obra de su padre, y entre 1953 y 1957 se publicó la biografía que Ernest Jones escribiera de Freud, con la aprobación de Anna.

En cuanto a los dos hijos de Dorothy, a quienes ella había ayudado a criar, el varón, depresivo, falleció a los 54 años en 1969 de una crisis de asma, mientras que la mujer se suicidó cinco años después de la muerte de su hermano.

Dorothy murió en 1979, a los 88 años, y Anna se deprimió profundamente. Fueron Alice Colonna, una ex-analizada de Anna, y Manna Friedman quienes la acompañaron y cuidaron durante sus últimos tiempos.

Un ataque cerebral en 1982 la afectó en su motricidad y habla, permitiendo que solo pudiera movilizarse en silla de ruedas. Un poco antes, había asistido por última vez a un simposio de la Hamstead Clinic, presentando un trabajo sobre patogénesis.

Su estado físico fue empeorando hasta que falleció el 8 de octubre de 1982.

Puede ser considerada la "madre" del Psicoanálisis freudiano, porque defendió lealmente las ideas de su padre; pero más allá de ello, su propia producción escrita y su experiencia en el análisis de niños la hacen merecedora de un lugar propio en la historia de la psicoterapia.

ENRIQUE PICHON-RIVIÈRE (1907-1977)

Médico psiquiatra y psicoanalista, nació de padres franceses en junio de 1907 en Ginebra y a partir de sus tres años vivió en Argentina.

Para gran parte de mi generación profesional, Pichon-Rivière fue un representante de la creatividad, la osadía y la originalidad. Maestro difícil de encasillar, su teoría y propuesta de trabajo con grupos fue y sigue siendo un modelo para los psicoterapeutas, pero también para otros profesionales que trabajan con grupos en distintas instancias: asistentes sociales, abogados, médicos y docentes. Sin duda es alguien que dejó su huella, pero me atrevería a decir que no solo en base a sus ideas acerca de la salud mental, sino porque se mostraba como una persona atrevida y coherente en su propia vida, a pesar de su a veces evidente alcoholismo.

Su padre tuvo dos hijas y tres varones de un primer matrimonio. Cuando quedó viudo, se volvió a casar con una prima de su mujer. Enrique fue el único nacido de este segundo matrimonio y no supo ni de la primera unión de su padre ni que sus hermanos eran hijos de otra mujer hasta sus 7 años.

En 1910, su familia llega a Buenos Aires para posteriormente trasladarse a Santa Fe, por razones que se desconocen. Después de intentos frustrados del padre por producir algodón, se trasladan a una ciudad costera del río Paraná en la provincia de Corrientes, de ambiente selvático. Allí crece Enrique, en una modesta vida campesina y en contacto cotidiano con los indígenas guaraníes, cuyo idioma aprendió a hablar además del francés y el castellano.

Pese a su origen burgués, sus padres eran progresistas, posicionándose en contra de muchas normas culturales de esa época, cuestionando el racismo y el machismo. Y el pertenecer a una familia culta, heredera del racionalismo francés proveniente de la burguesía del sur de Francia, y el encontrarse rodeado de la cultura guaraní (con su propia carga mítica y mágica), marcan para siempre a Pichon-Rivière.

Con Ángel Garma, Celes Ernesto Cárcamo, Marie Langer y Arnaldo Rascovsky funda en la década de los 40 la Asociación Psicoanalítica Argentina (APA), de la que posteriormente se alejará dado su interés personal por el aspecto social y la actividad de los grupos en la sociedad, al considerar a la Psicología Social como una democratización del psicoanálisis. Fue durante esta época que desarrolla su teoría acerca del "grupo operativo".

> Responsable de una renovación general de la psiquiatría, Pichon-Rivière introdujo la psicoterapia grupal en el país (servicio que incorporó al Hospital Psiquiátrico cuando fue su director), impulsando también la psiquiatría infantil y adolescente. Incursionó en política, economía y deporte; ensayó hipótesis sobre mitos y costumbres de Buenos Aires, y se interesó especialmente por la creación artística, estableciendo un territorio común entre la crítica literaria y la interpretación psicoanalítica de la obra como expresión de las patologías del autor. (Zito Lema, 1993: *web*)

El grupo operativo sigue siendo un concepto y una forma de trabajo en grupos hasta el día de hoy y la Escuela de Psicología Social (fundada por él en el año 1953) se mantiene hasta la actualidad formando a muchos coordinadores de grupo.

En 1937 se casó con la reconocida psicoanalista de niños Arminda Aberastury, quien influiría en las teorías realizadas por su marido en base a su especialización en los estudios de Melanie Klein y la metodología de Sophie Morgenstern. Tuvieron además tres hijos varones. En 1972, y luego de haberse divorciado de Pichon-Rivière, Aberastury se suicida, tras lo cual Pichon-Rivière inicia una relación de pareja con su ex-alumna y colaboradora, Ana Pampliega de Quiroga, con quien escribe "Psicología de la Vida Cotidiana" (1985).

Fallece en Buenos Aires en 1977.

CARL GUSTAV JUNG (1875-1961)

Jung parece ser un ejemplo de psicoterapeuta que ha ido siendo redescubierto cada cierto tiempo en sus distintas facetas. Muy rechazado por su casi comprobado compromiso con el nazismo, descalificado por sus teorías esotéricas, admirado por sus concepciones acerca de los símbolos, los arquetipos y los sueños, y respetado por su capacidad de disentir con Freud, es una figura que encarna también la posibilidad que un psiquiatra o psicoanalista tienen de enloquecer.

Ya desde sus raíces, la mezcla entre espiritualidad y ciencia característica de Jung se puede encontrar en sus abuelos: mientras el paterno era un médico exiliado de Heidelberg que organizó la facultad de Medicina de la Universidad de Basilea, el materno fue arcipreste de la iglesia de Basilea. Además, el padre de Jung abandonó su carrera de filólogo en lenguas semíticas para ejercer como clérigo en una iglesia reformada suiza, mientras que su madre, Emilie, se caracterizó por tener una personalidad marcadamente disociativa, contribuyendo así a entender los episodios disociativos de Carl.

Un primer hermano de Jung falleció antes que él naciera. En 1884, con nueve años de diferencia, nace su única hermana, Johanna, quien muere en 1935.

Si bien quería estudiar Arqueología se decidió por Medicina, porque su familia no podía costearle una carrera que no fuera dictada en Basilea. En su familia persistían creencias importantes acerca de los fenómenos ocultos, del espiritismo y las otras vidas, por lo que su interés por las temáticas esotéricas, religiosas y fantásticas le acompañó durante toda su vida; cuando era ya psiquiatra, estuvo atormentado por profundas crisis religiosas.

En 1903 Jung se casó con Emma Rauschenbach, con quien tuvo cinco hijos y con quien vivió hasta que ella falleció en 1955. La relación tuvo muchas crisis a raíz de las relaciones extramaritales que Jung sostuvo con Sabina Spielrein y Toni Wolff.

Muy cercano a Freud, durante años le propuso cambios a algunos de los aspectos relevantes de la sexualidad en la teoría psicoanalítica y a la teoría en sí. Tuvo con él debates constantes acerca del origen de la neurosis y la patología sexual, y parece haberle confesado que había sido abusado de niño por un hombre al que antes había admirado.

Consideraba que Freud tenía un monotema, una visión reduccionista de los conflictos del inconsciente al relacionarlo solo con complejos sexuales. Él amplía el concepto del inconsciente al incorporar a los arquetipos al concepto de inconsciente colectivo.

Le da mucha importancia a la estructura psíquica y a sus productos, además de las manifestaciones culturales de esta.

En 1913 se produce la ruptura definitiva con Freud, y con ella se inicia para él un período de gran inestabilidad emocional y alucinaciones que se repiten a lo largo de su vida, que el mismo Jung diagnosticaría como el inicio de una psicosis que además estaría influenciada por sus antecedentes familiares.

Fue transcribiendo sus experiencias entre 1914 y 1930 en su famoso *Libro Rojo*, publicado por primera vez en 2009.

En otro de sus libros, *Recuerdos, sueños, pensamientos* (1965), cuenta parte de su infancia, su vida personal y su exploración de la psique desde su propia experiencia, además de sus conflictos, sus experiencias en estados no ordinarios de conciencia, sus sueños premonitorios y sus alucinaciones.

En 1923, tras la muerte de su madre y luego de adquirir conocimientos en escultura en piedra, Jung inicia la construcción de su casa, caracterizada por un sólido torreón esculpido en piedra y descartando la instalación de electricidad y teléfono, a modo de convertir a este edificio en su lugar de retiro. La construcción de este pequeño castillo con cuatro torres parecía significar su concepción de la estructura psíquica.

Viajó por África, India y México investigando sobre mitos, creencias, ritos y ceremonias religiosas diversas, que complementaron su mirada del inconsciente colectivo y el rol de cada uno de estos productos en la psique.

En 1930 fue nombrado presidente honorario de la Asociación Alemana de Psicoterapia, entidad que se disuelve con la llegada del nazismo. En su lugar, y ligada a este régimen, surge la Sociedad Médica de Psicoterapia, que Jung presidirá, además de ser nombrado como director de la Revista de Psicoterapia, también de afiliación nazi.

Estas actividades públicas en aquella época lo marcaron como antisemita, cuestión que hasta hoy ensombrece su nombre. En entrevistas públicas (Agostinelli, 2002: *web*) llegó a hablar de "las realmente existentes diferencias de las psicologías germanas y judías" y, en 1934, aseguró que "el inconsciente ario tiene un mayor potencial que el judío". Pero también se defendió de las acusaciones diciendo que sus opiniones no eran en relación a pueblos, sino a individuos. Pero, ¿cuánto de este camino estuvo motivado por la rivalidad con Freud y por el hecho de haber sido alejado/rechazado por su "padre judío"?

Y ¿tuvo realmente, como el mismo declaró, un principio de psicosis? ¿Por qué no fue tratado por esta enfermedad teniendo en cuenta la genética materna?

A pesar de esto, y como ocurre con tantas personalidades en el borde de la psicosis, Jung fue un creador, explorador y aventurero muy interesante y aportador.

Murió en Suiza luego de una breve enfermedad en 1961, a los 86 años, en el jardín de su casa, leyendo un libro de Theilhard de Chardin.

SÁNDOR FERENCZI (1873-1933)

La biografía de Sándor Ferenczi está cruzada con la de su maestro, amigo y analista Sigmund Freud. Y es difícil una síntesis: su familia de origen, la relación con Freud, su historia amorosa y su extensa producción como psicoanalista son algunos de los aspectos más relevantes de su vida y que considero debemos revisar.

Sándor nace en Hungría, el octavo de doce hermanos. Su padre, un librero e impresor progresista que se rodeaba de artistas y pensadores, lo incitaba a desarrollarse cultural e intelectualmente. Su madre, una mujer de carácter fuerte, gobierna a la numerosa familia además de acompañar a su marido en actividades laborales, sociales y públicas. Este entorno que le entregaba tanto valor a la intelectualidad al mismo tiempo minimizaba la corporalidad, las emociones y los afectos; y el crecer rodeado de nodrizas y hermanos, perder a su padre durante su adolescencia, y quedar a cargo de una madre potente, le sentaron las bases de un constante conflicto afectivo que lo acompañaría toda la vida. Si bien un alumno brillante y destacado en sus estudios, Sándor siempre padeció de complicaciones de salud, como dolores de cabeza y dificultades para respirar.

Estudió medicina en Viena y ejerció como psiquiatra en el Hospital Saint Roche, siendo prostitutas, ancianos, homosexuales y psicóticos quienes reciben su preocupación e interés.

Junto a otros médicos, forma parte de un comité de defensa de los homosexuales perseguidos para luego convertirse en el representante del Comité Humanitario Internacional para la defensa de los homosexuales, fundado en 1897. También se vuelve un crítico del conservadurismo e hipocresía médica.

A poco de conocer a Freud en 1908, Ferenczi ingresó a la Sociedad Psicoanalítica Vienesa, siendo analizado por su maestro durante algún tiempo. En esta relación, Freud lo investirá como su "futuro sucesor", dando así evidencia de la amistad de 25 años entre ellos. Para Sándor, en tanto, Sigmund será el "padre que aparentemente no temerá apoyarse en su hijo" (Gallardo Cuneo, s/f: *web*), aquel a quien osará ofrecer su ayuda terapéutica. Freud, por su parte, se refería a Ferenczi como su "hijo querido", deseando tenerlo como yerno. Su amistad se vio enriquecida con la presencia de Jung, estableciéndose entre los tres una relación que permitió el análisis mutuo, la interpretación de sueños y la discusión intelectual. En esta relación, Freud lo inviste como su "futuro sucesor". La relación epistolar entre ambos durante todo ese período llegó a juntar 1200 cartas.

En su correspondencia de los últimos años, se puede seguir percibiendo el intenso lazo afectivo que los unió. Ferenczi escribió en 1927: "Ni el tiempo ni las numerosas tempestades que amenazan en torno nuestro, podrán alterar de algún modo el vínculo personal y científico inquebrantable que nos une" (Gallardo Cuneo, s/f: *web*).

Freud responde: "Hemos andado un largo camino juntos desde 1909, siempre lado a lado, no tendría por qué ser diferente para el corto trecho que nos resta por franquear". (*web*).

Cuando tenían 54 y 71 años respectivamente, la relación entre ambos comienza a flaquear, con Freud cuestionando la "Técnica del beso" de Ferenczi. La relación pasa por altos y bajos, y a fines de 1930 intercambian francas correspondencias, en las que dialogan sobre sus divergencias. Ferenczi, escribe:

> Lo que sucede en la relación entre usted y yo (por lo menos para mí) es un enredo de diversos conflictos de emociones y posiciones. Al principio usted era mi mentor venerado y mi modelo inalcanzable, por quien albergué los sentimientos de un alumno –siempre algo confusos, como sabemos. Luego usted fue mi analista, pero como resultado de desafortunadas circunstancias mi análisis no pudo completarse. Particularmente, lamento que, en el curso del análisis, usted no percibiera en mí y no pudiera llevar a la abreacción los sentimientos negativos y las fantasías que solo fueron parcialmente transferidas. (Gallardo Cuneo, s/f: *web*)

Freud replicará a esta crítica a su tratamiento, pero la relación se limpia y el intercambio epistolar se reanuda amistosamente.

Cuando Freud, tenía 74 años, y Ferenczi, 57, sufren de serios problemas físicos. Ferenczi le ofrece a Freud psicoanalizarlo, pero Freud no acepta.

Desde el punto de vista amoroso, vivió una complicada historia: se reencuentra con Gizella Altschul, a quien conocía desde su adolescencia, e inician una relación a pesar del matrimonio de la mujer y las dos hijas de esta. Siete años después, Elma, una de las hijas de Gizella, consulta a Sándor luego del suicidio de su amante, tras lo cual él se enamora perdidamente de ella. El análisis con Elma va escapando de su control, y Ferenczi le pide a Freud que se haga cargo del caso de la muchacha. Reticentemente, Sigmund acepta.

El triángulo amoroso se disuelve una vez que Elma viaja a EE.UU. y se casa con un norteamericano, por lo que Sándor contrae matrimonio con Gizella (quien no puede darle hijos) en 1919. Ella tiene 55 años, Ferenczi 46, y la relación nunca se sobrepone a la crisis provocada por la confusión de afectos.

Las diferencias que tuvo con Freud se referían a puntos de vista distintos, especialmente en relación a la importancia de la interacción entre el paciente y el analista, en el valor de la contratransferencia y en la necesidad del análisis del propio terapeuta.

Desempeñó roles institucionales muy importantes, como ser fundador y ex presidente de la Asociación Psicoanalítica Internacional. Se preocupó mucho por la formulación de programas de entrenamiento para psicoanalistas, y proponía mayor flexibilidad y una "intervención activa" por parte de los terapeutas, abogando por evitar el uso de la "neutralidad técnica", y contribuyendo también a la defensa de los psicoanalistas "no-médicos" y al debate en torno al tratamiento de las víctimas de abuso sexual infantil.

La producción de los últimos años, parcialmente autónoma respecto de algunos conceptos freudianos, genera una tirantez relacional entre él y la mayoría de sus colegas. De hecho, la publicación de sus obras completas, demorada en su publicación en base a la censura de algunas de sus ideas, solo se concretó tras haber transcurrido varios años de su muerte.

> El redescubrimiento de las innovaciones de Ferenczi en las distintas áreas en desarrollo del psicoanálisis actual, sus escritos lúcidos en observaciones clínicas, su propuesta de integración de lo biológico y lo psicológico, el énfasis en la importancia del terapeuta como "persona" y en la contratransferencia como parámetro técnico, su noción del "lenguaje de la ternura y de la pasión", y su desarrollo del utraquismo y del Bioanálisis, solo por citar algunos aspectos de su obra, invitan a resituar a Sándor Ferenczi en la correcta posición que le corresponde en el concierto psicoanalítico. (Gallardo Cuneo, s/f: *web*)

Leer a Ferenczi es muy placentero. La recuperación de su obra ha sido un estímulo para que muchos analistas y terapeutas de otras orientaciones hoy sigan avanzando en sus postulados teóricos: sus desarrollos acerca de la persona del analista están emparentados con quienes sostenemos la importancia de la persona del terapeuta en la terapia, y por la relevancia que él le daba a lo clínico, con otro lenguaje y apoyándose en otro marco teórico, me encuentro dialogando muchas veces con ese Ferenczi atrevido e innovador.

FRIEDRICH SALOMON PERLS (1893-1970)

La vida de Perls hace pensar en las varias vidas que se pueden tener en una. ¿Cómo se ve afectado por la guerra, la persecución antisemita y por su experiencia en la Cruz Roja? ¿Cuánto de lo que él propone con la terapia gestáltica, en relación a "poner el cuerpo", a sentir y expresar las emociones, surge de estas experiencias? Sudáfrica, New York, Miami y California parecen ser escalas de una búsqueda que lo tuvo constantemente en movimiento, proponiéndonos pensar su vida como una peregrinación inacabable.

Comúnmente conocido como Fritz Perls, fue el creador de la terapia gestáltica junto a la que fue su mujer, Laura. Tercer y último hijo de padres judío-alemanes después de dos hijas mujeres, su padre trabajaba como fraccionador de vinos, además de ser un viajante de comercio y masón, por lo que tendía a pasar muchísimo tiempo fuera de casa. Eso, unido a la mala relación que siempre tuvo con su progenitor, llevó a que Fritz se sintiera siempre muy unido a su madre, Amalia (judía practicante y proveniente de la pequeña burguesía), la cual le transmitió sus dos grandes pasiones: el teatro y la ópera.

Aunque era un alumno brillante, fue expulsado de la escuela por mala conducta. Su padre, entonces, lo obligó a trabajar de aprendiz en una tienda, lo que provocó que la relación con él se resintiera aún más.

Una vez fallecido su padre, Fritz retomó sus estudios en la escuela liberal Askanischer Gymnasium, donde empezó a tomar contacto de manera mucho más directa con el mundo del teatro. Al egresar, decidió continuar sus estudios en el campo de la Medicina.

Cuando la Gran Guerra se declaró en 1914, una afección cardíaca le eximió de participar en el servicio militar; aun así, se alistó en la Cruz Roja en 1915 y se unió al frente belga.

Se analizó con Karen Horney, con quien tendrá una cercana relación a lo largo de toda su vida; fue además durante este proceso que empezó a plantearse la posibilidad de realizar estudios de Psicoanálisis.

En Frankfurt conoció a Laura Posner (conocida como Laura Perls), quien se convertiría en su esposa y principal colaboradora. Tuvieron 2 hijos.

Con el ascenso de Hitler al poder, y dado su origen judío y su activa militancia en las filas antifascistas, tuvo que huir para evitar ser detenido por los nazis en el año 1933.

En el año 1936, y después de pasar momentos muy difíciles, se da cuenta que está decepcionado de los psicoanalistas de la época. Participa en un encuentro breve con Freud, quien le resultó frío y distante. No obstante, decidió acudir al Congreso Internacional de Psicoanálisis celebrado en Checoslovaquia.

Luego de establecerse en Johannesburgo, Sudáfrica, Fritz y Laura desarrollaron una forma de terapia que definían como "psicoanálisis revisado" y que posteriormente definirían como Terapia Gestalt. En 1952, luego de instalarse en Nueva York, deciden inaugurar el primer Instituto Gestalt en su departamento.

En 1956, Fritz se separa de Laura y se muda a Miami con un problema cardíaco y muy desalentado. Un tiempo después, sin embargo, comienza una relación amorosa con Marty Fromm y reanuda su interés por la vida; la relación dura dos años. Por esta época (durante los años 1956 y 57, según él mismo lo data aproximativamente en su biografía) tuvo una experiencia espontánea de "satori" o iluminación, que define como un "despertar completo".

En 1958 se muda a California para enseñar la Terapia Gestáltica como una forma de vida pero que es, por sobre todo, un modelo de terapia, quedando el Instituto de Nueva York bajo la dirección de Laura. Seis años después, Fritz se asocia al Instituto Esalen de California.

En 1970 tiene la salud muy quebrantada con un cáncer de páncreas y, tras ser operado, muere de un ataque cardíaco.

Las propuestas de Perls fueron un importantísimo aporte a la psicoterapia, ya que vino a proponer un tipo de relación y de participación terapeuta/paciente que implicó no solo hablar, interpretar y pensar, sino leer y entender muchos de los gestos, actitudes o emociones presentes en las "escenas" vinculares de cada persona. Abrió un camino que junto al Psicodrama de Moreno (*cf.* 1959) o las concepciones de Wilhelm Reich (*cf.* 1990), permitieron hacer de la psicoterapia no solo un espacio mental, sino también corporal.

DONALD WOODS WINNICOTT (1896-1971)

Nació en 1896 en Plymouth, Inglaterra, dentro de una familia de larga tradición mercantil y exportadora.

Junto con el trabajo, su padre dedicó mucho tiempo y entusiasmo a actividades religiosas y a la política local. Además de contar con una niñera para él solo (quien sería parte de su vida por más de 50 años, asistiéndola en su vejez), en su familia nuclear convivía también con una tía, una institutriz para sus dos hermanas mayores, la cocinera, varias mucamas y un gato.

Este entorno femenino casi por excelencia parece haberle dejado huellas en su desarrollo psicológico, que resultó tanto en una fuerte identificación femenina como en su curiosidad por el mundo interno de la mujer. Este rasgo se ve constantemente reflejado en su clínica como pediatra y psicoanalista, llegando incluso a aconsejar a sus pacientes que permaneciesen más tiempo en "el piso de abajo": Winnicott consideraba que el personal doméstico tenía más tiempo y mayor disposición/compasión con los niños que algunos padres biológicos.

No hay duda de que el énfasis que Winnicott pone en la madre (una contribución esencial que hace al psicoanálisis) viene de aquellos primeros vínculos con las cuidadoras femeninas. Sin embargo, y a sus 67 años de edad, describiría en un poema a una madre depresiva y a un hijo que constantemente intenta alegrarle la vida, además de publicar en un ensayo de 1957 que los niños sintonizan con el estado mental de la madre. Tal experiencia de "cuidar" y "conectarse" con una madre triste muy probablemente influyó en él para desear rescatar a otras personas sufrientes.

En el transcurso de su infancia, Donald escribió poesía e incursionó en teatro de aficionados, canto y piano. En sus vacaciones iba a esquiar o a la ópera, y practicaba canto y baile.

Compartía con su padre conversaciones acerca de la religión y temas de la ciudad, expresados de tal manera que él consideró estimulante para el libre albedrío, siempre lamentando su ausencia en su mundo familiar. El propio Winnicott dio a entender más tarde que su padre, inconscientemente, delegó en él el cuidado de su madre, por ser su único hijo varón.

Luego de asistir a un colegio privado para varones en Cambridge (en que su padre lo enroló para que desarrollara una "masculinidad firme"), su padre intentó convencerlo para que se uniera a la empresa familiar. Sin embargo, y a pesar de tener una infancia feliz, algo que lo perturbó durante su niñez lo llevó a la búsqueda del estudio de enfermedades graves. Nunca develó el porqué de su inquietud.

Se sabe que las hermanas ocuparon el papel de cuidadoras de su madre después de la partida de Donald a la Universidad. Tuvieron grandes dificultades para alejarse de la casa paterna, y ambas permanecieron solteras dedicándose a la música (a través del canto y el piano) y a la pintura. Su madre fallecería de una enfermedad pulmonar cuando Winnicott tenía 29 años, desarrollando en él un sentimiento de culpabilidad al haber sido incapaz de "salvarla".

Durante la guerra, y sin haber terminado sus estudios de Medicina, se inscribe en la Royal Navy y participa con ellos en una batalla, en la cual estuvo a cargo de asistir a heridos.

Posteriormente, y durante su formación en el Paddington Green Children's Hospital de Londres como pediatra, se despertó en Winnicott el interés por el psicoanálisis por sobre la investigación de la bacteriología o microbiología. La lectura de los escritos de Freud le abrió un nuevo camino en su vida profesional, apartándolo de su proyecto de ser médico rural.

A partir de entonces se vuelve alguien con un pensamiento original, enemigo de los fanatismos e inaugurador del espacio de juego como central en la cura psicoanalítica. Eligió dedicarse primeramente a la Pediatría, y a pesar de que poco a poco se fue volviendo más psicoanalista que pediatra, nunca abandonó su mirada desde esta especialidad: muchos de sus libros son dirigidos a padres, en un lenguaje sencillo y directo (*cf.* 2009; 1999; 1998; 1994; 1993).

Se casó con Alice Buxton, una ceramista cuatro años mayor que él, con quien no tuvo hijos. Era una mujer emocionalmente frágil, que sufría de alucinaciones y delirios. Estuvieron casados 25 años y se separaron en 1949, pero por mucho tiempo Donald se hizo cargo de su manutención, enviándole frecuentemente libros y dinero. Impresiona el parecido de la relación con ella a la que tuvo con su propia madre depresiva: hijo/marido muy responsable, hombre saludable que contrasta con mujeres enfermas, dependientes. Él exitoso, ellas fracasadas.

Mantuvo un análisis personal con James Strachey durante aproximadamente 10 años, seis veces por semana, convirtiéndose para él en su mejor analista. Resistió las críticas que algunos colegas le hacían a este análisis porque Strachey era homosexual.

En 1927 se inscribió en el Instituto Psicoanalítico de Londres, convirtiéndose así en 1934 en analista de adultos y en 1935 analista de niños (el primero del Reino Unido). En 1940 se lo nombra psicoanalista didáctico.

En 1951 se casa por segunda vez, esta vez con Clare Britton, con quien tampoco tuvo hijos. Trabajó con ella en la evacuación de niños durante la guerra y ambos dejaron testimonios de los efectos de la internación de los niños sin sus padres durante el tratamiento hospitalario.

Si bien trabajó mucho en lo clínico y en sus elaboraciones teóricas, no dejaba de encontrar espacios de distracción en los que se permitía dejar afuera a la Psicología: le gustaba especialmente la música y el canto. Cada vez que podía, entre paciente y paciente, se sentaba a tocar piano.

Trabajó con niños en el Paddington Green Children's Hospital durante 40 años, hasta 1963, donde además atendía a sus pacientes adultos en análisis en la cafetería del establecimiento.

Ya hacia finales de los años 60, Winnicott comenzó a disminuir sus horas de trabajo. A pesar de haber sufrido varios ataques cardíacos, siguió dictando seminarios en su casa a jóvenes colegas, lo cual le otorgaba mucho placer, pues, como en alguna vez mencionó, siempre le resultó una carencia el no haber tenido hijos. Falleció en 1971, en Londres.

Winnicott representa, para mi generación, un psicoterapeuta que estuvo vivo hasta nuestros días de plena formación psicoanalítica. Por esa misma razón, su producción llegaba "fresca" a quienes estábamos en esa etapa, y fueron muchos psicoanalistas argentinos de niños que se vieron profundamente influenciados por él. En el Buenos Aires de aquel entonces, durante la década del 60 (en el que la mirada kleiniana en psicoanálisis había penetrado profundamente), la conceptualización y la práctica winnicottiana tuvieron repercusiones notables. Sus aportes fueron relevantes no solo para los tratamientos de niños, sino también para el desarrollo de la salud y de las prácticas parentales más conscientes y comprometidas con el crecimiento emocional. Prueba de ello, por ejemplo, fue la instalación como práctica dentro del Hospital de Niños de Buenos Aires de la obligatoriedad de internación de los niños junto a sus madres, propuesta liderada por el Dr. Florencio Escardó y sustentada en muchos trabajos de Winnicott como pediatra.

Tal vez podríamos hipotetizar que su contorno social y su círculo de mujeres victorianas lo mantuvieron "niño/hijo" y que, desde ese lugar, le fue mucho más fácil empatizar con las vivencias infantiles y maternas. No deja de ser llamativo el hecho de que ni él ni sus hermanas tuvieran hijos.

Y probablemente también, de haber vivido más cerca de esta época, su propia sexualidad hubiese tenido otras posibilidades de comprensión, de abordaje y de desarrollo. Es imposible de afirmar pero, de alguna manera, la vida de Winnicott pareciera haber significado más un aporte a otros que una vida en la que él hubiera sido una persona satisfecha y disfrutadora.

SIGMUND FREUD (1856-1939)

No es sencillo sintetizar la historia de vida de Freud; no solo por sus vicisitudes personales y profesionales, sino por la época histórica en la que se desarrollaron y que obviamente tiñeron gran parte de sus experiencias vitales. Sin lugar a dudas, fue un creador muy atrevido: el salto que pudo dar desde su trabajo con la neurología a pensar una teoría de la mente humana no tiene comparación hasta el día de hoy.

Por ejemplo, su concepción del inconsciente y sus manifestaciones, los mecanismos de defensa, la transferencia en una relación terapéutica, el complejo de Edipo y el narcisismo sentaron cimientos sobre los que se sigue construyendo teoría del psiquismo 120 años después.

Las instituciones psicoanalíticas que se crearon para albergar la formación en psicoanálisis y su difusión e investigación no dejaron de adolecer de los típicos conflictos de poder de tantas instituciones de otro tipo, hasta hoy. Y muchas de ellas, por supuesto, se alejaron del estilo del viejo Freud, que era capaz de psicoanalizar a un amigo caminando por la calle o epistolarmente (como a Lou Andrea Salomé), o incluso teniendo a su perro dentro del consultorio.

Efectivamente, mucha de la práctica psicoanalítica que se desarrolló después de la muerte de Freud se caracterizó por su rigidez y dogmatismo, lejos del espíritu explorador de su creador. Y esta es una de las razones por las cuales, reactivamente, nos topamos en la actualidad con que hay carreras de Psicología en las que no dan a leer ni uno solo de sus artículos: como si no hubiera existido o fuera alguien de un pasado obsoleto.

Freud nació en Freiberg, en la antigua Moravia, en mayo de 1856. Fue hijo del segundo matrimonio de su padre, quien ya tenía 2 hijos y un nieto de su unión anterior. La madre de Sigmund era 20 años más joven que su marido y tenía la misma edad que el hijo mayor de él.

Luego del fracaso en los negocios del padre se van a vivir a Leipzig y luego a Viena, donde pasaron muchos años de estrecheces económicas. Freud no quiso nunca a esta ciudad, de la que se fue solo un año antes de morir, cuando dada su condición de judío (sus obras habían sido quemadas en Berlín, en 1933) se vio obligado a huir al exilio en Londres en 1938.

Pese a que la familia pertenecía a la comunidad judía nunca fue especialmente religiosa; el padre era más bien liberal, y el propio Freud adolescente, pese a sentirse perteneciente a la cultura judía, no era practicante. Así como en el caso de otros terapeutas, en su familia, el mundo intelectual era prioritario.

Fue un muy buen estudiante, y al terminar su educación secundaria pensó en estudiar Derecho. Finalmente eligió Medicina, con la intención de comprender la condición humana científicamente.

> La Universidad, a cuyas aulas comencé a asistir en 1873, me procuró al principio sensibles decepciones. Ante todo, me preocupaba la idea de que mi pertenencia a la confesión israelita me colocaba en una situación de inferioridad con respecto a mis condiscípulos, entre los cuales resultaba un extranjero [...]. Pero estas primeras impresiones universitarias tuvieron la consecuencia importantísima de acostumbrarme desde un principio a figurar en las filas de la oposición y fuera de la 'mayoría compacta', dotándome de una cierta independencia de juicio. (Freud, 1925: 921-922)

En 1882, Sigmund conoció a Martha Bernays. Para poder casarse con ella dejó su carrera de investigador para trabajar como médico, decidiendo además especializarse en Neuropatología, después de ser residente de esta área en varios departamentos del Hospital General de Viena. Viaja a París, con una beca para trabajar 4 meses en el servicio de neurología del Hospital de la Pitié-Salpêtrière bajo la dirección de Jean Martín Charcot, donde pudo conocer las manifestaciones de la histeria y los efectos de la hipnosis sobre esta. Charcot se convirtió en un interlocutor fundamental de Freud en esos años.

Entre los años 1884 y 1887, en su práctica hospitalaria, descubre las propiedades de la cocaína, extraída de la hoja de coca. Decidió explorar consigo mismo, ya que la consideró un remedio extraordinario que lo podría ayudar a combatir su neurosis y los efectos de su abstinencia sexual.

> Cuídate princesa mía, cuando vuelva te besaré hasta hacerte enrojecer toda [...] y si te muestras indócil, verás quién es el más fuerte de los dos: la dulce muchachita que no come lo suficiente o el fogoso hombretón que tiene cocaína en el cuerpo. (Roudinesco, 2005: 51-52)

Según Roudinesco, este paso por la droga, que duró varios años, es una etapa importante en la vida del joven Freud pues,

> se enfrentó a su 'demonio', su *hybris*, su desmesura, la parte irracional de sí mismo que siempre lo llevaría a desafiar el orden de la razón [...] una manera de hacer el duelo del enfoque fisiológico en beneficio del estudio de los fenómenos psíquicos. (52)

Al regresar a Viena en 1886 se casa con Martha, después de un largo noviazgo de 4 años, lleno de rupturas y reconciliaciones. Pasaban largos años sin verse, pero se mantenían leales al compromiso asumido, y a pesar de la inicial negativa de Sigmund de casarse con un servicio religioso, él y Martha debieron oficializar su unión de esa manera a modo de que esta tuviera validez legal en Austria. El matrimonio tuvo seis hijos en 8 años, tres niños y tres niñas, la menor de las cuales, Anna, nacida en diciembre de 1895, se convertiría en su hija más cercana y en psicoanalista infantil. Ninguno de sus hijos varones fue circuncidado y él le prohibió a Martha celebrar el Sabbath y cocinar según las reglas religiosas, como una manera de sentirse judío sin cumplir con los ritos.

A sus 40 años, según Roudinesco, y a raíz de ver a Martha agotada por sus embarazos tan seguidos, decide recurrir a una abstinencia sexual que mantiene hasta su muerte.

> La vida carnal del más grande teórico moderno de la sexualidad, habría de durar, por tanto, 9 años [...]. En realidad, Freud intentó varias veces reanudar las relaciones carnales con Martha. Pero se sentía viejo y torpe y terminó por renunciar. (2015: 63)

Por otra parte, la autora plantea "que Freud consideraba que la sublimación de las pulsiones sexuales era el arte de vivir reservado a una élite, la única capaz de acceder a un nivel elevado de civilización" (63).

En 1896 la hermana soltera de Martha, Minna, se fue a vivir a la casa de la familia para ayudar a su hermana, obedeciendo a una costumbre bastante típica para las mujeres de su estado civil de aquel entonces. Roudinesco sostiene que Freud hizo de Minna "su segunda esposa, su hermana, su confidente de todos los momentos. Con la condición, empero, de que no ocupara jamás el lugar de Martha" (2015: 64). Al parecer Freud, en esa época, sustituyó la pasión sexual por una especie de fiebre por viajar.

Durante la gestación de la obra Estudios sobre la histeria (1893), en un diálogo fecundo con Breuer, Freud desarrolló sus primeras ideas sobre el psicoanálisis.

> De 1886 a 1891, abandoné casi por completo la investigación científica y apenas publiqué algo. Tuve, en efecto, que dedicar todo mi tiempo a afirmarme en mi nueva actividad y asegurar la existencia material de mi familia que iba creciendo rápidamente. (Freud, 1925: 926)

Trabajando solo, conceptualiza acerca del "inconsciente", la "represión" y la "transferencia" en medio de colegas que lo cuestionaban. Siempre se sintió interesado por la actividad onírica y su análisis, estudiando el carácter simbólico de estos mediante el análisis de su propio diario de sueños.

Hasta 1905 tuvo pocos discípulos. Daba conferencias en distintas sociedades médicas, generando muchas veces polémicas intensas por la introducción de sus nuevas visiones acerca del funcionamiento de la mente.

En el marco del Primer Congreso Psicoanalítico (invitado por Karl Gustav Jung, en Salzburgo), y gracias a sus seguidores de ese momento, William Stekel, Alfred Adler, Otto Rank, Abraham Brill y Sándor Ferenczi, Freud crea en 1908 la Sociedad Psicoanalítica.

En 1909 Freud y Jung viajan a EE.UU. a dar varias conferencias. En 1910, se funda en Núremberg la Sociedad Internacional de Psicoanálisis, presidida por Jung hasta 1914, cuando se ve obligado a renunciar por sus profundas diferencias con Freud en relación al concepto de libido. Una vez más, y luego de intensas cercanías, Freud rompe con algunos que fueron sus maestros y/o colegas muy cercanos, como por ejemplo Wilhelm Fliess, Joseph Breuer y Carl Jung. Exceptúa a Sándor Ferenczi, pues a él le "tolera" sus diferencias.

Los años que siguen son de una intensa producción teórica, conferencias, análisis de pacientes, clases, lecturas y luchas políticas dentro de las organizaciones psicoanalíticas, siendo de ellas siempre el protagonista.

En 1923 le diagnosticaron un cáncer de paladar y se sometió a la primera de 33 cirugías; sin embargo nunca dejó de fumar. Su padecimiento siguió avanzando hasta desarrollársele una sordera del oído derecho. Desde entonces y hasta su muerte en Londres el 23 de septiembre de 1939, estuvo siempre enfermo, aunque no decayó nunca su actividad: hasta un mes antes de morir, seguía recibiendo a sus cuatro últimos pacientes, entre ellos Dorothy Burlingham. Luego de su fallecimiento (en el que contó con la aplicación de morfina por parte de su médico y amigo Max Schur), las cuatro hermanas que habían permanecido en Viena fueron, primero, confinadas a una habitación luego de la expropiación de los bienes familiares, y más tarde deportadas a campos de trabajo y de concentración entre 1942 y 1943. Nunca regresaron de ellos.

Como él mismo dijo: "Así, pues, volviendo la vista a la labor de mi vida, puedo decir que he iniciado muchas cosas y sugerido otras, de las cuales dispondrá el futuro. Por mí mismo, no puedo decir lo que en tal futuro llegarán a ser" (1925: 950).

MELANIE KLEIN (1882-1960)

La historia de vida de Melanie Klein, como la de sus contemporáneos, es inseparable del contexto en el que se desarrolló: persecuciones, migraciones, descubrimiento del psicoanálisis, creación y desarrollo de instituciones y pérdidas significativas que derivaron en una depresión importante, según los relatos de quienes la conocieron al final.

Su pelea con Anna Freud, así como la ruptura relacional con su hija, parecen reflejar los efectos de una relación conflictiva con su madre. Mujer fuerte, que se atrevió en muchas oportunidades a desafiar el poder masculino imperante en las instituciones psicoanalíticas de entonces, fue también quien hizo interesantes aportes a la psicología temprana del desarrollo.

Tal vez no haya sido suficientemente bien entendida en su teoría y que a causa de sus características personales ocupó un lugar conflictivo en las organizaciones de las que participó. Sin embargo, para mí, Klein sigue siendo una autora a la que recurro en ciertas ocasiones, con ciertos pacientes, porque su concepción de la envidia y de la gratitud, de los duelos, de las posiciones esquizo-paranoides y depresivas me "vuelven" por momentos como una lupa esclarecedora.

Su padre pertenecía a una familia judía muy religiosa, la cual ya había escogido una novia para él y había decidido que se convirtiese en rabino. Si bien cedió al primer deseo de sus padres se rebeló contra el segundo, decidiendo estudiar Medicina por sobre seguir el camino de la religión. Rompería sus lazos con la práctica ortodoxa luego de finalizar sus estudios.

A los 37 años se divorció de su primera esposa, para unos años después, en 1875, casarse con la que sería la madre de Melanie, Libussa, quien era alrededor de 20 años menor que él.

De este matrimonio nacen 4 hijos, siendo Melanie la menor. Un primer duelo en la vida de Melanie es a sus 4 años con la muerte a causa de tuberculosis de su hermana Sidonie, de 8, en 1886. A sus 18 años murió su padre, y dos años después fallece su hermano Emannuel, quien ejercía sobre ella una fuerte influencia.

Las dificultades económicas que siguieron a la muerte del padre parecen haber sido para Melanie la causa de su renuncia a los estudios de Medicina, que había decidido realizar para convertirse en psiquiatra.

Este período de estrechez económica y su reciente duelo por la muerte de Emannuel parecen tener relación con su matrimonio precipitado en 1903 con Arthur Klein, un ingeniero de carácter desconfiado que había conocido dos años antes y del que se divorció en 1922.

La madre de Melanie tenía una personalidad muy posesiva y tiránica, y hasta el día de su muerte en 1914 su hija la consideró entrometida y deseando controlar su vida.

Esta serie de duelos que marcaron su juventud y temprana vida adulta son muy probablemente responsables del sentimiento de culpa cuyas huellas se encuentran en su obra teórica.

En 1910 Melanie, crónicamente depresiva, insiste en mudarse a Budapest. Nació allí en 1914 el tercer hijo de la pareja, Erich Klein (que luego cambia su apellido a Clyne), a quien Melanie analizaría después, al igual que como hizo con Hans y Melitta, los dos hijos mayores. Ese mismo año fue también el de su primera lectura de un texto de Sigmund Freud (sobre los sueños) y de su primera entrada en análisis con Sándor Ferenczi.

Muy pronto, Melanie Klein comenzó a participar en las actividades de la Sociedad Psicoanalítica de Budapest. En septiembre de 1918, y al escuchar al propio Freud, quien lee su obra *Nuevos caminos de la terapia psicoanalítica*, Melanie queda impresionada con el psicoanálisis y toma conciencia de su deseo de dedicarse a esta práctica de la terapia.

En 1919, impulsada por Ferenczi, presenta en la Sociedad Psicoanalítica de Budapest su primer estudio de un caso dedicado al análisis de un niño de cinco años, que en realidad era su propio hijo Erich. En esta presentación, manifestó que el niño era hijo de miembros de su familia que habitaban en su vecindad inmediata, lo que le había permitido encontrarse a menudo, de modo natural, cerca de él. Además, dijo que la madre seguía todas sus recomendaciones, y que entonces ella podía ejercer una gran influencia sobre la educación de su hijo.

Esta contradicción y conflicto ético con los parámetros del *setting* psicoanalítico acompañó a parte de toda esa generación de psicoanalistas.

Luego de mudarse de Budapest a Berlín, y desde 1924 en adelante, el debate sobre qué debía ser el psicoanálisis del niño enfrenta a Melanie Klein y Anna Freud en lo que sería una de las disputas más reconocidas dentro de las esferas del psicoanálisis.

Por pedido de Ernest Jones, quien la invitó a pasar un año en Inglaterra, Melanie Klein deja Berlín en septiembre de 1926. Esa instalación londinense marcó el inicio de las hostilidades entre la escuela vienesa (Anna Freud) y la escuela inglesa (Klein).

Melanie Klein fue la principal guía intelectual de la segunda generación psicoanalítica mundial, dando origen a una de las grandes corrientes del freudismo: el kleinismo. Transformó profundamente la doctrina freudiana clásica, creó el psicoanálisis de niños y propuso una nueva técnica de cura y análisis didáctico, lo cual la convirtió en jefa de escuela de pensamiento. Winnicott supervisó 5 años con ella.

Su obra, compuesta esencialmente por una cincuentena de artículos y un libro (*cf.* Klein, 1994), ha sido traducida a unos quince idiomas y reunida en cuatro volúmenes. A ellos se suma una autobiografía inédita y una importante correspondencia.

La vida familiar de Klein se ve ensombrecida por la muerte de su hijo Hans en 1934 en un accidente, además del progresivo conflicto con su hija Melitta, quien se convirtió en analista. Melitta tomó distancia respecto de Melanie en el curso de su análisis con Edward Glover, quien no vaciló en aprovechar las tensiones familiares para reforzar sus propias posiciones teóricas frente a Melanie.

Madre e hija nunca se reconciliaron.

Luego de la muerte de Jones y del fuerte impacto que esto causara en Klein, Melanie muere de cáncer de colon en Londres, el 22 de septiembre de 1960.

12.3 PERSONAS Y CONTEXTOS

Leer estas síntesis biográficas, construidas con fragmentos de información, nos ubica en el contexto geográfico, sociopolítico y cultural de cada época, permitiéndonos entender cómo se fueron desarrollando algunas de estas concepciones teóricas acerca de la salud y de la enfermedad mental.

Lo primero que salta a la vista es que todos son principalmente centroeuropeos, nacidos previamente a la primera Gran Guerra o entre las dos Grandes Guerras. Probablemente esta época de terribles circunstancias los llevó a cuestionarse qué era lo que movía a los seres humanos, cuáles eran sus impulsos y cómo se explicaban. También es notable que la mayoría eran judíos, sin duda los más afectados por persecuciones, matanzas y discriminaciones y, por lo tanto, quizás los más motivados por temas de reparación, traumas, pérdidas y duelos, así como por el hecho de la importancia que en sus familias tenía el desarrollo intelectual.

Me parece muy interesante observar las contemporaneidades entre varios de ellos y las similitudes en sus condiciones de vida, mirando sus *fechas de nacimiento y de fallecimiento*[15]:

	Nacimiento	Defunción
Sigmund Freud	1856	1939 (83 años)
Sándor Ferenczi	1873	1933 (60 años)
Carl Jung	1875	1961 (86 años)
Melanie Klein	1882	1960 (78 años)
Fritz Perls	1893	1970 (77 años)
Anna Freud	1895	1982 (87 años)
Donald Winnicott	1896	1971 (75 años)

La mayoría de ellos, salvo Ferenczi, fueron longevos para la época. Son parte de familias con varios hijos y los menos, de familias burguesas adineradas. Para la mayoría, estudiar y ser profesional era parte de un camino necesario, bien visto, y una fuente de ingresos necesaria.

15 Me parece relevante agregar a esta revisión a otros psicoanalistas cuya biografía no fue revisada en este volumen, a modo de ofrecer una visión más exhaustiva de las similitudes y diferencias entre ellos.

En varios de ellos existe un involucramiento importante tanto con las religiones como con visiones políticas y filosóficas.

Acercándonos más al siglo XXI, nos encontramos con:

	Nacimiento	Defunción
Jaques Lacan	1901	1981 (80 años)
Milton Erickson	1901	1980 (79 años)
Carl Rogers	1902	1987 (85 años)
Bruno Bettelheim	1903	1990 (87 años)
Enrique Pichon Rivière	1907	1977 (70 años)
Alice Miller	1923	2010 (77 años)
Michel Foucault	1926	1984 (58 años)
Michael Mahoney	1942	2006 (60 años)

En esta época ya se destacan terapeutas norteamericanos, no solo europeos. También impacta que varios de estos extraordinarios terapeutas estuvieron vivos hasta nuestros días, creativos, aportadores y, al mismo tiempo, lejanos e inasequibles para muchos.

Las muertes de Bettelheim y Mahoney son símbolos de que los terapeutas también podemos sufrir tanto que optamos por quitarnos la vida. Y la muerte temprana de Foucault, producto del sida (emergente en esos tiempos y sin tratamientos paliativos) nos recuerda nuestras fragilidades, nuestros descuidos, nuestras impotencias.

Escapa a los límites de este trabajo un análisis exhaustivo de las correlaciones entre vida personal y teorías desarrolladas, pero quisiera llamar la atención sobre algunos datos:

- El interés de Winnicott por los niños y por la relación madre-hijo sin haber tenido hijos propios, pero sí una intensa relación con su madre depresiva, así como el hecho de haber crecido entre mujeres.
- La creatividad de Milton Erickson para encontrar formas inusuales de aliviar los síntomas y resolver problemas, y su relación con el hecho que desde niño, y durante toda su vida, enfrentó y superó numerosos problemas de salud.
- El interés de Lacan por la construcción teórica más que clínica, su necesidad de diferenciarse de Freud mientras buscaba un protagonismo equivalente, y la importancia que tiene en su teoría "el Nombre del Padre", especialmente considerando su propia experiencia como hijo con su padre y a su experiencia como padre de cuatro hijos.

- La preocupación de Mahoney por el bienestar de los terapeutas, relacionado con su propio padecimiento y posterior suicidio.
- La experiencia traumática en un campo de concentración durante la guerra, columna vertebral de la obra de Bettelheim.
- El desarrollo teórico sobre los efectos del maltrato en los niños y su experiencia de vida en el caso de Alice Miller.

12.4 REFLEXIONES

Obviamente, la selección que hice de historias de vida de psicoterapeutas no solo tiene que ver con aquellos que son mayormente reconocidos, sino además con los que ocuparon un lugar significativo en mi propia formación y desarrollo como terapeuta.

Cada relectura de estas biografías me aportó un escenario dentro del cual se desarrollaron o desarrollan estas vidas. Y en muchos de ellos, la Segunda Guerra Mundial y la postguerra son hitos imposibles de olvidar, pues se puede entender por qué de allí, de sus hijos y nietos, surgieron tantos terapeutas. Migraciones, pérdidas familiares muy dolorosas, desmembramientos familiares, persecuciones y desarraigos también nos han marcado a muchos de los que elegimos esta profesión (al menos en mi generación) como herederos de un pasado que necesita aún ser reparado.

También veo en estas historias a personas particulares, poco convencionales y atravesadas por circunstancias vitales muy difíciles que tomaron estos estímulos no solo para sobrevivir, sino para crear en pos de su superación personal y el aporte social. Todas estas vidas parecen decir que un poco de locura viene bien para emerger de la mediocridad o de la destrucción.

Varias interrogantes me surgen al revisar estas biografías:

¿Qué familia armó cada uno de estos terapeutas? ¿Qué perfil de mujer eligieron estos hombres terapeutas? En varios de ellos, vemos en sus parejas o madres a mujeres depresivas, psicóticas, o mujeres amas de casa sin ambiciones propias, por ejemplo. Y para las mujeres terapeutas, ¿qué lugar ocuparon en sus vidas esos "padres" poderosos?

¿Y la relación con sus hijos? Personas como Winnicott, Anna Freud y Ferenczi no los tuvieron, y aquellos que sí, no parecieran haber establecido relaciones significativas con ellos, salvo aquellas que fueron abiertamente conflictivas.

¿Cuán ambiciosos eran en términos de poder frente a sus pares? Tal vez es solo un prejuicio pensar que grupos de personas dedicadas a la salud mental tendrían que tener más dominio y manejo de su emocionalidad... pero son muchas las historias de peleas, competencias, descalificaciones y conflictos por quién iba a dirigir cuál institución, quién apoyaba a quién, quién se aliaba con quién o creaciones y disoluciones de instituciones que no parecen diferenciarse de cualquier otro tipo de ocupación laboral.

¿Qué les hacía sentir el hecho de saberse abriendo camino en territorios inexplorados?

Me hubiera gustado poder tener testimonios directos de algunos de ellos para irnos respondiendo estas y otras preguntas acerca de sus vidas. Y el que no existan o sean mínimos es lo que me impulsa a invitar a quienes lean estas páginas a dejar registro de nuestra evolución y desarrollo como terapeutas, sentando las bases para quienes nos van a suceder.

No puedo dejar de tener presentes, en este recorrido biográfico, a algunos de mis pares con quienes fuimos haciendo una travesía a veces compartida, a veces divergente[16]. Si bien algunos siguen siendo psicoanalistas y otros se han convertido en representantes históricos de la inclusión de enfoques sistémicos (así como del constructivismo y del enfoque integrativo) hace 40 años eran, por ejemplo, psicoanalistas que trabajaban a la manera más tradicional. Y pienso en otros que pasaron de ser psiquiatras biológicos, que solo recetaban pastillas, a ser profesionales que ven el padecimiento humano como algo mucho más que desbalances químicos.[17]

Todos ellos me hacen sentir orgullosa de formar parte de una generación que produjo y sigue produciendo, creando y cambiando paradigmas, que también se abrió a mundos más allá de nuestros países de origen, con cambios en sus vidas personales (casamientos y divorcios, familias ensambladas, adopción de hijos), enfrentándose a las enfermedades y ahora integrando la "abuelitud".

16 Muy especialmente Hugo Hirsch, Octavio Fernández Mouján y Hector Fernández Álvarez.

17 Como Rodrigo Labarca, Alejandro Lagomarsino, José Bitrán y Jorge Cabrera.

13. LA FORMACIÓN Y SUS HERRAMIENTAS

Ante todo, y como lo vengo afirmando previamente, soy de las que considera que en la formación de los futuros psicólogos clínicos es imprescindible dentro del currículo universitario la creación de un espacio que permita el trabajo sobre sus personas, guiado por quienes tengan no solamente experiencia clínica, sino también que hayan hecho su propio trabajo de autoconocimiento y capacitación, y que tengan claridad acerca de la diferencia entre un trabajo de este tipo en la universidad o durante un trabajo terapéutico.

Concibo tal espacio como un tiempo diversificado, con trabajos personales y grupales, con tareas que los postulantes realicen por fuera de la universidad. Idealmente estos ejercicios se llevarían a cabo a lo largo de su último año de sus cursos de pregrado.

Dado el compromiso emocional involucrado en estas tareas, se hace muy necesario que los profesores a cargo tengan claro que *no* es un trabajo terapéutico, sino de autoconocimiento, de ayuda a formularse preguntas, explorar caminos, conocer modelos y estilos, y a concientizar de qué se trata la profesión que están a punto de iniciar. Al decir de Santi (1996: 29): "La modalidad de entrenar-enseñar debe ser coherente con lo que se pretende que el entrenando incorpore". Los alumnos deben sentirse cuidados y seguros respecto del resguardo de los datos que consideren privados y saber que la universidad no es el espacio de la psicoterapia personal.

Como lo plantea Oro (2003), y teniendo en cuenta los cinco grandes grupos de escuelas psicológicas (conductual, cognitiva, psico-dinámicas, sistémicas y humanístico-existenciales), es necesario considerar que cada una tiene su modelo, sus técnicas y el futuro terapeuta tendrá que elegir:

Prefiero la formación general en primer término, basada en los tres aspectos enumerados anteriormente (antropología, metodología e investigación e integración sociocomunitaria) y luego sí, en un ciclo posterior de uno, dos o tres años, acceder a los diferentes niveles de postgrado como ser la especialidad, la maestría y/o el doctorado. (339)

En su comentario al trabajo de Oro, Fernández Álvarez (Oro, 2003) resume su pensamiento, planteando en primer lugar que

los estudios básicos de Psicología deben ponderar de manera equilibrada los conocimientos de una ciencia natural y social [...] así como articularse debidamente los aspectos metodológicos y humanísticos con la finalidad de evitar una mentalidad reduccionista en el futuro terapeuta. (355)

En segundo lugar, propone que en la formación de los especialistas en terapia se debe incluir el conocimiento de los distintos niveles de prevención para contar con profesionales que se preocupen por la salud de la población. En tercer lugar, aclara: "los estudios superiores implican un perfeccionamiento que le permita al terapeuta operar con el mayor nivel de efectividad posible [...] contando con un abanico multiteórico de opciones" (356). Por ende, y finalmente: "la formación del terapeuta debe atender especialmente al desarrollo de la persona del profesional" (356).

No puedo coincidir más con esta visión. Y con el afán de contribuir a futuros currículos que tengan en cuenta alguno de estos postulados, he sistematizado un conjunto de ejercicios para trabajar en el ámbito del curso "La persona del terapeuta" o con grupos de terapeutas que se han reunido o se reúnan para trabajar estos temas.

Los ejercicios que se presentan a continuación son una mezcla de creaciones propias, propuestas de otros terapeutas y encuestas propuestas en otros contextos. En general, voy siguiendo un orden que suele ir desde lo más general hacia lo más personal, adaptando cada herramienta a la dinámica propia de cada grupo, siempre guiándome por el eje de "ser o hacerse terapeuta" (y no por transformar el espacio en un grupo terapéutico).

Es decir: cuando surgen las historias personales, siempre trato de que las usen para comprender en qué medida esa historia les explica su elección de carrera, o la elección de un estilo, o el tipo de pacientes que los pueden entrampar más, o aquellos con los que no deberían trabajar, o las temáticas más conflictivas para cada uno. *O sea, siempre el centro para mí es el hecho de que son terapeutas y que están haciendo este trabajo como tales, aprendiendo a integrar su persona a su práctica, a usar los conocimientos y las herramientas que adquirieron no solo en la universidad sino en la vida, en su quehacer.*

Por ejemplo, cuando trabajo la elección de la carrera para cada uno, mi manera de explorarlo incluye el trabajo con una encuesta semicerrada, la elaboración de un *collage* que cada uno realiza donde representa la visión que tenía de la Psicología al elegir la carrera y la escritura de una breve autobiografía y el genograma personal. Al abordar este tema grupalmente, es posible encontrar no solo las motivaciones individuales, sino aquellas que se presentan como recurrentes en quienes optan por esta profesión y esta especialidad en estos contextos sudamericanos. La autobiografía la leo solo yo, y les pido que ellos me digan qué aspectos de ella me autorizan a incluir cuando trabajemos con el grupo. En el caso que alguien me pida no compartirla, le hago un comentario por escrito sobre qué aspectos de su biografía me parecen relevantes para el ejercicio profesional y para qué.

Un ejemplo puede ser el de un alumno cuyo padre era abogado, que puso el foco en cuánto le costó validar su elección ante su familia por ser el hijo varón del que se esperaba una elección más "masculina". A él le costaba hablar de esto en el grupo, porque sentía que traicionaba a su padre; sin embargo, al cabo de varios meses de trabajo consistente en estas instancias, pudo contar tranquilamente este aspecto de su elección.

La ventaja del trabajo grupal es poder descubrir los elementos comunes a todos y, al mismo tiempo, quien coordine puede ir mostrando aquello que a nivel personal tendría que ser trabajado en un espacio terapéutico. Por ejemplo, el miedo a competir, la dificultad con el trabajo con la agresión, conflictos padres-hijos que hacen revivir los propios, etc.

Hay una serie de temas que son los que usualmente trabajo en estos grupos y que me guían para ir creando y proponiendo actividades en las reuniones grupales:

- autoconocimiento;
- autoexposición;
- sensibilización;
- registro de emociones;
- detección de incoherencias entre el lenguaje verbal y el corporal;
- capacidad de observación y de escucha;
- aprendizaje en la formulación de lo que sienten;
- implementación de lo que sienten en las intervenciones terapéuticas;
- emociones más conflictivas para cada persona;
- ampliación de los recursos personales.

Espero que los siguientes ejercicios puedan ayudar a esclarecer a cada alumno y/o terapeuta no solo las razones por las cuales decidieron convertirse en terapeutas (o a los profesionales con varios años a su haber el cómo se han ido desarrollando profesional y personalmente), sino que piensen y descubran aquellas características que, más allá de considerarlas defectos o virtudes, son de sí mismos (en todas las áreas de su vida) sus recursos, y también tomen conciencia del autocuidado imprescindible en esta profesión.

ENCUESTA Nº1[18]

Ir siendo terapeuta

Nombre y apellido: ____________________

Fecha: ____________________

1) Si no fueras terapeuta y eligieras otra profesión, ¿cuál sería? ¿Por qué?
2) Si tuvieras que dictar un curso de psicoterapia y solo pudieses utilizar un libro, ¿cuál sería?
3) Imagínate asistiendo al más entretenido curso o seminario posible, ¿sobre qué se trata? ¿Qué título le imaginas?
4) Piensa en varios terapeutas que conoces y cuya manera de trabajar o teoría tú admires. Haz una lista de lo que tú crees que ellos hacen que a ti te gustaría también hacer.

Observaciones: Trabajo esta encuesta de manera individual, dándoles a los participantes un tiempo suficiente de reflexión. Una vez que terminaron de responderla propongo compartir sus respuestas. En general son sorprendentes: surgen los otros intereses que cada persona tiene o tuvo, así como las dificultades para concebir sobre qué les interesaría explorar más allá de la Psicología.

En el caso de la elección de un solo texto para dictar un curso de psicoterapia, algunos alumnos han escogido, por ejemplo, "la Biblia" o "El principito" en vez de un texto académico.

Asimismo, los terapeutas que admiran suelen ser sus profesores y, excepcionalmente, sus propios terapeutas; por lo tanto, toman conciencia que muchas veces no han visto trabajar a nadie como psicoterapeuta y que, entonces, tienen una gran ausencia de modelos, ya que un/a profesor/a no les sirve para ello.

18 Adaptada de Keeney, B. (1992). "Evaluación de los recursos del terapeuta", pp. 121-123. *La improvisación en Psicoterapia*. Buenos Aires: Paidós.

ENCUESTA Nº2[19]

Ir siendo terapeuta 2

Nombre y apellido:______________________________

Fecha:______________________________

1) ¿Qué le preguntarías a un terapeuta maduro?
2) Enumera todas las escuelas psicoterapéuticas sobre las que conoces algo. Al lado de cada nombre, escribe la palabra que según tú mejor la caracteriza. Ordena luego las palabras según un orden decreciente de importancia, sea lo que fuera la importancia para ti.
3) De acuerdo a esta enumeración, ¿cuál crees que es más afín a tu estilo o tus intereses y perspectivas?
4) Piensa en tus técnicas psicoterapéuticas predilectas. Elige algunas palabras que, a tu juicio, transmitan lo que tienen en común.

Observaciones: En este trabajo, se ponen muy de manifiesto desconocimientos y prejuicios acerca de las psicoterapias. Al hacerse en grupo, se pueden ver las diferencias y contrastes en lo que cada uno cree acerca de la misma orientación, además de permitir el inicio de una autorreflexión sobre lo que a cada uno le hace sentir más cómodo para trabajar en psicoterapia.

19 Adaptada de Keeney, B. (1992). "Evaluación de los recursos del terapeuta", pp. 121-123. *La improvisación en Psicoterapia*. Buenos Aires: Paidós.

ENCUESTA Nº3[20]

Ir siendo terapeuta 3

Nombre y apellido:______________________________

Fecha:____________________________________

1) Si tú hubieras creado o inventado una escuela de terapia, ¿qué terapia elegirías entre las que conoces?

2) Si pudieras pasar varias horas con un terapeuta vivo o muerto, ¿a quién elegirías?

3) Si tuvieras que adjudicarte alguno de estos rótulos como psicoterapeuta, ¿cuál o cuáles te darías?

- ☐ Mediador
- ☐ Pararrayos
- ☐ Aglutinador
- ☐ Detective
- ☐ Fuente de energía
- ☐ Juez
- ☐ Entrenador de tenis
- ☐ Taxista
- ☐ Bromista
- ☐ Despertador

Algún otro, ¿cuál? [____________________________]

20 Adaptada de Keeney, B. (1992). "Evaluación de los recursos del terapeuta", pp. 121-123. *La improvisación en Psicoterapia.* Buenos Aires: Paidós.

4) ¿Cuál es, en el siguiente listado de palabras, la que mejor te representa en tu manera de relacionarte con los pacientes? (1 es "nada" y 5 es "totalmente")

- ☐ Tratarlos como una madre
- ☐ Tratarlos como un padre
- ☐ Entrenarlos
- ☐ Instruirlos
- ☐ Dirigirlos
- ☐ Tratarlos como un médico
- ☐ Tratarlos como una enfermera
- ☐ Organizar una coreografía con ellos
- ☐ Ser un/a artista con ellos

Otros [______________________________]

5) ¿Cómo definirías tu estilo de intervención: como un "salvaje" o como un "manso"?

6) ¿Qué palabra es la que mejor describe tu forma de comunicarte con la gente en general?

____

Observaciones: Esta encuesta, dependiendo del tiempo del que se disponga, puede realizarse en conjunto con la encuesta 2, o en ocasiones diferentes.

Sirve para profundizar en la autorreflexión acerca de lo que cada uno percibe de sí mismo como manera de ejercer el rol terapéutico, así como tener más claro cuáles son los aspectos que teóricamente más le interesan y con qué autores se identifican más.

Obviamente, como en las encuestas anteriores, quien coordine el grupo tiene que ir recogiendo y dando *feedback* sobre lo que ve de cada persona así como de los elementos en común presente entre los integrantes del grupo.

ENCUESTA Nº4[21]

Descubriendo estilos

Nombre y apellido:______________________________________

Fecha:____

1) ¿Te gusta contar cuentos o historias?
2) ¿Usas o usarías el humor en tu trabajo con pacientes/clientes?
3) ¿Y los juegos?
4) ¿Y el sentido del absurdo?
5) ¿Qué valor le asignas a la interpretación en la terapia?
6) Habitualmente, ¿tú tratas o tratarías que los pacientes definan un problema para trabajar sobre él?
7) ¿Qué importancia le asignas al centrarse en el "aquí y ahora"?
8) ¿Necesitas, para trabajar con alguien, tener un diagnóstico de esa persona?
9) ¿Te gusta impartir directivas o consejos, dar "tareas para el hogar"?
10) ¿Qué lugar le asignas a la psicofarmacología en tu trabajo como terapeuta?
11) ¿Qué importancia le asignas en tu trabajo al contexto social? ¿Lo incluyes? ¿Cómo?
12) ¿Te visualizas como más racional o irracional en tu trabajo con pacientes/clientes?

Observaciones: Esta encuesta se propone ayudar a los terapeutas a ir tomando conciencia de sus habilidades, preferencias y adquisiciones durante su formación. El solo hecho de preguntarse estimula el descubrimiento de maneras de ser sobre las que, tal vez, nunca antes habían reflexionado, y menos aún han aplicado al espacio terapéutico.

Es una manera de poder ir relacionando sus propias maneras de ser, habilidades espontáneas y preferencias con actuales o futuras elecciones de modelos terapéuticos.

También es muy útil este trabajo para entender que no hay *una* psicoterapia, sino muchas.

21 Adaptada de Keeney, B. (1992). "Evaluación de los recursos del terapeuta", pp. 121-123. *La improvisación en Psicoterapia*. Buenos Aires: Paidós.

ENCUESTA Nº5[22]

Autoexploración

Nombre y apellido:______________________________________

Fecha:____

Si te piensas a ti mismo como terapeuta:

1) ¿Qué crees que les gusta/gustaría más a tus pacientes/clientes de ti? ¿Y qué crees que les disgusta/disgustaría? ¿Cómo lo sabes?
2) ¿Con cuáles temas crees que te resulta o te resultaría difícil trabajar? ¿Por qué?
3) ¿Crees que te resulta/resultaría imposible trabajar con cierto tipo de personas? ¿Con cuáles? ¿Por qué crees que es así?
4) ¿Qué te ocurre o qué te parece que te ocurriría si tuvieras que trabajar con alguien que posee un sistema de valores distinto del tuyo?

Observaciones: Esta encuesta continúa el trabajo de autoexploración, pero empezando a poner ya la mirada sobre interacciones con otros, para ir descubriendo o tomando conciencia de que ninguno de nosotros puede trabajar con cualquier persona.

Además de permitir elaborar los propios límites o legitimar la selectividad que muchas veces tendrán que hacer a lo largo de su profesión, este trabajo ayuda a poner el foco en el *furor curandis* tan habitual en principiantes.

Dado que la mayoría de ellos empieza trabajando en instituciones enfrentados a las más difíciles situaciones, es muy tranquilizador saber que fracasar con algunos pacientes no refleja necesariamente una dificultad de ellos, sino que son parte de un engranaje que no evalúa qué pacientes pueden o no ser tratados por principiantes.

22 Adaptada de Keeney, B. (1992). "Evaluación de los recursos del terapeuta", pp. 121-123. *La improvisación en Psicoterapia*. Buenos Aires: Paidós.

ENCUESTA Nº6

Explorando valores

Antes de comenzar con este trabajo, hago una pequeña introducción que deja en claro que todas las personas tenemos un sistema valórico, consciente o no, acerca de muchos temas.

Les explicito mi postura, además, acerca de la importancia de conocer (y no juzgar) el propio sistema valórico, ya que muchas de estas creencias se nos van a aparecer en nuestro trabajo. También les explico que desde este punto de vista no creo en la neutralidad terapéutica, y que tener claro qué cree uno acerca de muchos temas permite construir una relación más auténtica con los pacientes, ya que ellos igual perciben, como los niños, qué piensa o siente uno de verdad.

Explorando valores

Nombre y apellido:________________________________

Fecha:______________________________________

¿Cuáles son tus puntos de vista acerca de:

a) El divorcio.
b) El aborto.
c) La homosexualidad.
d) La convivencia sin casarse.
e) El embarazo adolescente.
f) La anticoncepción.
g) El sida.
h) Los miembros de otras razas.
i) Las drogas.
j) Las familias ensambladas.
k) Pacientes "sin vuelta" (¿cuáles sientes que son?).
l) La adopción de niños por parejas homoparentales.

Observación: En este trabajo, quien coordine el grupo debe estimular, con ejemplos, respuestas lo menos defensivas posibles para que no sean las "políticamente correctas", sino que expresen lo que verdaderamente les pasa con estas situaciones que implican tantos valores.

Generalmente muchos se defienden diciendo "ningún problema" con el tema. Por eso, suelo complementar esta encuesta con otro trabajo sobre "valores" que permite indagar más profundamente, y a través de ejemplos, lo que cada persona *siente* con estos temas y no lo que *debe* decir porque así no va a ser mal juzgado.

ENCUESTA Nº7

Escenas temidas para psicoterapeutas

Nombre y apellido:______________________________

Fecha:______________________________

Marque con una equis (X) aquellas frases que representen sus propios temores como terapeuta:

☐ 1) Que el/la paciente me quiera pegar.

☐ 2) Que el/la paciente exprese alguna forma de violencia contra a mí o la consulta.

☐ 3) Que un/una paciente me exprese sentimientos eróticos de una manera directa.

☐ 4) Que un/una ex paciente me demande judicialmente por mala praxis.

☐ 5) Que un/una paciente me haga preguntas sobre mi vida privada que nunca querría tener que contestar.

☐ 6) Que un/una paciente se suicide durante la terapia.

☐ 7) Que tenga que reclamar por un pago que me adeuda un/una paciente.

☐ 8 Tener que dar explicaciones sobre mis honorarios.

☐ 9) Negarme a hacer una rebaja en mis honorarios.

☐ 10) Defender el *setting* que considero adecuado frente a alguien que me lo cuestiona.

☐ Otras (¿cuáles?).

Observaciones: Una vez que cada persona identifica sus escenas temidas, se trabaja sobre por qué lo son y sobre qué tipo de recursos tendrían que desarrollar para sentir menos temor. Surge así la posibilidad también de creación de herramientas para cada situación.

Nuevamente, el grupo permite descubrir muchos temores comunes a todos, lo cual les da seguridad y también ayuda a crear conjuntamente salidas posibles a tales situaciones.

ENCUESTA Nº8

El espacio de trabajo

Nombre y apellido:____

Fecha:____

Describe tu consulta. ¿Hay algo que te gustaría cambiar? ¿Qué es? Si pudieras diseñar tu propia consulta, ¿cómo sería? Descríbela o dibújala con la mayor cantidad de detalles posibles.

1) ¿Cómo es tu asiento? ¿Cuántas horas pasas sentado?
2) Si pudieras diseñar tu horario, ¿cuántas horas clínicas trabajarías por día y cómo las distribuirías? ¿Cuál es el ritmo de tu trabajo hoy y cuál desearías que fuera? En un círculo tipo torta, divide las 24 horas del día, de acuerdo a lo que desearías fueran tus días si tuvieras libertad total de opciones. Por ejemplo: trabajo, familia, tiempo libre, sueño, etc.
3) ¿A cuántos pacientes seguidos puedes atender sin sentirte agotado?
4) ¿Qué haces si recibes pedidos de primera entrevista en horarios que habitualmente no usas?
5) ¿Entregas el teléfono de tu celular a los pacientes? ¿Y tu dirección de *e-mail*? En caso de que lo hagas, ¿defines alguna norma de uso de estos recursos?

Observaciones: Esta encuesta resulta ser muy útil para que los terapeutas tomen conciencia de la importancia que tiene para ellos el lugar en el que trabajan y el manejo del tiempo que más les acomoda.

Por ejemplo, hay terapeutas que tienen o pueden desarrollar problemas de columna y que no tienen en cuenta la importancia de cómo o dónde se sientan muchas horas del día.

O conocer cuál es el límite que uno tiene para escuchar de una manera continuada: ¿tres, seis, diez pacientes? Teniendo en cuenta que hay ocasiones en que no es uno quien puede decidir esto, es necesario insistir en la necesidad de tener 10 minutos libres entre un paciente y otro.

ENCUESTA Nº9

Terapeutas con experiencia

Este trabajo lo realizo cuando estoy trabajando con terapeutas que tienen una experiencia profesional mínima de cinco años. Estimula el pensar el recorrido que hasta acá han hecho, con qué están satisfechos, con qué no.

Terapeutas con experiencia

Nombre y apellido:____

Fecha:____

1) Piensa en un/a paciente que te venga a la mente. Encuentra una metáfora de tu rol como terapeuta con esa persona.
2) ¿Cuáles son las cosas más "extravagantes" que has hecho como terapeuta?
3) ¿Qué consejo/s le darías a un/a terapeuta principiante?
4) ¿Cuáles son las tres cosas que más especialmente recuerdas de tu labor clínica?
5) ¿Cuáles son los pacientes que más recuerdas de tu experiencia profesional? ¿Encuentras algo en común entre ellos?

ENCUESTA Nº10

La terapia personal

Nombre y apellido:____

Fecha:____

Las siguientes preguntas se refieren a experiencias psicoterapéuticas propias. Sin embargo, si no las hubieses tenido, aplícala a cualquier otro tipo de vínculo con profesionales de la salud en el que hayas sido paciente: médico clínico, dentista, oculista, etc.

1) Recordando tus propias experiencias terapéuticas, si las tuviste, ¿qué hechos te resultaron más significativos, trascendentes y útiles de esas relaciones?
2) ¿A cuál de los terapeutas con los que hiciste terapia volverías, y por qué? ¿A cuál no volverías, y por qué?
3) En tus experiencias como paciente, ¿recuerdas alguna oportunidad en que la persona de tu terapeuta se te hiciera evidente? ¿Cómo?
4) ¿Recuerdas alguna consulta en particular a la que hayas asistido como paciente? Descríbela.
5) ¿Crees que hay temas que no hablarías con un/a terapeuta? ¿Cuáles y por qué?

Observaciones: Esta encuesta pretende que ellos registren sus experiencias como pacientes, sea con terapeutas o con otros profesionales de la salud, si no tuvieran experiencia en terapia.

Este ejercicio es muy útil como manera de "ponerse en los zapatos del otro" y observar qué sintieron o sienten en las situaciones que ellos viven o pueden vivir con pacientes.

ENCUESTA Nº11

Autenticidad

Nombre y apellido:____

Fecha:____

1) ¿Recuerdas situaciones de tu vida relacional donde te hayas sentido auténtico? Trata de identificar qué las caracterizó y cómo te viste a ti mismo.
2) Siempre pensando en situaciones en las que puede ser necesario para el/la paciente, ¿sientes que hay temas de tu vida que nunca desearías compartir con un/a paciente? Identifícalos y trata de encontrar una explicación de por qué no te gustaría hacerlo.
3) Trata de identificar situaciones donde te imaginas teniendo dificultades para poner límites a un/a paciente curioso/a.
4) Imagínate una sesión donde algo físico, emocional o sentimental te está distrayendo. Inventa posibles salidas de la situación.

Observación: Este trabajo busca comenzar a tratar el tema de la autorrevelación que tanto preocupa en general a los terapeutas, mucho más siendo principiantes. Suelo hacerlo también con *role playings* posteriores, poniendo ejemplos típicos de lo que puede darse en la clínica.

Destino todo el tiempo necesario para que los temas queden claros, no necesariamente en una sola reunión: a veces pueden ser varias, para que cada uno llegue a aclararse respecto del tema.

ENCUESTA Nº12[23]

Estimulando la autorreflexión

Esta es una encuesta que se puede trabajar de a poco, en grupos e individualmente. También es útil en el espacio de supervisión, como una manera de ayudar al supervisor a apoyar al terapeuta.

Estimulando la autorreflexión
1) ¿Reconoces tus propios patrones básicos de creencias que se activan en tus relaciones terapéuticas?
2) ¿Cuáles crees que son tus sesgos cognitivos que te llevan a percibir cierta información y no otra?
3) ¿Consideras que ciertos cambios en tus pacientes están influenciados por lo que tú crees que es mejor?
4) ¿Cómo crees que interviene el hecho que tú seas mujer/varón en las interacciones con tu paciente mujer/varón?
5) ¿Puedes darte cuenta cuando la psicoterapia está estancada porque los estilos cognitivos son muy parecidos?
6) ¿Crees que otros terapeutas tendrían resultados diferentes con los mismos pacientes? ¿A qué lo atribuirías?
7) ¿Te das cuenta de qué emociones, conductas y pensamientos diferentes te despiertan diferentes pacientes?
8) ¿A qué atribuyes que algunos pacientes perduren en tu mundo interno después de una sesión y otros no?
9) ¿Te das cuenta si tratas de que algunos pacientes no tengan las malas experiencias que tú tuviste?
10) ¿Crees que necesitas tener experiencias de vida similares a las de tus pacientes para entenderlos mejor?
11) ¿Cuáles crees que son los factores personales tuyos que influyen en la continuidad, interrupción o cierre del tratamiento?
12) ¿Por qué crees que tus colegas te derivan pacientes?

23 Adaptada de Baringoltz, S. (2005a). "Aportes cognitivos a la visión del terapeuta y vínculo terapéutico", pp. 11-12. Trabajo presentado en el IV Congreso Mundial de Psicoterapias. Buenos Aires.

13) ¿Qué tipo de pacientes crees que te derivan y por qué?

14) ¿Qué tres cualidades valiosas te reconoces como terapeuta?

15) ¿Qué tres debilidades encuentras que tienes como terapeutas? ¿A qué las atribuyes? ¿Crees que son modificables? ¿Cómo?

16) ¿Qué pacientes te despiertan motivación para el reencuentro y cuáles te provocan ansiedad, rechazo, sensación de gran esfuerzo, ganas de no verlos? Focalizando en ti y no en el paciente, trata de identificar cuál es el problema

17) ¿Qué pacientes te preocupan muy intensamente (al punto de soñar con ellos, no poder dormir pensando en su problema u otras formas de irrupción en tu vida privada)? Trata de identificar qué variables personales están entrecruzándose con la problemática de esa persona.

18) ¿Qué pacientes están empantanados en su camino terapéutico? ¿En qué consideras que puedes estar influyendo tú para que eso ocurra?

19) ¿Qué temas te preocupan de tu trabajo: presiones, falta de pacientes, exceso de horas dedicadas al trabajo, tensiones organizacionales, tironeo entre tu trabajo y tu vida privada, otras?

CUESTIONARIO DE ELECCIÓN DE CARRERA[24]

Régimen de estudios: Diurno/Vespertino

Sexo: Hombre/Mujer

Edad: ______________________________

Año de ingreso a la carrera: ______________________________

El siguiente cuestionario es anónimo y tiene por objetivo conocer las motivaciones en la elección de carrera de estudiantes de Psicología. Te agradecemos responderlo voluntaria y honestamente.

Por favor, marca con una cruz el grado en el que te identificas con la afirmación que expresa cada frase:

1 = Nada. 2 = Muy poco. 3 = Algo. 4 = Bastante. 5 = Mucho.

Has elegido esta carrera:

1) Porque quieres emprender un camino en la vida y llegar al final.

[1] [2] [3] [4] [5]

2) Porque siempre has tenido deseos de ayudar a los demás.

[1] [2] [3] [4] [5]

3) Porque crees que teniendo conocimientos de psicología puedes tener cierta influencia sobre las personas.

[1] [2] [3] [4] [5]

4) Porque está de moda estudiar psicología.

[1] [2] [3] [4] [5]

5) Porque te gustaría ser un/a líder.

[1] [2] [3] [4] [5]

6) Porque quieres conseguir ser responsable de tus acciones.

[1] [2] [3] [4] [5]

24 Adaptado de Gámez, E. y Marrero, H. (2000). "Cuestionario MOPI" (*web*). "Metas y motivos en la elección de la carrera de Psicología". *Revista Electrónica de Motivación y Emoción* [en línea], vol. 3, nº5-6. Extraída el 10/04/2009 desde http://reme.uji.es/articulos/agomee1071912100/texto.html

7) Porque no te gustan las profesiones que impliquen trabajar sin contacto frecuente con otras personas.

[1] [2] [3] [4] [5]

8) Porque puede ayudarte a controlar tus impulsos agresivos y antisociales.

[1] [2] [3] [4] [5]

9) Porque te interesa conocer el ser humano, su mente y su conducta.

[1] [2] [3] [4] [5]

10) Porque te puede servir como complemento a tu carrera profesional.

[1] [2] [3] [4] [5]

11) Porque deseas una mejor comunicación con las otras personas.

[1] [2] [3] [4] [5]

12) Porque quieres tener un nivel social y económico adecuado.

[1] [2] [3] [4] [5]

13) Porque no te gustan los juegos competitivos.

[1] [2] [3] [4] [5]

14) Porque tienes las capacidades y motivaciones necesarias para ser psicólogo.

[1] [2] [3] [4] [5]

15) Porque sabes que para controlar a los demás primero hay que conocerlos.

[1] [2] [3] [4] [5]

16) Porque crees que es una buena ocasión para hacer nuevos amigos.

[1] [2] [3] [4] [5]

17) Porque has conocido a algunas personas que han estudiado esta carrera.

[1] [2] [3] [4] [5]

18) Porque te gusta que la gente te pida tu opinión para resolver sus problemas.

[1] [2] [3] [4] [5]

19) Porque seguir esta carrera te permitirá apreciar el resultado de tu esfuerzo.

[1] [2] [3] [4] [5]

20) Porque consideras que sabes escuchar a las personas.

[1] [2] [3] [4] [5]

21) Porque quieres llegar a ser independiente.

[1] [2] [3] [4] [5]

22) Porque siempre te han llamado la atención las profesiones donde se pueda supervisar a otras personas.

[1] [2] [3] [4] [5]

23) Porque tienes problemas a la hora de comunicarte.

[1] [2] [3] [4] [5]

24) Porque no te gusta pasar mucho tiempo solo/a.

[1] [2] [3] [4] [5]

25) Porque querrías tener un puesto de trabajo con cierto prestigio social.

[1] [2] [3] [4] [5]

26) Porque puede ayudarte a entender mejor tu sexualidad.

[1] [2] [3] [4] [5]

27) Porque has imaginado lo satisfactoria que sería tu vida siendo psicólogo.

[1] [2] [3] [4] [5]

28) Porque no te sientes feliz ni satisfecho contigo mismo.

[1] [2] [3] [4] [5]

29) Porque deseas tener una posición social mejor que la que tienes ahora.

[1] [2] [3] [4] [5]

30) Porque hay muchas salidas profesionales para esta carrera.

[1] [2] [3] [4] [5]

31) Porque quieres conocer más sobre un tema particular como las relaciones interpersonales.

[1] [2] [3] [4] [5]

32) Porque hacer esta carrera te evitará sentirte fracasado/a en la vida.

[1] [2] [3] [4] [5]

33) Porque crees que el esfuerzo que realices será productivo.

[1] [2] [3] [4] [5]

34) Porque te gustaría conocer algún tema general como los trastornos mentales, el funcionamiento del cerebro, las emociones, etc.

[1] [2] [3] [4] [5]

35) Porque tienes problemas afectivos que la psicología te puede ayudar a resolver.

[1] [2] [3] [4] [5]

36) Porque disfrutas convenciendo a los demás de tus buenas ideas.

[1] [2] [3] [4] [5]

37) Porque es una forma de superar un reto importante en tu vida.

[1] [2] [3] [4] [5]

38) Porque te consideras una persona con problemas y te gustaría dejar de serlo.

[1] [2] [3] [4] [5]

39) Porque puede ser una manera de acceder a una posición dominante cuando te lo propongas.

[1] [2] [3] [4] [5]

40) Porque quieres mantener tus relaciones con otras personas importantes para ti.

[1] [2] [3] [4] [5]

41) Porque la psicología permite a las personas valorar sus capacidades y mejorar cada día.

[1] [2] [3] [4] [5]

42) Porque conoces a otra persona que estudiaba psicología y te sugirió entrar.

[1] [2] [3] [4] [5]

43) Porque te gustaría llegar a ser una persona solidaria con los otros.

[1] [2] [3] [4] [5]

44) Porque quieres resolver algún problema personal.

[1] [2] [3] [4] [5]

45) Porque tus padres y amigos te lo han aconsejado.

[1] [2] [3] [4] [5]

46) Porque siempre quisiste estudiar psicología y ahora te puedes dar ese gusto.

[1] [2] [3] [4] [5]

47) Porque conociste un(a) psicólogo(a) que ha influido mucho en tu vida.

[1] [2] [3] [4] [5]

48) Porque después de una terapia personal te surgió el interés por el tema.

[1] [2] [3] [4] [5]

49) Porque te atrae la idea de realizar investigación en el área.

[1] [2] [3] [4] [5]

50) Porque el título te puede ayudar a ascender en la empresa en que trabajas.

[1] [2] [3] [4] [5]

51) Porque tenías que entrar a estudiar algo y te pareció que podía ser interesante.

[1] [2] [3] [4] [5]

52) Porque, no siendo esta tu vocación, era la mejor alternativa que tenías a la mano.

[1] [2] [3] [4] [5]

53) Porque te gusta trabajar con niños.

[1] [2] [3] [4] [5]

54) Porque te gusta trabajar en equipo.

[1] [2] [3] [4] [5]

55) Porque no te gusta tener jefe.

[1] [2] [3] [4] [5]

56) No tienes muy claras las razones que motivaron tu elección de carrera.

[1] [2] [3] [4] [5]

FRASES INCOMPLETAS

Nombre y apellido: ____________________

Fecha: ____________________

Completa las siguientes frases con lo primero que se te venga a la mente:

1) Siempre me gustó ____________________
2) No me veo a mí mismo haciendo ____________________
3) Si tuviera más tiempo para estudiar elegiría ____________________
4) Mis colegas me ven con habilidades para ____________________
5) Profesionalmente hablando me siento capaz de ____________________
6) Profesionalmente hablando me siento incapaz de ____________________

Observación: Se comentan después las respuestas de cada integrante del grupo y se relacionan con la elección vocacional de cada uno.

COLLAGE

Se le pide a cada terapeuta que, conectándose con sus 17 o 18 años, haga en su casa un *collage* que represente lo que él/ella consideraban que era la Psicología cuando la eligieron como carrera. La consigna es amplia en cuanto a tamaño, formas o material (incluso puede ser un *collage* virtual), y se les insiste en que lo hagan pensando lo menos posible y dejando que les fluya la creatividad con los menores límites conscientes.Todo lo que hagan es aceptado y no hay una manera de hacerlo mejor que otra.

Cuando el grupo se reúne, se van observando y comentando de a uno los *collages*. Se le pide al grupo que, mirando el *collage*, digan qué sienten, qué les sugiere o qué mensajes les llegan, como si fuera un cuadro. El que hizo el *collage* escucha y no explica ni justifica. Para esa persona este ejercicio es un *feedback* muy valioso, ya que es revelador de aspectos inconscientes de su elección o de sus creencias en aquel momento de su vida.

Idealizaciones, deseos, conciencia de herramientas, tipo de recursos y fantasías se hacen visibles en cada *collage*.

Dependiendo del tiempo del que se disponga, se puede pedir que hagan otro *collage*, pero que represente cómo ven a la Psicología hoy, para compararlo con el primero. Se haga o no este segundo *collage*, igualmente se trabaja oralmente sobre este tema: "Mirando tu *collage* de hace (X) años, ¿qué crees que le cambiarías, agregarías o quitarías?".

LA MOCHILA

Se hace un primer momento de silencio y relajación grupal.

Luego se les pide que cada uno, en silencio, vaya imaginando que lleva en sus espaldas una mochila dentro de la cual lleva todo aquello con lo que se formó para el ejercicio profesional.

La consigna es así de amplia. Cada persona puede interpretarla como quiera.

Se da un tiempo de 10 minutos aproximadamente para que cada uno identifique qué hay dentro de la mochila, para posteriormente anotar el contenido en una hoja de papel. A continuación se invita a compartir cuál es el contenido de la mochila de cada uno. Cuando se termina la ronda se puede reflexionar sobre los contenidos comunes y los particulares.

Es un ejercicio muy interesante para explorar pesos, exigencias, herramientas, recursos, expectativas, ilusiones o presiones y su entrecruzamiento con la biografía personal. Además, ofrece (desde el punto de vista individual) una toma de conciencia sobre mandatos y exigencias muchas veces inconscientes.

CREENCIAS[25]

Esta encuesta se realiza una vez creado el vínculo de confianza necesario como para que las respuestas no sean estereotipadas ni hechas desde lo "políticamente correcto". Hay que insistir en el hecho de que este trabajo es para sí mismos, para conocerse o para concientizar aquello que desconocen, y no para ser aprobados por quien coordina el grupo o por sus pares.

25 Adaptada de Baringoltz, S. (2005a). "Aportes cognitivos a la visión del terapeuta y vínculo terapéutico", pp. 11-12. Trabajo presentado en el IV Congreso Mundial de Psicoterapias. Buenos Aires.

Creencias

Trata de identificar cuáles de estas creencias te identificas, poniendo el número que te representa entre paréntesis:

1 = Para nada 2 = Un poco 3 = Bastante 4 = Mucho 5 = Totalmente

☐ 1) Siempre hay un aspecto psicológico en los problemas y una buena terapia los cura.

☐ 2) Lo que estudié es suficiente y no es cuestionable.

☐ 3) El modelo al que adherí es el mejor.

☐ 4) Hacer psicoterapia significa aplicar una teoría y una técnica eficaz.

☐ 5) Así como los terapeutas ven las situaciones, es como son verdaderamente.

☐ 6) Un buen terapeuta puede atender a cualquier tipo de paciente.

☐ 7) Los problemas del terapeuta, sus vicisitudes personales o estilo de personalidad, pueden ser totalmente neutralizados con los pacientes.

☐ 8) El poder del terapeuta es superior al de otros sistemas o grupos de referencia del paciente.

☐ 9) Considero que los buenos resultados son siempre mérito del terapeuta y los bajos resultados se deben a las dificultades del paciente.

☐ 10) Considero que la ética no es un tema de la psicoterapia.

GENOGRAMA[26]

Para quienes no lo conocen, se trata de un árbol genealógico que de manera gráfica y a través de una convención de signos permite tener un mapa de la constitución familiar multigeneracional de una persona.

Los terapeutas familiares están muy acostumbrados a usarlo con sus pacientes, razón de más para que ellos pasen también por la experiencia de tener una visión de conjunto de las diferentes familias de su vida.

El genograma es una herramienta muy útil para poder hipotetizar cuáles son los caminos facilitados o bloqueados de cada terapeuta en función a su lugar en la

26 Adaptada de McGoldrick, M. y Gerson, R. (1985). *Genogramas en la evaluación familiar.* Barcelona: Gedisa.

familia de origen y la historia de la misma. Permite descubrir *patterns* de interacción, duelos repetidos, valores familiares, contrastes y similitudes entre familia paterna y materna, enfermedades habituales, roles, historias de trabajo, creencias y rituales.

Esta mirada contribuye a crear una nueva narración sobre la propia historia; es una manera de resignificarla y crear otra visión de la que pudo haber acompañado a cada persona/terapeuta.

Es importante tener en cuenta que para que cada terapeuta muestre a su familia a través del genograma *es necesario haber creado previamente un vínculo de confianza,* intimidad y respeto en el grupo y, por lo tanto, *nunca puede ser un trabajo que se realice en los inicios de una formación.*

El gráfico, que hoy en día se puede hacer con la ayuda del programa GenoPro (disponible para descarga gratuita en la *web*, al menos para PC)[27] permite observar una configuración muy amplia, que incluye a padres, tíos, abuelos, primos, hijos, hermanos, suegros, personas significativas y hasta animales domésticos.

A partir de una primera mirada más descriptiva de la familia se puede entrar en el análisis de los valores, las creencias, los rituales, el clima emocional y los mandatos, para después profundizar acerca de la estructura de poder en la familia, los roles y el lugar de cada uno dentro de ese sistema.

Llegado a esta etapa, se pueden trabajar dinámicas tales como secretos, alianzas, lealtades, críticas, quejas, presiones y exigencias parentales, conflictos, descalificaciones y manifestaciones afectivas.

Por último, la observación y el análisis de cómo la familia enfrentó las crisis evolutivas y accidentales proporciona un material que completa mucho de lo visto anteriormente: matrimonios, nacimientos, divorcios, muertes, mudanzas, altibajos económicos, enfermedades, ensamblajes, adopciones, abortos, etc.

Quiero enfatizar que el trabajo con el genograma personal en un grupo de terapeutas tiene como objetivo que cada uno sea ayudado a mirar sus raíces en su estructura y dinámica. Así, cada persona del grupo podrá ubicar en un mapa imaginario situaciones riesgosas, *patterns* de interacción disfuncionales, figuras de poder con las que podrían entrar en conflicto, temores, formas en que en la actualidad se reproducen escenas traumáticas, formas de expresión afectiva, etc. *poniendo el foco en su quehacer profesional.*

No se trata de convertir este trabajo en una terapia de grupo, aunque el mirar y analizar el genograma de un/a compañero/a siempre es movilizador para el resto. De ahí la necesidad de que quien coordine este trabajo en un ámbito académico y de formación tenga mucha experiencia con la coordinación grupal, como para saber manejar bien los climas de intimidad y emocionalmente potentes.

27 Disponible en http://genopro.softonic.com/.

CUALIDADES DE LOS PSICOTERAPEUTAS

Ejercicio grupal

Nombre y apellido:____

Fecha:____

En un orden de importancia decreciente (mayor a menor importancia) haz una lista de cualidades que tú consideras fundamentales que debe tener un terapeuta clínico.

A continuación:

1) Se anotan las características que cada integrante del grupo dijo, quedando así una lista que representa a ese grupo.
2) Se eligen las cinco cualidades más votadas y se comenta entre todos qué piensan acerca de ello.
3) Cada terapeuta piensa en cuáles son sus propias cualidades y si coinciden o no con las del grupo, en qué se diferencian, etc.
4) Se trabajan las coincidencias con el perfil "ideal" definido por el grupo y las necesidades individuales para acercarse a dicho perfil.

He aquí el ejemplo de cualidades anotadas por varios grupos:

- Calidez.
- Acogida.
- Ojo clínico.
- Destreza técnica.
- Fuerza en las intervenciones.
- Honestidad.
- Discreción.
- Sutileza en las intervenciones.
- Vigor.
- Intuición.
- Cuidado espiritual del paciente y de sí mismo.
- Facilidad para hacer sentir bien a alguien.
- Empatía.
- Amplitud.
- Facilidad para ir cambiando de roles o de modalidad.

- Capacidad de improvisación.
- Flexibilidad.
- Saber cómo hacer un buen "enganche".
- Traducir conceptualmente la práctica terapéutica.

Observación: Es muy interesante ver cómo cada grupo prioriza diferentes cualidades; cómo, por ejemplo, algunos se vuelcan hacia el desarrollo de habilidades blandas y otros, en cambio, hacia cualidades vinculadas a lo cognitivo. Recuerdo por ejemplo un grupo para el cual la empatía no entraba en las cinco primeras cualidades que todo terapeuta debe tener. En cambio, cualidades tales como "estudioso" e "investigador" sí entraban.

A la inversa, otros grupos eligen cualidades tales como "escucha atenta", "establecer buena alianza terapéutica", ser "sensible", "empático" o "divertido".

EJERCICIO SOBRE VALORES

1) Divididos en grupos de seis a ocho personas, se hace una pequeña dramatización en la que *cada uno, tomando el papel del propio padre o madre*, discute un tema que pone en juego valores como, por ejemplo, la homosexualidad, el aborto, el divorcio, las madres que dejan a los hijos, etc.
2) A esta etapa se destina a media hora o menos, dependiendo del grupo.
3) Luego, de manera individual, cada uno reflexiona sobre cuál fue el eje que tomó ese personaje que él/ella representó y anota su reflexión.
4) Luego comparten la reflexión personal abriendo el espacio a cómo fue percibido por los demás su personaje.
5) Se conversa acerca de con cuál de los personajes representados cada uno se siente más cómodo o más afín.

Si el tiempo lo permite, se puede hacer una nueva ronda, tomando otro de los temas valóricos controversiales. Lo interesante de este ejercicio es que al poner en algún progenitor las posturas polémicas, cada uno se libera más de sus propios prejuicios, sin muchas racionalizaciones.

También se puede hacer este ejercicio con una pequeña dramatización inicial de dos a tres personas (por ejemplo, una joven adolescente, vecina de ellos, que les comunica a sus padres que está embarazada) y una ronda posterior donde son el padre o la madre de cada uno que conversan sobre la situación de esta joven.

Se pueden crear otras dramatizaciones o *role playings* buscando que los terapeutas se conecten de la manera más vivencial posible con lo que sienten frente a temas de alto contenido valórico como los que se dan como ejemplo en la Encuesta N°6.

Contradicciones, asombro, desconcierto y evitaciones suelen ser muy frecuentes cuando se trabaja de esta manera. Y los mismos integrantes del grupo se pueden reír de sí mismos, confrontar con alguien en su contradicción, debatir acerca de hasta dónde el/la terapeuta debe autorrevelar su propia mirada, etc.

EJERCICIOS DE AUTORREVELACIÓN

Con el set de ejemplos que a continuación presento, se sugiere que se hagan pequeños *role playing* con cada uno, para ver cómo se sienten representando a esta terapeuta y qué es lo que aportó la autorrevelación. Al comentar surgen todos los prejuicios, miedos, resistencias e *insights* que cada uno tiene en relación a incluir sus sentimientos o realidades en una sesión.

a) **Ejemplos del uso de la autorrevelación**

Ejemplo 1

Paciente mujer, muy angustiada porque no sabe cómo arreglárselas con su trabajo fuera de la casa y su bebé de seis meses. Siente mucha culpa y piensa que los daños por el "abandono" son irreversibles.

T: Cuando te escucho recuerdo algo que le dije a mi nuera en una situación similar, con su primer hijo: "¡Bienvenida al club de las madres!". Ella se rio y me dijo: "Parece que no hay forma de zafar de la culpa cuando se es madre, ¿no es cierto?".

Ejemplo 2

Paciente varón de 50 años, muy racional. Siente cansancio de ser solo un proveedor económico familiar y de no poder tener un espacio para escribir poesía, que es lo que más le gustaría. No le ve salida al tema.

T: ¿Sabes que yo además de terapeuta soy artista plástica?

P: ¡No! ¡Ni idea!

T: ¿Te gustaría que te cuente cómo llegué a esto?

P: ¡Claro!

T: Fue a partir de un sueño que tuve al empezar a dar clases en el Doctorado de Psicología: la decana de la Facultad me decía que la sala de exposiciones ya estaba lista. No le di mayor importancia al sueño porque me pareció muy obvio. Pero igual lo anoté como hago con otros. Dos años más tarde, participé de un taller de acciones creativas, donde me entusiasmé mucho con la posibilidad de jugar con técnicas plásticas. Y ahí entendí que el sueño me hablaba de otra clase de "exposiciones" que no eran mis clases.

Ejemplo 3

Cuando murió mi padre, suspendí la consulta por dos semanas. Cuando hice informar telefónicamente a mis pacientes de esta suspensión, pedí que dijeran el motivo.

Al retomar, la mayoría me preguntó cómo estaba, además de decirme que lo sentía mucho. Yo respondí: "Triste... pero me gusta volver a trabajar".

Por supuesto que algunas personas me "testearon" un tiempo, otras me "cuidaban" no queriendo hablar de temas tristes y fue una oportunidad poder hablar de ello, ponerlo sobre la mesa y hacer crecer la relación auténticamente.

Ejemplo 4

En Chile son frecuentes los temblores, así que cuando ocurren durante una sesión, los pacientes me preguntan: "¿te dan susto los temblores?", sabiendo mi falta de entrenamiento como argentina.

T: "No, pero no sé cómo reaccionaría si fuera un terremoto y no un temblor".

Ejemplo 5

Paciente mujer de alrededor de 50 años, muy maltratada por su marido y por sus hijos. Cuenta con mucha resignación, otro ejemplo de violencia intrafamiliar.

T: (siente mucha rabia porque ella se victimiza y no se defiende pese a todo lo trabajado en las sesiones) ¿Qué crees que siento yo al escucharte?

P: Frustración, rabia.

T: ¿Tú quieres que yo sienta eso?

P: No...

T: Tal vez ni yo ni tú queremos sentir frustración en nuestro trabajo conjunto, pero ¿cómo lo hacemos, entonces, para que nos resulte? Porque cuando te veo convertida en una víctima, siendo tan inteligente y capaz de hacer cosas, de defenderte, es imposible que no me dé rabia...

Ejemplo 6

Paciente mujer a quien se le murió un hijo en un accidente. Llora con mucha frecuencia en las sesiones.

T: (siente mucha pena por la mujer y su entorno y hasta ganas de llorar) Sé que este dolor que sientes es incomparable con ningún otro, y si me ves con los ojos llenos de lágrimas es por la pena que siento al verte y escucharte.

Ejemplo 7

P: ¿Con quién vives?

T: ¿Por qué es importante para ti saberlo?

P: No sé... por pura curiosidad.

T: ¿Es una curiosidad "chismosa", como la de los paparazzi?

P: No... es que te veo siempre contenta.
T: Pero no hay recetas para estarlo, así que no sé si te serviría la mía.

b) **Sentido de la autorrevelación:**

Ejemplo 1
En este caso, estoy informando a la paciente de varias cosas obvias:

- que también soy madre,
- que ya tengo nietos,
- que tengo una relación cercana con mi nuera,
- que pienso que no vale la pena que luche por no sentir lo inevitable.

Además de todo esto, normalizo la vivencia y le transmito que esa es una etapa y no el resto de su vida.

Ejemplo 2
¿Qué autorrevelación estoy haciendo?:

- que yo también viví una vicisitud parecida,
- que registro mis sueños porque les doy importancia,
- que hubo una parte mía que no conocía,
- que al ponerme en un contexto estimulante empezó a aparecer esa parte desconocida,
- que hice un proceso, no fue de un día para otro.

No recuerdo si en este caso lo hice, pero en otros, luego de dar una información como esta, puedo conceptualizar lo que hice con él (por ej. decirle "te lo cuento para que..."), pero no siempre hace falta hacerlo.

Ejemplo 3
Doy a conocer que mi suspensión de las sesiones tenía que ver con la muerte de mi padre, y no por razones personales con los pacientes.

Ejemplo 4
Es una respuesta que me hace sentir cómoda, un ser humano, que tampoco conoce todo de sí misma.

Ejemplo 5
Es una intervención que le muestra a la paciente que no soy indiferente a lo que le ocurre ni al resultado de la terapia: la compromete y la informa de los efectos de sus conductas en los demás.

Ejemplo 6
Una información de este tipo no solo humaniza el encuentro sino que también transmite que la terapeuta es consciente de lo que le pasa, que sus emociones están en su poder, y que no hay riesgo de que la paciente tenga que consolar a la terapeuta.

Ejemplo 7
La conversación giró en otra dirección. Pero en otros casos, por ejemplo en el de una mujer que vive sola y se siente "rara" por eso, frente a la misma pregunta posiblemente podría contestarle "sola", como una manera de normalizar su situación. En cualquier caso, lo que me orienta hacia qué respuesta dar, en caso de preguntas muy directas, es lo que estoy sintiendo con la pregunta.

TÉCNICA DE REGISTRO DE SITUACIONES, EMOCIONES, PENSAMIENTOS Y COMPORTAMIENTOS[28]

Muy útil para aplicar en las supervisiones. Esta técnica ayuda a los terapeutas a focalizar tanto en el/la paciente como en sí mismo y a tomar conciencia de qué puede estar interfiriendo su trabajo.

Situación	Emoción/es	Pensamiento/s	Alternativa/s

TRABAJOS CON PELÍCULAS

Una metodología muy enriquecedora es usar fragmentos de películas para trabajar ciertos temas, como por ejemplo:

1) Estilos de intervención terapéutica.
2) Establecimiento de la alianza terapéutica.

28 Adaptada de Baringoltz, S. (2005a). "Aportes cognitivos a la visión del terapeuta y vínculo terapéutico", pp. 16. Trabajo presentado en el IV Congreso Mundial de Psicoterapias. Buenos Aires.

3) Problemáticas temidas por los terapeutas; por ejemplo, violencia, conflictos de pareja, adicciones, abuso sexual dentro de la familia, etc.
4) Etapas evolutivas de las personas.
5) Iatrogenia en salud mental.
6) Conflictos familiares/de pareja.
7) Conflictos parentales.
8) Abuso, violencia.

La idea es llevar seleccionadas ciertas escenas para que el grupo se conecte con lo que cada uno *siente* en ese momento. No se trata de que hagan diagnósticos o largas reflexiones acerca de lo que piensan que pasa ahí, sino que el foco esté puesto en ellos mismos y en sus vivencias al ver estas imágenes.

Me ha sido particularmente útil proponer fragmentos de:

- *La habitación del hijo* (Giovanni Moretti, 2001)
- *En busca del destino* (Gus Van Sant, 1997)
- *Las horas* (Stephen Daldry, 2002)
- *La celebración* (Thomas Vinteberg, 1998)
- *In treatment* (Rodrigo García, 2008 a 2010)
- *La guerra de los Roses* (Danny DeVito 1989)
- *Analízame* (Harold Ramis, 1999)
- *Un casamiento inolvidable* (Alessandro D'Alatri, 2002)
- *Nunca es tarde para enamorarse* (Joel Hopkins, 2008)
- *La vida en rosa* (Olivier Dahan, 2007)
- *Atrapado sin salida* (Milos Forman, 1975)
- *Sol de otoño* (Eduardo Mignona, 1996)
- *El hijo de la novia* (Juan José Campanella, 2001)
- *Nunca es tarde para amar* (Andreas Dresen, 2008)
- *Carol* (Todd Haynes, 2015)
- *Un método peligroso* (David Cronenberg, 2011)
- *Juventud* (Paolo Sorrentino, 2016)
- *Julieta* (Pedro Almodóvar, 2016)

Y tantas otras...

Después de que cada persona comente qué le pasó o sintió con lo que vio, les pido que se imaginen cuál personaje les produjo mayor rechazo, cuándo les dieron deseos de llorar, qué hubieran hecho ellos como terapeutas en ese caso o con tal persona, etc.

Luego dejo como tarea para la casa un trabajo más reflexivo para hacer individualmente.

He aquí ejemplos del tipo de trabajo que propongo:

Película *La habitación del hijo*:

1) Escriban una reflexión sobre cómo siente cada uno su derecho a ocuparse más de sí mismo que de los pacientes en ciertos momentos difíciles de la vida personal.
2) ¿Qué piensan ustedes acerca de la pena que da ver a un terapeuta tan disociado? ¿Y verse a sí mismo disociado, les da la misma pena? ¿Cómo creen que se pueden ayudar con eso?
3) ¿Cómo reciben cada uno de ustedes la indicación del supervisor (en la película) de hablar con el paciente sobre lo que pasa en el vínculo?
4) Releyendo el artículo "La autenticidad terapéutica" (*cf.* Baker Miller et al., 2000), inventen una salida para el terapeuta protagonista de la película. Escriban ya sea el camino que le propondrían, la forma, el lenguaje, el espacio o lo que se les ocurra, pensando que es el terapeuta el que lo está pasando mal.
5) ¿Cómo se imaginan a ustedes en una situación de rabia como la que manifiesta el paciente varón?
6) ¿Qué les parece la decisión de dejar de atender clínicamente? ¿Cómo se imaginan que se sentirían si tuvieran un terapeuta que les comunicase eso?

Película *Las horas*:

1) ¿Qué consideras que tienen en común las tres mujeres protagonistas?
2) ¿Qué crees tú que las enferma?
3) ¿Qué harías tú si fueras el/la terapeuta de cada una de ellas? ¿Con qué orientación terapéutica trabajarías?
4) Centrándote en el personaje del marido de Virginia Woolf, ¿qué crees que le pasa a él y cómo intentarías ayudarlo?
5) ¿Qué sientes y qué piensas cuando Virginia Woolf alega contra los psiquiatras?
6) ¿Cómo te sentirías si tuvieras una paciente con ese discurso?

Película *En busca del destino*:

1) ¿Qué te hace sentir un paciente como el de la película?
2) ¿Y qué te hace sentir el terapeuta en la primera sesión?
3) ¿Con qué aspectos de cada uno te puedes identificar?
4) ¿Qué recursos crees que tiene el terapeuta?
5) ¿Y qué debilidades?
6) Trata de describir el proceso de esta relación entre ambos.
7) ¿Qué características del terapeuta te gustaría tener a ti?
8) ¿Cuáles no?
9) ¿Cuáles sientes que no podrías tener?

Estos son meros ejemplos de cómo suelo trabajar con escenas de películas, pero son muchas las posibilidades que existen actualmente para hacer un trabajo sobre ciertas imágenes. Lo importante es que estas solo sirvan de estímulo o de pretexto para descubrir algo de uno; por ejemplo: "yo no podría ser terapeuta de un abusador" o "si una pareja se pelea mucho en una sesión, yo no podría soportarlo". Es decir: el foco puesto en las emociones de ellos, *no* en los protagonistas de las escenas o en los temas.

CUESTIONARIO SOBRE LA VIDA PERSONAL DEL TERAPEUTA[29]

Las siguientes preguntas focalizan tres temas:

1) La calidad de su vida personal.
2) Su experiencia como psicoterapeuta.
3) Sus pensamientos acerca de la relación entre ambas.

Sus respuestas tienen que ser completamente voluntarias y anónimas. Si alguna pregunta es poco clara o demasiado personal, no la responda.

Apreciamos su participación y la valiosa información que nos brinda.

1. Respecto de mi vida personal...

a) Anote si está de acuerdo o en desacuerdo con cada afirmación

	Acuerdo	Desacuerdo
Soy feliz	☐	☐
Me siento sano	☐	☐
Me gusta como soy	☐	☐
Me gusta mi trabajo	☐	☐
Tuve una infancia feliz	☐	☐
Me gusta el lugar donde vivo	☐	☐
Tengo buenos amigos	☐	☐
Me gusta mi cuerpo	☐	☐
Mi vida se ha desarrollado según lo planeado	☐	☐

29 Adaptada de Mahoney, M. y Fernández Álvarez, H. (1998). "La vida personal del psicoterapeuta". *Avances en Psicología Clínica Latinoamericana*, nº16, pp. 9-22.

b) Coloque una equis (X) en los ítems que concuerden con su niñez o familia de origen:

- ☐ Fui maltratado físicamente cuando niño.
- ☐ Padecí abuso sexual cuando niño.
- ☐ Perdí a uno de mis padres tempranamente en la vida.
- ☐ Mis padres se divorciaron.
- ☐ Mi madre o mi padre (señale cuál) tuvieron problemas de alcohol, o mentales.

2. En los siguientes pares de palabras opuestas, señale con un círculo la palabra de cada par que mejor describe su experiencia como terapeuta:

Difícil/Fácil
Satisfactoria/Frustrante
Aburrida/Estimulante

3. Señale con una equis (X) aquellas situaciones que usted haya experimentado o encontrado durante su ejercicio profesional. Una vez haya realizado esto, ordene, por rango, las tres conductas o situaciones más complicadas con las que se haya encontrado, donde 1 es la más difícil y 3 es la menos difícil:

Pacientes que se enojaron conmigo.	☐	☐
Pacientes resistentes al tratamiento.	☐	☐
Pacientes que intentaron seducirme.	☐	☐
Conductas paranoides o delirios en los pacientes.	☐	☐
Alucinaciones de pacientes.	☐	☐
Intentos de suicidio de pacientes.	☐	☐
Pacientes que telefonean excesivamente.	☐	☐
Pacientes físicamente violentos conmigo.	☐	☐
Hospitalización de un paciente contra su voluntad.	☐	☐
Pacientes que iniciaron una acción legal en mi contra.	☐	☐
Deserción prematura de pacientes.	☐	☐
Pacientes que se negaron a pagar mis servicios.	☐	☐
Pacientes que se hicieron dependientes de mí.	☐	☐

Pacientes con personalidad múltiple.	☐	☐
Pacientes con ataque de pánico.	☐	☐
Muerte de un paciente por suicidio.	☐	☐
Pacientes violentos físicamente con otros.	☐	☐
Muerte de un paciente (no por suicidio).	☐	☐
Resistencia de pacientes a la finalización de la terapia.	☐	☐
Pacientes que me ofrecieron regalos inapropiados.	☐	☐

4. A continuación, se enuncian una variedad de temas personales y sobre la salud. Por favor, señale con una equis (X) aquellos que alguna vez hayan sido una preocupación para usted (en cualquier momento de su vida). Luego, vuelva a la lista y marque con una equis (X) aquellos ítems que hayan sido una preocupación para usted ***en el último año*****:**

Agotamiento físico.	☐	☐
Ansiedad.	☐	☐
Funcionamiento sexual.	☐	☐
Problemas en la confianza con la gente.	☐	☐
Seguridad económica.	☐	☐
Falta de fe religiosa.	☐	☐
Cambios de humor.	☐	☐
Sentimientos de vergüenza o culpa.	☐	☐
Desórdenes alimenticios (anorexia, bulimia, trastorno por atracón, etc.).	☐	☐
Manía.	☐	☐
Enfermedad cardíaca.	☐	☐
Salud frágil.	☐	☐
Sobrepeso.	☐	☐
Uso excesivo de alcohol.	☐	☐
Baja autoestima.	☐	☐
Sentimientos de soledad.	☐	☐
Problemas familiares.	☐	☐
Agotamiento emocional.	☐	☐

Pensamientos suicidas.	☐	☐
Esquizofrenia.	☐	☐
Timidez.	☐	☐
Impedimentos físicos.	☐	☐
Problemas del sueño.	☐	☐
Depresión.	☐	☐
Control deficiente de la ira.	☐	☐
Poca confianza en sí mismo.	☐	☐
Falta de intimidad.	☐	☐
Uso excesivo de drogas.	☐	☐
Dolor crónico.	☐	☐
Malos hábitos/obsesiones/compulsiones.	☐	☐
Cáncer.	☐	☐
Perfeccionismo.	☐	☐

5. ¿En qué grado acordaría usted con los siguientes enunciados sobre sus problemas personales? Señale con una equis (X) su respuesta.

	Acuerdo	Desacuerdo
Mis problemas personales me han hecho mejor terapeuta.	☐	☐
Me preocupa la similitud entre mis pacientes y yo.	☐	☐
Mis problemas personales me motivaron para ser terapeuta.	☐	☐
Rechazo a aquellos pacientes con problemas que yo mismo no pude resolver en mí.	☐	☐
Estoy perturbado por mis continuos problemas personales.	☐	☐
Mis problemas personales me llevan a ser humilde.	☐	☐
Mis problemas personales me han enseñado que el cambio es difícil.	☐	☐
Mis problemas han reducido alguna vez la calidad de mis servicios.	☐	☐
Soy más empático con los pacientes que tienen problemas que yo he tenido.	☐	☐

6. Responda las siguientes preguntas:

a) ¿Está usted actualmente en terapia? ____________________

b) ¿Está usted buscando un terapeuta? ____________________

c) ¿Cuántas horas de terapia individual (personal) ha tenido en total? ________

d) ¿Cuántos terapeutas diferentes consultó usted como paciente? ________

e) ¿Ha sido usted paciente de grupos terapéuticos? ____________________

7. En referencia a sus experiencias como paciente en psicoterapia, ¿en qué grado acordaría con cada uno de los siguientes enunciados? (si nunca fue paciente de psicoterapia, continúe con la pregunta 8).

	Acuerdo	Desacuerdo
Prefiero tener un terapeuta de mi mismo género.	☐	☐
Mi terapia personal ha sido una experiencia valiosa.	☐	☐
Prefiero un terapeuta de mi misma orientación teórica.	☐	☐
He tenido experiencias negativas como paciente.	☐	☐
Me resultó difícil encontrar un terapeuta para mí.	☐	☐
Me sentí perturbado por necesitar una terapia.	☐	☐
El costo económico de mi terapia ha sido un problema.	☐	☐
Mi terapia mejoró mis habilidades como terapeuta.	☐	☐
Mi terapia me ayudó a resolver mis problemas personales.	☐	☐

8. En referencia a los efectos de su trabajo como psicoterapeuta en su vida personal, en qué grado acordaría usted con cada uno de los siguientes enunciados:

Mi trabajo como psicoterapeuta…

	Acuerdo	Desacuerdo
Me ha hecho envejecer más rápidamente.	☐	☐
No ha tenido ningún efecto en mi vida.	☐	☐
Me ha hecho mejor persona.	☐	☐
Algunas veces me agotó emocionalmente.	☐	☐
Ha incrementado mi autoconocimiento.	☐	☐

Ha acelerado mi desarrollo psicológico.	☐	☐
Ha hecho que sea más cínico respecto de la vida.	☐	☐
Me ha hecho más pesimista respecto de la naturaleza humana.	☐	☐
Me ha hecho más respetuoso de las diferencias individuales.	☐	☐
Ha incrementado mi valoración respecto de los vínculos humanos.	☐	☐

9. ¿En qué orientación teórica tuvo su entrenamiento inicial?

____

¿Cuál es su actual orientación teórica?

____

10. ¿Cuántos años ha sido usted psicoterapeuta?

____

11. Si se ha especializado, explicite en qué áreas (por ejemplo, población de pacientes, problemas, métodos de tratamiento, etc.).

____

12. Aproximadamente, ¿qué porcentaje de su tiempo total de trabajo dedica a cada una de las siguientes actividades?:

Atención de pacientes.	____________
Lectura profesional.	____________
Redacción de informes clínicos.	____________
Supervisión.	____________
Investigación.	____________
Administración.	____________
Facturación.	____________
Continuación de la formación.	____________

13. ¿En cuál de las siguientes actividades busca usted habitualmente relajación o recreación? (señale con un círculo)

Baile.

Ejercicios de respiración.

Realizar proyectos artísticos.

Películas/TV.

Jardinería.

Ejercicios físicos/deportes.

Meditación/rezo.

Música (ejecutar/escuchar).

Masajes.

Viajes.

Cocinar/comer.

Apreciando el arte (pasivamente).

Vida social con amigos.

Hobbies.

Lectura por placer.

Siestas breves.

Stretching (ejercicios de estiramiento), yoga, pilates.

Fumar.

Beber (cervezas, vino, licores).

Caminar.

Otros ____

Entre las actividades que señaló anteriormente coloque 1 a su favorita, 2 a la segunda y 3 a la tercera en preferencia. Finalmente, coloque una X en las tres actividades que usted realiza con mayor frecuencia.

14. Datos adicionales

Edad: ______________________

Sexo: [F] [M]

Grupo étnico: ______________________

País de nacimiento: ______________________

País de residencia: ______________________

Religión en la infancia: ______________________

Religión actual: ______________________

Situación vital actual (si vive solo, con pareja, con amigos, con familia, etc.):
____

Orientación sexual (señale con un círculo):
heterosexual/homosexual/bisexual/asexual/otro: ______________________

Esta encuesta nos fue entregada por Mahoney en el taller que menciono en su biografía. Dio lugar a trabajos de investigación y publicaciones posteriores en colaboración con el Dr. Fernández Álvarez.

Me parece muy enriquecedor complementar esta encuesta con elementos de otras, también propuestas por Mahoney (*cf.* 2005):

Vida emocional

a) En un rango de 0 (nunca) a 5 (frecuentemente), durante los últimos 90 días, ¿en qué medida ha experimentado cada una de las siguientes emociones?

☐ Enfado.
☐ Preocupación o miedo.
☐ Entusiasmo o alegría.
☐ Envidia o celos.
☐ Culpa.
☐ Odio.
☐ Paz interior o tranquilidad.
☐ Amor.
☐ Orgullo.
☐ Tristeza o depresión.
☐ Vergüenza.

b) En su infancia, ¿qué sentimientos o emociones aprendió a considerar "buenos" o "malos"?

Buenos ____________________

Malos ____________________

c) ¿Cuáles de las siguientes expresiones emocionales fueron rechazadas en su infancia? (señale todas las que sean pertinentes).

- ☐ Llorar
- ☐ Reír
- ☐ Discutir
- ☐ Cantar
- ☐ Gritar
- ☐ Presumir
- ☐ Silbar
- ☐ Conmoverse
- ☐ Quejarse
- ☐ Hacer pucheros
- ☐ Pegar
- ☐ Morderse las uñas
- ☐ Insultar
- ☐ Esconderse
- ☐ Fantasear
- ☐ Mecerse

d) Actualmente, ¿qué emociones le resultan más difíciles o incómodas?

____

e) ¿Cuánto recuerda las experiencias de su infancia, de 1 (poco) a 10 (mucho)? Posteriormente, describa una que recuerde.

____

f) En general ¿cómo describiría su infancia de 1 (muy infeliz) a 10 (muy feliz)?

____

g) Cada una de las siguientes afirmaciones describe experiencias que puede haber tenido durante su infancia: señálelas y añada comentarios al margen si lo desea.

☐ La vida familiar era feliz.
☐ Disfrutaba en el colegio.
☐ Hacía amigos con facilidad.
☐ Me sentía querido y respetado.
☐ Confiaba en mis padres.
☐ Sentía que mis padres confiaban en mí.
☐ Me sentía bien conmigo mismo.
☐ Se respetaban mis sentimientos.
☐ Mi familia se mudaba frecuentemente.
☐ Estaba enfermo con frecuencia.
☐ No me sentía querido.
☐ Me pegaban.
☐ Me iba mal en el colegio.
☐ No tenía muchos amigos.
☐ No me dejaban llorar.
☐ Me sentía rechazado o despreciado.
☐ Intentaba ser perfecto.
☐ Tenía pesadillas muy intensas.

Otras ____

h) Respecto a sus padres, marque con una equis (X) en el caso que alguno de ellos, a su entender, haya pasado por las experiencias presentadas a continuación:

	Madre	Padre
Recibió abusos.	☐	☐
Fue abandonado de pequeño.	☐	☐
A veces era violento.	☐	☐
Padeció enfermedad física.	☐	☐
Padeció enfermedad mental.	☐	☐
Tuvo alcoholismo.	☐	☐
Tuvo problemas con drogas.	☐	☐
Intentó suicidarse o se suicidó.	☐	☐

i) ¿Cuál es la experiencia más feliz de su infancia?

____

j) ¿Cuál es la experiencia emocional más dolorosa de su infancia?

____

k) ¿Tiene o ha tenido hermanos? ¿Cómo recuerda su relación con ellos?

____

l) ¿Cuál era la religión de sus padres y cuán importante era para ellos?

____

m) En la actualidad, tiene usted una orientación espiritual o una práctica religiosa? ¿Cuál? ¿Cuán frecuente es?

____

n) ¿La muerte de qué personas le ha afectado profundamente?

____

RECOMENDACIONES PARA EL AUTOCUIDADO DEL TERAPEUTA[30]

A partir de las siguientes recomendaciones de Mahoney, se sugiere que cada terapeuta reflexione sobre cada una de ellas. Luego, si el trabajo es grupal, se comentan entre todos.

a) Tenga consideración de usted mismo.
b) Descanse adecuadamente.
c) Póngase cómodo.
d) Muévase con frecuencia.
e) Elabore un ritual de transición para dejar el trabajo en el consultorio.
f) Reciba masajes profesionales regularmente.
g) Valore la amistad y la intimidad con su familia.

30 Adaptado de Mahoney, M. (2005). "Apéndice M", pp. 363-364. *Psicoterapia constructiva*. Buenos Aires: Paidós.

h) Cultive su compromiso con la ayuda; honre el privilegio de nuestra profesión.
i) Pida y acepte consuelo, ayuda, consejos.
j) Desarrolle una red de apoyo entre sus colegas.
k) Diviértase.
l) Siga a su corazón y acoja su búsqueda espiritual.

Mahoney también sugería (y comparto plenamente) las siguientes prácticas autocuidado para terapeutas:

- Ejercicios de respiración.
- Ejercicios físicos.
- Ejercicios de equilibrio corporal.
- Ejercicios de relajación.
- Meditación.
- Ejercicios de habilidades espirituales.
- Ejercicio del consuelo a uno mismo.
- Ejercicio de autocontrol amable.
- Ejercicio de tiempo de espejo.
- Masajes.

RECOMENDACIONES PARA UNA PRÁCTICA CONSTRUCTIVA[31]

He aquí una lista de sugerencias de Mahoney. Reflexiona sobre cada una y sobre tus acuerdos, discrepancias y dudas con dichas afirmaciones.

1) Prepárese para cada sesión con una reflexión íntima.
2) Honre la complejidad y la singularidad de cada cliente.
3) Concédase a usted mismo y a su cliente el permiso para no saber o para no comprender por completo.
4) Permita que los clientes marquen el ritmo y respete su proceso.
5) Fomente (pero no fuerce) la expresión emocional. Localice las emociones sentidas en sensaciones corporales.
6) Permítase y anímese a sentir emocionalmente durante la terapia.
7) Confíe en que sus clientes pueden resistir el sufrimiento y en que se verán fortalecidos en ese proceso.
8) Enfatice la seguridad y ofrezca tanta estructuración como necesiten los clientes.
9) Afirme y fomente la experimentación y la exploración.
10) Enseñe la compasión, el perdón y el cuidado propio.

31 Adaptado de Mahoney, M. (2005). "Apéndice N", pp. 365-366. *Psicoterapia constructiva*. Buenos Aires: Paidós.

En grupo, luego del espacio/tiempo de reflexión de cada integrante, se comenta entre todos.

INVENTARIO DE *BURNOUT* DE PSICÓLOGOS[32]

Este trabajo es ideal para hacerlo en grupos, de alrededor de 6-8 personas. Compartir las respuestas, luego del trabajo personal de cada uno con el cuestionario, es muy útil y ayuda a la comprensión de lo que es común a todos y lo que es de cada uno.

Al mismo tiempo, en un segundo momento se pueden trabajar los recursos personales, institucionales, familiares o amistosos que signifiquen posibilidades de cambio de la situación.

1) Me siento agotado/a después de un día de trabajo.
2) Me siento irritable con las personas en mi trabajo.
3) Obtengo satisfacción personal en mi profesión.
4) Siento que mi profesión me desgasta emocionalmente.
5) Tengo que esforzarme para no perder la paciencia con algunas personas en mi trabajo, lo que resulta difícil.
6) Trabajar con personas me realiza profesionalmente.
7) Apenas he comenzado mi trabajo y ya pienso en acabar.
8) Me irritan las personas a las que atiendo cuando no se esfuerzan en alcanzar los objetivos propuestos.
9) Considero que es estimulante discutir psicología con mis colegas y supervisores.
10) Me siento quemado por mi trabajo.
11) Pienso que podría desarrollar mejor mi trabajo si tuviera mayor cooperación de las personas a las que atiendo.
12) Considero que trabajar en psicología ha cambiado mi vida para mejor.
13) Siento sueño durante mi trabajo, pero no en otras actividades.
14) Siento que me alejo emocionalmente de mi trabajo.
15) Creo que mi trabajo es muy estimulante y ofrece muchas oportunidades para ser creativo/a.
16) Siento que estoy al límite de mis posibilidades.
17) Los problemas de las personas a las que atiendo acaban por interferir en mi vida personal.
18) Me encanta trabajar en psicología.
19) Aunque no quiera, muchas de las personas que atiendo me aburren.

32 Adaptado de Moreno Jiménez, B. et al. (2006). "Validez factorial del inventario de burnout de psicólogos en una muestra de psicólogos mexicanos". *Revista Latinoamericana de Psicología,* vol. 38, nº3, p. 455.

20) Considero que son pocas las personas con las que trabajo que merecen el tiempo que les dedico.
21) Creo que tengo muchas oportunidades de progresar en mi trabajo.
22) Me siento agotado/a física y emocionalmente.
23) Me resulta difícil mantener el equilibrio personas en algunas de mis interacciones profesionales.
24) Me siento útil trabajando en psicología.
25) Tengo que hacer un sobreesfuerzo para concentrarme y atender a las personas.
26) Pienso que la tarea que hago sería mucho más eficaz si tuviera mayor ayuda de las personas con las que tengo que trabajar.
27) Siento que me consideran y respetan por ser psicólogo.
28) Me siento desmotivado por el trabajo diario, necesitaría un cambio.
29) Hay personas con las que tengo que trabajar cuyas actitudes me irritan.
30) Siento que realizo un trabajo profesional muy importante.

14. EPÍLOGO

Junio 2016. No puedo terminar este libro sin ser coherente con lo que planteo en él, y por eso siento necesidad de hacer también mi síntesis biográfica, para que se entienda desde dónde hablo.

Nací en una familia de clase media, profesional, en la ciudad de Buenos Aires, Argentina.

Mi padre, llegado a los dos años desde Rusia, fue un fiel representante de lo que los inmigrantes de aquellos tiempos encarnaban. Para mis abuelos, su único hijo sin duda tenía que llegar a la universidad y convertirse en Doctor en Medicina, previo paso por el Colegio Nacional de Buenos Aires, cuna de la formación de muchos presidentes argentinos y de muchos intelectuales y profesionales prestigiosos. Pero su migración temprana (con lo que eso implica de pérdidas, soledad, adaptación a lo nuevo y exigencias) imprimió su sello en mí, al incorporar el trabajo como valor supremo. Su profesión, su relación con los pacientes, su compromiso y su visión de la medicina como un vínculo que sana me acompañan hasta hoy.

Mi madre, la menor de cuatro hijos, sufrió desde su nacimiento la carencia de una madre sana: mi abuela padeció desde aquel último parto de una artritis reumatoidea deformante, lo que, en aquellos tiempos, la llevó a estar progresivamente paralítica en una silla de ruedas hasta su muerte. Esta abuela materna y su discapacidad fueron altamente determinantes en el aprendizaje que hice desde chica de escuchar, contener y acompañar a mi madre, dadas sus propias carencias como hija. Mi madre estudió Leyes, pero no terminó la carrera porque se casó. Después estudió Fonoaudiología y trabajó con pacientes y en un Hospital por un período corto. Fue muy activa en una institución de mujeres de ayuda social judía.

La familia era pequeña, ya que el hermano de mi madre era soltero y mi padre fue único hijo, así que teníamos mucha cercanía con la hermana de mi madre y sus dos hijos. Hija mayor, única nieta, prima, sobrina e hija mujer, crecí entre mis primos y mi hermano varón por un lado muy sola de pares y al mismo tiempo muy mimada por mis abuelos, tíos y padres.

Tenía buen rendimiento en el colegio: cumplidora, aplicada, esforzada. Cuando se acercaba el final de la secundaria, las dudas acerca de qué estudiar me llevaron a pedir ayuda en la orientación vocacional: recuerdo muy bien que el trabajo de la psicóloga se centró en mostrarme que mi confusión tenía que ver con el conflicto entre mi mundo (muy) racional y el afectivo.

En aquel momento ganó el racional, y entré a estudiar Física a la Facultad de Ciencias Exactas de la Universidad de Buenos Aires. Me fascinaban (y hasta hoy lo hacen) las matemáticas, y disfrutaba dedicar mis fines de semana a intentar resolver problemas que los profesores nos daban para ver si tenían o no solución. Ese desafío era un imán irresistible.

Así llegué a cuarto año de la carrera, entre solo siete compañeros, participando de la recepción de la primera computadora universitaria que ocupaba una sala inmensa y a la que observábamos con el mismo asombro con el que vimos por televisión la llegada del hombre a la luna.

Junto con el comienzo de un nuevo noviazgo con un estudiante de sociología, empecé a descubrir otro mundo: el de los grupos grandes, el de la participación política, el del apasionamiento y expresividad afectiva. Al principio, mucho de lo que veía cuando estaba en un bar o iba a buscar a mi novio a su facultad me chocaba. Después me di cuenta del susto que me daba todo ese mundo, tan diferente del que yo participaba. Y empecé a entrar en la crisis que mi orientadora vocacional seguramente predijo: empecé a visualizarme en mi futuro, en un laboratorio, sin mucha interacción con personas, trabajando con elementos sumamente abstractos, con mediciones, en otros países, y me di cuenta de que no quería eso para mí. Así que con el coraje y la inconsciencia de esa etapa de la vida, tomé la decisión de cambiar de carrera e inscribirme en Psicología...

Nunca voy a olvidar la cara de asombro y desaprobación de mi padre, muy orgulloso hasta ese momento de tener una hija "científica". Tampoco mis amigos ni mis compañeros entendían semejante giro. Y, debo reconocerlo, yo tampoco lo comprendía en aquel entonces. Eran sensaciones vagas, incomodidades y atracciones. La Facultad de Filosofía y Letras, donde se dictaba la carrera, era un hervidero de personajes muy interesantes, de ideas, libros y discusiones filosóficas y políticas, en un clima bastante cercano al caos que yo desconocía hasta ese momento.

Mi primer examen parcial de Introducción a la Psicología ¡lo reprobé! El que era mi ayudante, Jorge Colapinto (importante psicoterapeuta sistémico), se sentó conmigo y me explicó por qué:

J: ¿Vos creés que yo puedo adivinar lo que quisiste decir acá?
Yo: Pero ahí está todo.

J: No, en media página tan sintetizado todo, no puedo saber qué tenés adentro de tu cabeza.

Yo: ¿O sea, que lo que me pedís es que palabree?

Jorge: (riéndose) Si vas a estudiar esta carrera, vas a tener que aprender a palabrear.

Y me enseñó los exámenes de mis compañeros que consistían en varias páginas escritas, versus mi esquemática media hoja.

Y aprendí a palabrear. Nunca tanto como algunos de mis colegas, pero aprendí sobre todo a expresar sentimientos, que era mi torpeza de aquel entonces.

Junto con el primer año de Psicología, pedí mi primera entrevista psicoterapéutica con quien era mi profesor de Introducción a la Psicología: el Dr. José Itzikson. Era una persona sabia, muy culta, y cuyo marco referencial era la Reflexología. Lo admiraba mucho por su capacidad para escuchar, por su autoridad, por su respeto por la persona y por su inteligencia, y todo esto hizo de las conversaciones con él momentos de aprendizaje y contención.

A esa experiencia terapéutica le siguieron otras a lo largo de mi vida: el psicoanálisis individual, el de grupo, nuevos períodos de análisis cara a cara, terapia de pareja durante mi matrimonio, una experiencia con una terapeuta psicodramatista y algunos de los llamados "laboratorios gestálticos" de fin de semana. Una sumatoria enriquecedora para el autoconocimiento y la ayuda, y también el descubrimiento de lo que puede ser iatrogénico.

En el Buenos Aires de entonces (1960 y 70) el psicoanálisis era lo único que se estudiaba, por lo tanto, tuve el privilegio de estudiar durante años con maestros como Horacio Etchegoyen, David Liberman, Enrique Pichon-Rivière, José Bleger, Jorge Carpinacchi y Mimi Langer. Pude, además, tener supervisores de la estatura de Vicente Galli, Octavio Fernández Mouján y César Merea.

Estas figuras, en sus distintos estilos, fueron estimuladoras del desarrollo del propio proceso, y así fui aceptando mis visiones personales críticas del psicoanálisis y empezando a descubrir otras miradas.

Mientras daba inicio a mi vida profesional y con 23 años, me casé con una persona que no formaba parte del mundo psicológico, pero con el cual compartía una visión de la vida y del mundo.

Al terminar la carrera lo único que tenía claro era que no quería por el momento tener pacientes, sino trabajar en prevención. Con otra colega armamos un equipo para ofrecer trabajo en escuelas: charlas para padres, asesoramiento a docentes, orientación vocacional, y así empecé: saliendo a buscar el trabajo. Tengo de esa etapa hermosos recuerdos, pese a lo difícil que fue lograr los primeros contratos. El trabajo con la salud y el ser útil a los niños a través de sus padres y maestros me gustaba mucho.

Y fue de esta manera que llegué a formar parte de la creación que la Municipalidad de Buenos Aires, a través de su Director de Salud Mental, Dr. Rosarios, hiciera del primer centro de Psiquiatría Comunitaria, donde dirigí el equipo de Prevención Primaria en el barrio de San Telmo[33]. Con Pedro Herscovici, Adolfo Loketek y otros colegas, recorrimos el difícil camino de aprender herramientas y maneras de pensar distintas a nuestra formación como psicoanalistas.

La experiencia de ese Centro fue única: el trabajo con peluqueras y farmacéuticos como agentes de salud mental barriales, los programas de recreación para adolescentes, el tomar mate con la gente en los conventillos, hablando de sus necesidades, fueron de las experiencias profesionales más marcadoras para mí.

Simultáneo al nacimiento de este hijo institucional nació mi primer hijo, Ramiro, y, con él surgió mi necesidad de compatibilizar el trabajo con la familia. Poco a poco, y por invitación de un grupo de terapeutas del servicio de Psicopatología del Hospital de Lanús, me integré al equipo que formó el Centro Médico-Psicológico Buenos Aires[34]. Cada uno trasladó allí su consultorio privado, alquilamos una casa grande en Palermo y empezamos el desarrollo de un proyecto institucional que hoy ya lleva 40 años de existencia.

En "Oro" (como le decíamos usualmente por el nombre de la calle donde estaba ubicado) aprendí muchísimas cosas: a trabajar en equipo, a hacer clínica, a defender puntos de vista, a organizar equipos, a liderar y a abrir espacios a temas que estaban llegando al mundo social (como lo fue el tema "mujer").

El Centro Médico Psicológico Buenos Aires fue la primera institución asistencial donde se abrió un Departamento de la Mujer que organizó talleres, conferencias, cursos, grupos terapéuticos de mujeres, además de empezar a a producir material teórico sobre el tema. También realizó muchas actividades sociales: talleres para las familias de los soldados de Malvinas, formación de acompañantes terapéuticos, taller de carpintería para labor terapia, etc.

Durante este tiempo nació mi segunda hija, Silvana. Era el año 1975.

Después de 12 años de pertenencia institucional, me surgió la necesidad de salir de ella y de concentrarme en mi consultorio. Fue una época de tener más claras mis necesidades de diferenciación del contexto, de dedicarme a aquello que me interesaba más y con menos dedicación al trabajo que requiere toda institución. Instalé mi consultorio muy cerca de mi casa, lo que me permitió manejar mis tiempos con flexibilidad. Fue una etapa profesional de profundización y especialización: pude escribir y viajar, tener contacto con otras personas

33 Centro de Salud Mental n°2, Municipalidad de Buenos Aires.

34 En ese momento formado por Octavio Fernández Mouján, Gisela Rubarth, Jaime Yospe, Juan Pruden, y Beatriz Camus.

relacionadas con el tema género y convertirme en una especialista sobre la materia en aquellos tiempos.

Y otro cambio más se me presentaría en la vida como necesario; el descubrimiento de un taller de artes plásticas[35] me hizo entrar en contacto con una parte de mí misma desconocida: el placer de dibujar y luego el de hacer grabados. Fue en el momento de mi separación matrimonial, después de 23 años de casada, que accedí a ello. Como ocurre muchas veces en las parejas, durante todos esos años, yo estaba convencida de que el artista era él: le atribuía a mi ex marido deseos y habilidades para las artes plásticas que en realidad eran mías. Y una separación muy amigable y en buenos términos significó el comienzo de otra etapa de mi vida muy rica y novedosa.

Y hasta hoy, divido mi espacio y tiempo de trabajo entre el consultorio y el taller. Ser grabadora hoy es parte de mi identidad profesional, no es un "hobby": es un compromiso intenso con un quehacer, con teorías y técnicas, exposiciones y concursos. Y ser artista me hace ser mejor terapeuta así como ser terapeuta me ayuda a desplegar mi mundo de imágenes.

A fines de 1988 recibí una invitación para dar una conferencia en Chile, en unas Jornadas sobre Salud Mental y Mujer. Fue un viaje hacia lo que, poco a poco, se convertiría en mi lugar de residencia. Mucho trabajo en capacitación de profesionales me hizo viajar cada vez con mayor frecuencia. Vinieron más libros publicados y un proceso de adaptación muy enriquecedor a otra cultura, con otros valores, donde me sentí renacida.

La migración desafía creencias, prejuicios y lenguajes y, al mismo tiempo, permite sentirse más libre de la propia historia, con menor peso. Le estoy muy agradecida a Chile porque me dio todas esas oportunidades, al mismo tiempo que me enfrentó con todo lo que significa hacerse un nuevo lugar.

En Chile, muchas veces en simultáneo con Buenos Aires, formé parte de diversas instituciones en mi carácter de docente, supervisora o Directora de Psicoterapia. Los últimos 13 años estuvieron muy dedicados a la terapia de terapeutas y a la formación de psicólogos clínicos; también a escribir, a formar parte de un taller de grabado en Venecia, a hacer exposiciones en distintos países y a ir recibiendo a cada uno de mis nietos.

Comencé este libro recordando el momento en que terminé de cursar la carrera de Psicología y lo termino en el hoy, con esta síntesis de mi recorrido hasta aquí. Ojalá esta publicación sirva de incentivo para que otros terapeutas miren su historia, se pregunten, reflexionen acerca de su trabajo, hagan links, legitimen sus miradas y puedan sentir en algún momento lo que siento yo hoy: solidez, placer, consistencia, autenticidad y serenidad en este espacio particular y único que es la identidad personal.

35 Taller de Acciones Creativas dirigido por Mirta Dermisache.

REFERENCIAS BIBLIOGRÁFICAS

Abello Blanco, A. (2008). "Donald Woods Winnicott". Extraída el 23/09/2015 desde http://www.psicoterapiarelacional.es/homenajes/DonaldWWinnicott/DWWIntroducci%C3%B3n.aspx

Agostinelli, A. (2002). "Jung, Carl Gustav (1875-1961)". Extraída el 15/9/2005 desde http://www.dios.com.ar/notas1/biografias/genios/JUNG_CARL/jung.htm

Álvarez, S., Escoffié, E., Rosado y Rosado, M. y Sosa, M. (2016). *Terapia en contexto: Una aproximación al ejercicio psicoterapéutico.* Mérida, Yucatán: Editorial El Manual Moderno.

American Psychiatric Association (1981-1988). *The principles of medical ethics with annotations especially applicable to psychiatry.* Whashington: APA.

Andersen, T. (1994). *El equipo reflexivo.* Barcelona: Gedisa.

Andolfi, M.

_(1997). *Terapia familiar: un enfoque interaccional.* Barcelona: Paidós.

_(2003). *El coloquio relacional.* Barcelona: Paidós.

Andolfi, M. y Zwerling I. (1985). *Dimensiones de la terapia familiar.* Barcelona: Paidós.

Aponte, H.

_(1985). "La persona del terapeuta: piedra angular de la terapia". *Sistemas Familiares,* año 1, n°1, pp. 8-10.

_(1996). "El sesgo político, los valores morales y la espiritualidad en la formación de los psicoterapeutas". *Sistemas Familiares,* año 12, n°3, pp. 9-19.

Aponte, H. y Winter, J. (1988). "La persona y la Práctica del Terapeuta". *Sistemas Familiares,* año 4, n°2, pp. 7-24.

Aponte, H. et al. (2009). "Training the person of the therapist in an academic setting". *Journal of Marital and family therapy,* vol. 35, n°4, pp. 381-394.

Arendt, H. (2006). *Orígenes del totalitarismo.* Madrid: Alianza Editorial.

Association for Counselor Education and Supervision. (1995). "Ethical Guidelines for Counseling Supervisors". *Counselor Education and Supervision,* vol. 34, pp. 270-276.

Avenburg, R. (2004). "Sobre el encuadre en psicoanálisis". *Asociación Psicoanalítica de Buenos Aires*, vol. XXVI, nº1, pp. 25-30.

Baba, V., Jamal, M. y Tourigny, L. (1998). "Work and mental health: A decade in Canadian research". *Canadian Psychology/Psychologie Canadienne*, vol. 39, nº1-2, pp. 94-107.

Baker Miller, J. (1992). *Hacia una nueva psicología de la mujer*. Buenos Aires: Paidós.

Baker Miller, J. et al. (2000). "La autenticidad terapéutica", pp. 69-92. En Daskal, A. M. (comp.). *El malestar en la diversidad*. Santiago: Isis Internacional.

Banmen, J. (ed.) (2008). *In Her Own Words... Virginia Satir: Selected papers 1963-1983*. Phoenix: Zeig, Tucker & Theisen.

Baringoltz, S.

_(1991). "Sistemas de creencias en los protagonistas de la escena clínica". Trabajo presentado en el VI Congreso Metropolitano de Psicología. Buenos Aires.

_(2000). "Entrenamiento y cuidado del terapeuta: ¿dicotomía o integración?". Trabajo presentado en el Congreso Internacional de Terapia Cognitiva. Catania, Italia.

_(2002). "La psicoterapia constructivista y el terapeuta: algunas consideraciones". *Sistemas Familiares*, año 18, nº1-2, pp. 42-48.

_(2005a). "Aportes cognitivos a la visión del terapeuta y vínculo terapéutico". Trabajo presentado en el IV Congreso Mundial de Psicoterapias. Buenos Aires.

_(2005b). "La importancia del estilo personal del terapeuta y el vínculo como herramientas terapéuticas". Trabajo presentado en el Congreso Internacional de Psicoterapia Cognitiva. Gotebur, Suecia.

_(2009). "Las emociones del terapeuta en el interjuego de la relación terapéutica.". Trabajo presentado en el I Congreso Internacional de Terapias Cognitivas Constructivistas y Posracionalistas. Buenos Aires.

Bateson, G. (1985). *Pasos hacia una ecología de la mente*. Buenos Aires: Carlos Lohlé Ediciones.

Bertalanffy, L. (1976). *Teoría General de los Sistemas*. México: Fondo de Cultura Económica.

Beck, J. y Butler, A. (2005). "Treating psychotherapists with cognitive therapy", pp. 254-263. En Geller, J, Norcross, J. y Orlinsky, D. (ed.). *The Psychotherapist's Own Psychotherapy: Patient and Clinician Perspectives*. New York: Oxford University Press.

Benzadón, O. y otros. (1993). "El self del terapeuta y su compromiso en la terapia". *Sistemas Familiares*, año 9, nº3, pp. 9-20.

Berman, E. (2005). "On analyzing colleagues (trainees included)" pp. 235-253. En Geller, J, Norcross, J. y Orlinsky, D. (ed.). *The Psychotherapist's Own Psychotherapy: Patient and Clinician Perspectives*. Oxford: Oxford University Press.

Bernstein, A. y Marmar Warner, G. (1984). *Women Treating Women*. New York: International Universities Press.

Beutler, L. y Harwood, T. (2000). *Prescriptive Psychotherapy: a practical guide to systematic treatment selection*. New York: Oxford University Press.

Beutler, L. (1997). "The psychotherapist as a neglected variable in psychotherapy". *Clinical Psychology-Science and Practice*, vol. 4, nº1, pp. 44-50.

Binder, J. (1993). "Is it time to improve psychotherapy training?". *Clinical Psychology Review*, n°13, pp. 301-318.

Bleger, J.

_(1967). "Psicoanálisis del encuadre psicoanalítico", pp. 237-250. *Simbiosis y ambigüedad: estudio psicoanalítico*. Buenos Aires: Paidós.

_(1971). "La entrevista psicológica: su empleo en el diagnóstico y la investigación". *Temas de Psicología. Entrevistas y grupos.* Buenos Aires: Nueva Visión.

Bowen, M. (1991). *De la familia al individuo*. Buenos Aires: Paidós.

Bridge, P y Bascue, L. (2005). "Documentación de la supervisión en la psicoterapia". *RET: Revista de Toxicomanías y Salud Mental*, n°45, pp. 27-40.

Broverman, I. et al. (1972). "Sex roles stereotypes: a current appraisal". *Journal of Social Issues*, vol. 28, n°2, pp. 59-78.

Brown, L. (2005). "Feminist therapy with therapists: egalitarian and more", pp. 135-156. En Geller, J, Norcross, J. y Orlinsky, D. (ed.). *The Psychotherapist's Own Psychotherapy: Patient and Clinician Perspectives*. New York: Oxford University Press.

Camacho, J. (2003). "Sobre el síndrome del *burnout* o de estar quemado". *Fundación Foro*. Extraída el 04/10/2004 desde http://www.fundacionforo.com/pdfs/archivo16.pdf.

Canevaro, A.

_(1994). "Terapia familiare trigenerazionale". En Onnis, L. y Galuzzo, W. (comp.). *La terapia relazionale e i suoi contesti*. Roma: NIS

_(2009). "El trabajo directo con las familias de origen de origen de los terapeutas en formación". *Apuntes de Psicología*, n°27, pp. 235-246.

Cardinali, F. y Guidi, G. (2003). "Interazione tra famiglia d'origine e gruppo di formazione". En Andolfi, M. y Cigoli, V. (comp.). *La famiglia d'origine. L'incontro in psicoterapia e nella formazione*. Milan: Franco Angeli.

Cavagnis, M. (2000). "Las emociones en el espacio terapéutico". Ficha sin editar en *Revista de Familias y Parejas*.

Ceberio, M. y Linares, J. (2005). *Ser y hacer en psicoterapia sistémica. La construcción del estilo terapéutico*. Barcelona: Paidós.

Cecchin, G., Lane, G. y Ray, W. (2002). *Irreverencia. Una estrategia de supervivencia para terapeutas*. Buenos Aires: Paidós.

Cela, R. (2003). *Modos de ser terapeuta: estética y subjetividad*. Buenos Aires: Libros del Zorzal.

Chang, E.

_(2000). "Perfectionism as a predictor of positive and negative psychological outcomes: examining a mediation model in younger and older adults". *Journal of Counseling Psychology*, n°47, pp. 18-26.

_(2006). "Perfectionism and dimensions of psychological well-being in a college student sample: a test of a stress-mediation model". *Journal of Social and Clinical Psychology*, n°25, pp. 1021-1042.

Chang, E., Watkins, A. y Banks, K. (2004). "How adaptive and maladaptive perfectionism relate to positive and negative psychological functioning: Testing a stress-mediation model in Black and White female college students". *Journal of Counseling Psychology*, n°51, pp. 93-102.

Colegio de Psicólogos de Chile. (1999). *Código de ética profesional.*

Corbella, S. (2003). *Compatibilidad entre el estilo personal del terapeuta y el perfil personal del paciente.* Tesis doctoral no publicada. Barcelona: Universidad Ramón Llull.

Corbella, S., Balmaña, N., Fernández Álvarez, H., Botella, L. y García, F. (2009). "Estilo personal del terapeuta y teoría de la mente". *Revista Argentina de Clínica Psicológica,* vol. 18, pp.125-133.

Corbella, S. y Botella, L.

_(2003). "La alianza terapéutica: historia, investigación y evaluación". *Anales de Psicología*, n°19, pp. 205-221.

_(2004). *Investigación en Psicoterapia: Proceso, Resultado y Factores Comunes.* Madrid: Editorial Visión Net.

Corbella, S. y Fernández Álvarez, H. (2006). "El terapeuta, posiciones, actitudes y estilos personales", pp. 299-340. En Botella, L. (ed.). *Construcciones, narrativas y relaciones: aportaciones constructivistas y construccionistas a la psicoterapia.* Barcelona: Edebé.

Corbella, S., Fernández Álvarez, H., Saúl, L., García, F. y Botella, L. (2008). "Estilo personal del terapeuta y dirección de intereses". *Apuntes de Psicología*, vol. 26, n°2, pp. 281-289.

D'Souza, F., Egan, S. y Rees, C. (2011). "The relationship between Perfectionism, Stress and Burnout in Clinical Psychologists". *Behaviour Change*, vol. 28, n°1, pp. 17-28.

Daldrup, R., Beutler, L., Greenberg, L. y Engle, D. (1988). *Focused expressive therapy: freeing the overcontrolled patient.* New York.: Guilford.

Daskal, A.M.

_(1989). "Las psicólogas mujeres". En Kohen, B. (comp.). *De mujeres y profesiones.* Buenos Aires: Ediciones Letra Buena.

_(1993). "Incluyendo el concepto de género en la Psicoterapia". *Revista Argentina de Clínica Psicológica*, vol. II, n°1, pp. 17-29.

_(2008). "Poniendo la lupa en la supervisión clínica". *Revista Argentina de Clínica Psicológica*, vol. XVII, n°3, pp. 215-224.

Des Champs, C. y Torrente, F. (1997). "La emoción terapéutica: Entrevista a Michael Mahoney". *Perspectivas Sistémicas*, n°46, año 9, pp. 6 y 7.

Deutsch, C.J. (1985). "A survey of therapists' personal problems and treatment". *Professional Psychology: Research and Practice*, n°16, pp. 697-705.

Duncan, B. y Miller, S. (2005). "Treatment Manuals Do Not Improve Outcomes". En Norcross, J., Levant, R. y Beutler, L. (ed.). *Evidence-based practices in mental health: Debate and dialogue on the fundamental questions.* Washington, D.C.: American Psychological Association Press.

Ellis, A. (2005). "Why I (really) became a therapist". *Journal of Clinical Psychology*, vol. 61, pp. 945-948.

Elkaïm, M.

_(1989). *Si tu m'aimes ne m'aime pas.* Paris: Le Seuil.

_(2003). *À quel psy se vouer? Psychanalyses, psychothérapies: les principales aproches.* Paris: Le Seuil.

_(1998). *La terapia familiar en transformación.* Buenos Aires: Paidós.

Elliott, R. y Partyka, R. (2005). "Personal therapy and growth work in experiential-humanistic therapies", pp. 34-39. En Geller, J, Norcross, J. y Orlinsky, D. (ed.). *The Psychotherapist's Own Psychotherapy: Patient and Clinician Perspectives.* New York: Oxford University Press.

Elmhirst, I. (1982). "Thoughts in countertransference". *International Journal of Psychoanalytic Psychotherapy*, vol. 9, pp. 419-433.

Enright, J. (1970). "Awareness training in the mental health professions", pp. 263-273. En Fagan, J. y Shepherd, I.L. (ed.). *Gestalt therapy now: Theory, Techniques, Applications.* New York: Harper and Row.

Emery, S., Wade, T. y Mc. Lean, S. (2009). "Associations Among Therapist Beleifs, Personal Resources and Burnout in Clinical Psychologists". *Behaviour Change*, vol.26, n°2, pp. 83-96.

Eva-Condemarín, P. (2001). "Transgresión sexual en la relación médico-paciente". *Revista chilena de neuro-psiquiatría*, vol. 39, n°4, pp. 329-344.

Farber, B.A.

_(1983). "Introduction: a critical perspective on burnout", pp. 1-20. En Farber, B.A. (ed.). *Stress and burnout in the human service professions.* New York: Pergamon Press.

_(1990). "Burnout in psychotherapists: incidence, types and trends". *Journal of Psychotherapy in Private Practice*, vol. 28, pp. 5-13.

Faber, B.A y Heifetz, L.J. (1982). "The process and dimensions of burnout in psychoterapists". *Professional Psychology: Research and Practice*, n°13, pp. 293-301.

Farber, B.A., Manevich, I., Metzger, J. y Saypol, E. (2005). "Choosing psychotherapy as a career: Why did we cross that road?". *Journal of Clinical Psychology*, vol. 61, n°8, pp. 1009-1031.

Ferenczi, S.

_(1981). *Psicoanálisis. Obras Completas.* Tomos I, II, III y IV. Madrid: Espasa Calpe.

_(2008). *Sin simpatía no hay curación.* Buenos Aires: Amorrortu Editores.

_(2001). *Teoría y Técnica del Psicoanálisis.* Buenos Aires: Lumen-Hormé.

Fernández Álvarez, H.

_(1998). "El estilo personal del psicoterapeuta". En Oblitas Guadalupe, L.A. (ed.). *Quince enfoques terapéuticos contemporáneos.* México: El Manual

_(2003). "Comentario al trabajo del Dr. Oro en 'La formación del terapeuta psicólogo'". En Mesones Arroyo, H. (ed.). *La Psicoterapia y las psicoterapias.* Buenos Aires: Editorial Ananké.

Fernández Álvarez H., y García, F. (1998). *Cuestionario del estilo personal del terapeuta.* Buenos Aires: Ediciones Aiglé.

Foerster, H. (1987). *Sistemas que observamos.* Roma: Astrolabio.

Forney, D.S., Wallace-Schutzman, F. y Wiggers, T. (1982). "Burnout among career development professionals: preliminary findings and implications". *Personnel & Guidance Journal*, n°60, pp. 435-439.

Foucault, M.

_(1961). *Enfermedad mental y personalidad*. Buenos Aires: Paidós.

_(1972). *Historire de la follie à lâge classique*. Paris: Gallimard.

_(2003). *El nacimiento de la clínica*. Buenos Aires: Siglo XXI.

Framo, J. (1996). *Familia de origen y psicoterapia: un enfoque intergeneracional*. Barcelona: Paidós.

Frank, R. (1995). "Psychoterapie-Supervision". *Report Psychologie*, N°20, pp. 33-46.

Frank, R.; Rzepka, U. y Vaitl, D. (1996). "Auswirkungen von Psychotherapie-Supervision auf die Entwicklung von Psychotherapeuten", pp. 457-475. En Bents, H., Frank, R. y Rey, R. (ed.). *Erfolg und Misserfolg in der Psychotherapie*. Göttingen: Hogrefe.

Fraudenberger, H. (1975). "The staff burn-out syndrome in alternative institutions". *Psychotherapy: Theory, Research and Practice*, vol. 12, n°1, pp. 73-82.

Freud, S.

_(1895). "Estudios sobre la histeria". En López-Ballesteros, L. (trad.). *Obras Completas, Tomo 1*. Barcelona: Editorial Biblioteca Nueva.

_(1910). "El porvenir de la terapia psicoanalítica". En López-Ballesteros, L. (trad.). *Obras Completas, Tomo 1*. Barcelona: Editorial Biblioteca Nueva.

_(1912). "Consejos al médico en el tratamiento psicoanalítico". En López-Ballesteros, L. (trad.). *Obras Completas, Tomo 1*. Barcelona: Editorial Biblioteca Nueva.

_(1913). "La disposición a la neurosis obsesiva. En López-Ballesteros, L. (trad.). *Obras completas. Tomo I*. P. 983. Madrid: Editorial Biblioteca Nueva.

_(1914). "Observaciones sobre el amor de transferencia". En López-Ballesteros, L. (trad.). *Obras Completas, Tomo 1*. Barcelona: Editorial Biblioteca Nueva.

_(1918). "Los caminos de la terapia psicoanalítica". En López-Ballesteros, L. (trad.). *Obras Completas, Tomo 1*. Barcelona: Editorial Biblioteca Nueva.

_(1925). "Autobiografía". En López-Ballesteros, L. (trad.). *Obras Completas, Tomo 1*. Barcelona: Editorial Biblioteca Nueva.

_(1933). "En memoria de Sándor Ferenzi". En López-Ballesteros, L. (trad.). *Obras Completas, Tomo II*. Madrid: Editorial Biblioteca Nueva.

Fried Schnitman, D. (comp.) (1994). *Nuevos paradigmas en cultura y subjetividad*. Buenos Aires: Paidós.

Frost R., Marten, P., Lahart, C., y Rosenblate, R. (1990). "The dimensions of perfectionism". *Cognitive Therapy and Research*, vol. 14, n°5, pp. 449-468.

Fry, P. (1995). "Perfectionism, Humour, and Optimism as Moderators of Health Outcomes and Determinants of Coping Styles of Women Executives". *Genetic, Social and General Psychology Monographs*, vol. 121, n°2, pp. 211-245.

Funke, J. (2003). *Problemlösendes Denken*. Stuttgart: Kolhammer.

Gabbard, G.O. (1995). "When the patient is a therapist: Special challenges in the psychoanalytic treatment of mental health professionals". *Psychoanalytic Review*, vol. 82, pp. 709-725.

Galfré, O. y Frascino, G. (2007, septiembre). "El trabajo con la persona del terapeuta". *Perspectivas Sistémicas* [en línea]. Extraída el 10/11/2009 desde http://www.redsistemica.com.ar/galfre2.htm

Gallardo Cuneo, J. (s/f). "Biografía. Sándor Ferenczi". Extraída el 18/03/2013 http://www.alsf-chile.org/Indepsi/Biografia/Biografia-Sandor-Ferenczi.pdf.

Gámez, E. y Marrero, H.

_(2000). "Metas y motivos en la elección de la carrera de Psicología". *Revista Electrónica de Motivación y Emoción* [en línea], vol. 3, n°5-6. Extraída el 07/04/2002 desde http://reme.uji.es/articulos/agomee1071912100/texto.html

_(2003). "Metas y motivos en la elección de la carrera universitaria: un estudio comparativo entre Psicología, Derecho y Biología". *Anales de Psicología*, vol. 19, n°1, pp. 121-131.

García Martínez, J. (2007, marzo 16-18). Un homenaje a M. J. Mahoney: Los riesgos del ejercicio de la psicoterapia (un viaje al lugar peligroso).Comunicación presentada en el II Congreso Nacional de Psicoterapias Cognitivas. Sevilla.

Geller, J, Norcross, J. y Orlinsky, D. (ed.). (2005). *The Psychotherapist's Own Psychotherapy: Patient and Clinician Perspectives*. Oxford: Oxford University Press.

Gil Monte, P. y Peyró, J.

_(1996). "Un estudio sobre antecedentes significativos del 'Síndrome de quemarse por el trabajo' (*burnout*) en trabajadores de centros ocupacionales para discapacitados psíquicos". *Revista de psicología del trabajo y de las organizaciones*, vol. 12, n°1, pp. 67-80.

_(1997). *Desgaste psíquico en el trabajo: el síndrome de quemarse*. Madrid: Síntesis.

Gill, M., Hoffman, I. (1982). "A method for studying the analysis of aspects of the patient's experience of the relationship in psychoanalysis and psychotherapy". *Journal of the American Psychoanalytic Association*, vol. 30, n°1, pp. 137-167.

Glaserfeld, Ernst. (1995). *El ojo del observador*. Barcelona: Gedisa.

Goldberg, C. (1990). "Typical mistakes of the seasoned therapist", pp. 785-798. En Margenau, E. (ed.). *The Encyclopedic Handbook of Private Practice*. New York: Gardner Press.

Goodrich, T., Rampage, C., Ellman, B. y Halstead, C. (1989). *Terapia Familiar Feminista*. Buenos Aires: Paidós.

Granero, M., Retamar, R., Carabajal, J. et al. (2013). *Vida personal y burnout del terapeuta. Informe de investigación*. Rosario: Facultad de Psicología, Universidad Nacional de Rosario, Argentina.

Grawe, K.

_(2002). *Psychological therapy*. Seattle: Hogrefe y Huber.

_(2006). *Neuropsychoterapy*. Seattle: Hogrefe y Huber.

Guy, J. (1995). *La vida personal del psicoterapeuta*. Barcelona: Paidós.

Haber, R. (1995). "Responsabilidad y capacidad de respuesta: el 'yo' y el rol del terapeuta". *Sistemas Familiares*, año 11, n°3, pp. 49-56.

Haley, J.

_(1996). *Aprender y enseñar terapia.* Buenos Aires: Amorrotu Editores.

_(1991). *Las tácticas de poder de Jesucristo.* Barcelona: Paidós.

Hamerman J. y Josefowitz, R. (1985). *Women Changing Therapy.* New York: Harrington Park Press.

Heimann, P. (1950). On counter-transference. *International Journal of Psychoanalysis*, n°31, pp.81-84.

Henry, W.E., Sims, J.H. y Spray, S.L.

_(1971). *The fifth profession: Becoming a psychotherapist.* San Francisco: Jossey-Bass.

_(1973). *Public and private lives of psychotherapists.* San Francisco: Jossey-Bass.

Hess, A.K. (1980). *Psychotherapy Supervision: Theory, Research and Practice.* New York: Wiley and Sons.

Hewitt, P. L. y Flett, G. (1993). "Dimensions of perfectionism, stress and depression: a test of the specific vulnerability hypothesis". *Journal of abnormal psychology*, vol.102, n°1, pp. 58-65.

Hewitt, P.L., Flett, G., y Ediger, E. (1996). "Perfectionism and depression: longitudinal assessment of a specific vulnerability hypothesis". *Journal of abnormal psychology*, vol.105, n°2, pp. 276-280.

Hoeksma, J., Guy, J., Brown, C. y Brady, J. (1993). "The Relationship Between Psychotherapist Burnout and Satisfaction with Leisure Activities". *Psychotherapy in Private Practice*, vol. 12, n°4, pp. 51-57.

Hoyt, M. (2005). "Why I became a (brief) psychotherapist". *Journal of Clinical Psychology*, vol. 61, n°8, pp. 983-989.

Huber, C. H. y Baruth, L. (1991). *Terapia familiar racional-emotiva.* Barcelona: Herder.

Jehu, D. (1994). *Patients as Victims: Sexual Abuse in Psychotherapy and Counseling.* Chichester: Wiley.

Jutoran, C. (1994). "El proceso de las ideas sistémico-cibernéticas". *Sistemas Familiares*, año 10, n°1, pp. 9-27.

Kämmerer, A. (2006 y 2007). Materiales para Seminarios Internacionales de Supervisión Clínica. [Manuscritos no publicados]. Santiago: Pontificia Universidad Católica de Chile.

Keeney, B.

_(1991). *Estética del cambio.* Barcelona: Paidós.

_(1992). *La improvisación en psicoterapia.* Buenos Aires: Paidós.

Kerr, J. (1993). *La historia secreta del psicoanálisis.* Barcelona: Crítica.

King, D. y Wheeler, S. (1999). "The responsibilities of counselor supervisors: A qualitative study". *British Journal of Guidance and Counseling,* vol. 27, n°2, pp. 215-229.

Kohut, H. (1996). *Análisis del self.* Buenos Aires: Amorrortu Editores.

Korb, M., Gorrell, J. y Van De Riet, V. (1989). *Gestalt therapy: practice and theory.* New York: Plenum.

Korzybski, A. (1958). *Science and Sanity: An Introduction to Non-Aristotelian Systems and General Semantics.* Lakeville: International Non-Aristotelian Library.

Kriz, J. (2001). *Corrientes fundamentales en Psicoterapia.* Buenos Aires: Amorrortu Editores.

Lacan, J. (1977). *Los cuatro principios fundamentales del psicoanálisis. Seminario XI.* Barcelona: Barral.

Lacan, S. (1995). *Un padre (puzzle).* Buenos Aires: Ediciones de la Flor.

Ladany, N., Ellis, M. y Friedlander, M. (1999). "The Supervisory Working Alliance, Trainee Self-Efficacy, and Satisfaction". *Journal of Counseling and Development*, vol. 77, n°4, pp. 447-455.

Laing, R.

_(1971). *Experiencia y alienación en la vida contemporánea*. Buenos Aires: Paidós.

_(1980). *Los locos y los cuerdos*. Barcelona: Grijalbo.

Laireiter, A. R., y Willutzki, U. (2005). "Personal therapy in cognitive-behavioural therapy", pp. 41-50. En Geller, J, Norcross, J. y Orlinsky, D. (ed.). *The psychotherapist's own psychotherapy: Patient and clinician perspectives*. New York: Oxford University Press.

Lambert, M. et al. (2001). "The effects of providing therapists with feedback on patient progress during Psychotherapy: are outcomes enhanced?". *Psychotherapy Research*, vol. 11, n°1, pp. 49-68.

Laplanche, J. y Pontalis, J. (1968). *Vocabulaire de la Psychanalyse*. Paris: Presses Universitaires de France.

Lasky, R. (2005). "The training analysis in the mainstream Freudian model", pp. 15-26. En Geller, J, Norcross, J. y Orlinsky, D. (ed.). *The psychotherapist's own psychotherapy: Patient and clinician perspectives*. New York: Oxford University Press.

Leiter, M.

_(1990). "The impact of families resources, control doping and skill utilization on the development of burnout. A longitudinal study". *Human Relations*, n°43, pp. 1067-1083.

_(1991). "The dream denied: professional burnout and the constraints of service organizations". *Canadian Psychology/Psychologie Canadienne*, vol. 32, n°4, pp. 547-558.

Linares, J. L. (1996). *Identidad y Narrativa: la terapia familiar en la práctica clínica*. Barcelona: Paidós

Maeder, T. (1990). *Children of psychiatrists and others psychotherapists*. New York: Harper Collins.

Mahoney, M.

_(1974). *Cognition and behaviour modification*. Cambridge: Ballinger.

_(1991). *Human Change Processes: The Scientific Foundations of Psychotherapy*. New York: Basic Books.

_(1995). *Psicoterapias Cognitivas y Constructivistas*. Bilbao: Desclée de Brouwer.

_(1997). "Psychotherapists' personal problems and self-care patterns". *Professional Psychology: Research and Practice*, n°28, pp. 14-16.

_(2000). "Behaviorism, cognitivism and constructivism: reflections on persons and patterns in my intelectual development", pp.183-200. En Goldfried, M. R. (comp.). *How therapists change*. Washington: American Psychological Association.

_(2005). *Psicoterapia constructiva*. Buenos Aires: Paidós.

Mahoney, M. y Fernández Álvarez, H. (1998). "La vida personal del psicoterapeuta". *Avances en Psicología Clínica Latinoamericana*, n°16, pp. 9-22.

Maslach, C. y Jackson, S. (1981). "The measurement of experienced burnout". *Journal of Occupational Behaviour*, vol. 2, n°2, pp. 99-113.

Maslach, C. y Leiter, M. (1997). *The truth about burnout*. San Francisco: Jossey-Bass.

McCullough, L. (2005). "Doing something". *Journal of Clinical Psychology*, vol. 61, N°8, pp. 991-997.

McGoldrick, M. y Gerson, R. (1985). *Genogramas en la evaluación familiar*. Barcelona: Gedisa.

Miller, A.

_(1981). *El saber proscrito*. Barcelona: Tusquets.

_(2008). "FAQ: ¿Cómo encontrar al terapeuta que me conviene?". *Screams from Chilhood* [en línea]. Extraída el 25/05/2015 desde http://www.screamsfromchildhood.com/FAQ-espanol.html

Minuchin, S. (1985). *Calidoscopio familiar: imágenes de violencia y curación*. Barcelona: Paidós.

Minuchin, P., Colapinto, J. y Minuchin, S. (2000). *Pobreza, institución, familia*. Buenos Aires: Amorrortu Editores.

Minuchin, S. y Fishman, H. (1984). *Técnicas de Terapia Familiar*. Buenos Aires: Paidós.

Minuchin, S., Lee, W. y Simon, G. (1998). *El arte de la terapia familiar*. Barcelona: Paidós.

Moggi F et al. (1992). "Sexueller missbrauch in therapeutischen Beziehungen". *Nervenarzt*, vol. 63, pp. 705-709.

Mogul, K.M. (1992). "Ethics complaints against female psychiatrists". *American Journal of Psychiatry*, vol. 149, n°5, pp. 651-653.

Moreno Jiménez, B. et al. (2006). "Validez factorial del inventario de burnout de psicólogos en una muestra de psicólogos mexicanos". *Revista Latinoamericana de Psicología*, vol. 38, n°3, pp. 445-455.

Moreno, J. (2013). *Psicodrama*. Buenos Aires: Hormé-Paidós.

Moussaieff Masson, J. (1991). *Juicio a la psicoterapia*. Santiago: Cuatro Vientos.

Munson, C. (1987). "Sex roles and power relationships in supervision". *Professional Psychology: Research and Practice*, vol. 18, n°3, pp. 236-243.

Norcross, J. y Farber, B. (2005). "Choosing Psychotherapy as a Career: Beyond 'I Want to Help People'". *Journal of Clinical Psychology*, vol. 61, n°8, pp. 939-943.

Norcross, J., Levant, R. y Beutler, L. (ed.) (2005). *Evidence-based Practices in Mental Health. Debate and Dialogue on the Fundamental Questions*. Washington: American Psychological Association Press.

Orange, D., Atwood, G. y Stolorow, R.

_(1997). "The Myth of Neutrality", pp. 35-43. *Working Intersubjectively: Contextualism in Psychoanalytic Practice*. Hillsdale: Analytic Press.

_(2002). *Worlds of experience: interweaving Philosophical and Clinical Dimensions in Psychoanalysis*. New York: Basic Books.

Orlinsky, D. et al. (2005). "The prevalence and Parameters of Personal Therapy in Europe and Elsewhere", pp. 177-191. En Geller, J., Norcross, J. y Orlinsky, D. (ed.). *The Psychotherapist's Own Psychotherapy: Patient and Clinician Perspectives*. New York: Oxford University Press.

Orlinsky, D. y Rønnestad, M. (2005). *How Therapists Develop: a Study of Therapeutic Work and Professional Development*. Washington: American Psychological Association.

Oro, O. (2003). "La formación del psicoterapeuta psicólogo", pp. 339-353. En Mesones Arroyo, H. (ed.). *La Psicoterapia y las psicoterapias*. Buenos Aires: Editorial Ananké.

Perls, F., Hefferline, R. y Goodman, P. (1951). *Gestalt Therapy*. New York: Julian.

Pichon Rivière, E.

_(1987). *El proceso creador*. Buenos Aires: Editorial Nueva Visión.

_(1999). *El proceso grupal*. Buenos Aires: Editorial Nueva Visión.

_(2001). *Del psicoanálisis a la Psicología Social I*. Buenos Aires: Editorial Nueva Visión.

Pichon Rivière, E. y Pampliega de Quiroga, A. (1985). *Psicología de la vida cotidiana*. Buenos Aires: Editorial Nueva Visión.

Pope, K. (1990). "Therapist-Patient Sexual Involvement". *Clinical Psychology Review*, vol. 10, n°4, pp. 477-490.

Racker, H. (1986). *Estudios sobre técnica psicoanalítica*. Ciudad de México: Editorial Paidós.

Rao, K., Mehrotra, S. (1998). "Clinical psychologists in India: A time for reflection and action". *Indian Journal of Clinical Psychology*, vol. 25, n°2, pp. 124-135.

Reale, E. y Sardelli, V. (1988, junio 1). *Acta 1*. Ponencia presentada en el I Seminario Internazionale Sul Disaggio Psichico della Donna. Roma.

Reich, W.

_(1973). *La psicología de masas del fascismo*. Ciudad de México: Roca.

_(1990). *Character analysis*. New York: Farrar, Straus and Giroux.

Rieker, P. y Carmen, P.H. (ed.) (1984). *The Gender Gap in Psychotherapy*. New York/Londres: Plenum Press.

Roe, R. (2003). "¿Qué hace competente a un psicólogo?". *Papeles del psicólogo*, n°86, pp. 1-12.

Rogers, C.

_(1961). *El proceso de convertirse en persona*. Buenos Aires: Paidós.

_(1981). *Psicoterapia centrada en el cliente: práctica, implicaciones y teoría*. Barcelona: Paidós.

Rønnestad, M. y Orlinsky, D. (2005). "Therapeutic work and professional development: Main findings and practical implications of a long-term international study". *Psychotherapy Bulletin*, vol. 40, n°2, pp. 27-32.

Roudinesco, E. (2015). *Freud en su tiempo y en el nuestro*. Barcelona: Debate.

Rupert, P. y Baird, K.A. (2004). "Managed Care and the Independent Practice of Psychology". *Professional Psychology: Research and Practice*, vol. 35, n°2, pp.185-193.

Rupert, P. y Morgan, D. (2005). "Work setting and burnout among professional psychologists". *Professional Psychology: Research and Practice*, vol. 36, n°5, pp. 544-550.

Rupert, P. y Kent, J. (2007). "Gender and Work Setting Differences in Career-Sustaining Behaviors and Burnout Among Professional Psychologists". *Professional Psychology: Research and Practice*, vol. 38, n°1, pp. 88-96.

Santi, W. (comp.) (1996). *Herramientas para psicoterapeutas*. Buenos Aires: Paidós.

Schaufeli, W. (2006). "The Balance of Give and Take: Toward a Social Exchange Model of Burnout". *The International Review of Social Psychology*, vol. 19, n°1, pp. 87-131.

Schaufeli, W.B. y Bakker, A.B. (2004). "Job demands, job resources and their relationship with burnout and engagement: a multi-sample study". *Journal of Organizational Behavior*, vol. 25, n°3, pp. 293-315.

Schaufeli, W., Leiter, M., Maslach, C. y Jackson, S. (1996). "The Maslach Burnout Inventory General Survey", pp. 19-26. En Maslach, C., Jackson, S. y Leiter, M. (ed.), *Maslach Burnout Inventory Manual*. Palo Alto: Consulting Psychologists Press.

Selicoff, H. (2006). "Looking for Good Supervision: a Fit Between Collaborative and Hierarchical Methods". *Journal of Systemic Therapies*, vol. 25, n°1, pp. 37-52.

California Senate Rules Commitee (1987). *Report of the Senate Task Force on Psychotherapist and Patients Sexual Relations*. Sacramento: Joint Publications.

Simon, R.I. (1999). "Therapist-patient sex. From boundary violations to sexual misconduct". *Psychiatric Clinics of North America*, vol. 22, n°1, pp. 31-47.

Slovenko, R. (1980). "Legal issues in psychotherapy supervision", pp. 453-473. En Hess, A. (ed.). *Psychotherapy Supervision: Theory, Research and Practice*. New York: Wiley and Sons.

Stoltenberg, C. y Delworth, U. (1987). *Supervising counselors and therapists. A developmental approach*. San Francisco: Jossey-Bass.

Surrey, J. (2000). *Women's growth in connection*. New York: Guilford Press.

Sussman, M. (1959). "The Isolated Nuclear Family: Fact or Fiction?". *Social Problems*, vol. 6, n°4, pp. 333-340.

Tanenbaum, R. y Berman, M. (2005). "Cuestiones éticas y legales en la supervisión de la psicoterapia". *Revista de Toxicomanías y Salud Mental*, n°45, pp. 21-30.

Walters, M.; Carter, B.; Papp, P. y Silverstein, O. (1991). *La red invisible*. Buenos Aires: Paidós.

Watzlawick, P. (1963). "A review of the double bind theory". *Family Process*, vol. 2, n°1, pp. 132-153.

Watzlawick, P., Beavin, J. y Jackson, D. (1971). *Teoría de la comunicación humana: interacciones, patologías y paradojas*. Buenos Aires: Tiempo Contemporáneo.

Watzlawick, P. et al. (2000). *La realidad inventada*. Barcelona: Editorial Gedisa.

Weber, M. (1964). *The theory of social and economic organization*. New York: Talcott Parsons.

Werner, H. (1968). *The Organismic Psychology and Systems Theory*. Worcester: Clark University Press.

Whitaker, C. (1992). *Meditaciones nocturnas de un terapeuta familiar*. Buenos Aires: Paidós.

White, M. (2002). *El enfoque narrativo en la experiencia de los terapeutas*. Barcelona: Gedisa.

White, M. y Epston, D. (1993). *Medios narrativos para fines terapéuticos*. Buenos Aires: Paidós.

Winnicott, D.

_(1947). *El odio en la contratransferencia*. Extraída el 13/10/2014 desde http://www.psicoanalisis.org/winnicott/odcontra.htm

_(1998). *Los bebés y sus madres*. Barcelona: Paidós.

_(1999). *Escritos de pediatría y psicoanálisis*. Barcelona: Paidós.

_(2009). *El niño y el mundo externo*. Buenos Aires: Horme-Paidós.

_(1993). *Conversando con los padres. Aciertos y errores en la crianza de los hijos.* Barcelona: Paidós.

_(1994). *Conozca a su niño. Psicología de las primeras relaciones entre el niño y su familia*. Barcelona: Paidós.

_(1998). *Acerca de los niños*. Barcelona: Paidós.

Worthington, E. y Everett, L. (1987). "Changes in Supervision as Counselors and Supervisors Gain Experience: A Review". *Professional Psychology: Research and Practice*, vol. 18, n°3, pp. 189-208.

Yalom, I.

_(1995). *El día que Nietzsche lloró*. Buenos Aires: Emecé Editores.

_(1998). *Verdugos del amor*. Historias de psicoterapia. Buenos Aires: Emecé Editores.

_(2000). *Psicología y literatura, el viaje de la psicoterapia a la ficción*. Buenos Aires: Paidós.

_(2002). "*El don de la terapia*". Buenos Aires: Emecé Editores.

_(2004). *Un año con Schopenhauer*. Buenos Aires: Emecé Editores.

_(2008). *Mamá y el sentido de la vida*. Buenos Aires: Emecé Editores.

_(2008). *Mirar al sol*. Buenos Aires: Emecé Editores.

_(2015). *Criaturas de un día*. Buenos Aires: Emecé Editores.

Yalom, I. y Elkin, G. (2000). *Terapia a dos voces*. Buenos Aires: Emecé Editores.

Zac, J. (1971). "Un enfoque metodológico de establecimiento del encuadre". *Revista Asociación Psicoanalítica Argentina*, vol. 28, n°3, pp. 594-610.

Zito Lema, V. (1993). "Biografía de Enrique Pichón Rivière". Extraída el 15/01/2014 desde http://www.antroposmoderno.com/biografias/pichonriviere.html

www.ingramcontent.com/pod-product-compliance
Lightning Source LLC
LaVergne TN
LVHW080301061026
849532LV00012BA/4013
9789561420489